Job?
나는 **블록체인** 전문가가 될 거야!

Job?

나는 블록체인 전문가가 될 거야!

주성윤 글·그림 | 박성준 감수

Special
08

꾹일아이

차례

12

어쩌다 천재

사토시 나카모토

정보 더하기 블록체인이란 무엇일까?

32

블록체인 제대로 알기

암호화폐란?

정보 더하기 블록체인의 탄생과 역사

46

막내 이모의 정체

운영체제란? / 다양한 블록체인

정보 더하기 블록체인의 특징

72

수상한 아저씨 등장

블록체인 품질엔지니어

정보 더하기 블록체인의 장점과 단점

88 블록체인의 중심지를 방문하다

블록체인 전문가가 되기 위해 해야 할 공부는?

정보 더하기 우리나라에서 진행되는 블록체인 시범사업

102 블록체인을 지배하는 자

스팀 블록체인에 대하여

정보 더하기 세계적으로 활용되는 블록체인 사업

122 블록체인과 함께 하는 미래

토호 세력이란? / 의료계의 블록체인 /
블록체인을 활용한 P2P 무료 국제 송금 서비스

정보 더하기 블록체인 기술이 활발하게 도입되고 있는 의료 사업

직업 탐험
워크북

나는 **블록체인** 전문가가
될 거야!

등장 인물

지호

축구와 게임을 좋아하는 밝고 명랑한 초등학교 5학년 남학생이다. 방과후 축구팀의 일원인데 어느 날 방과후 축구팀에 새로 들어온 민희를 좋아하게 된다. 하지만 친구들의 장난에 자꾸 실수만 반복한다. 실수를 이겨낼 비장의 방법을 생각해내는 지호! 막내 이모는 지호의 아이디어를 듣고 천재라며 칭찬하는데, 과연 지호는 천재일까?

민희

지호와 같은 반 친구로 얌전하고 조용하며 큰 안경을 낀 여학생이다. 하지만 안경을 벗으면 누구보다도 활기차고 적극적인 모습으로 변한다. 방과후 축구팀에 들어와 숨겨둔 축구 실력을 뽐내며 지호의 가슴을 두근거리게 한다. 지호 덕에 만나게 된 블록체인 개발자인 지호 막내 이모의 멋진 모습을 보고 블록체인에 관심을 갖게 된다.

막내 이모

너무 똑같아서 언제나 헷갈리는 쌍둥이 이모 중 동생이다. 블록체인 개발자로 일하며 활기차고 적극적인 성격이다. 민희에게 반복하는 실수를 극복하기 위해 생각해낸 지호의 아이디어가 블록체인을 닮았음을 발견한다. 그리고 블록체인을 설명하기 시작하지만 생각처럼 쉽지 않다. 과연 막내 이모는 블록체인 소개를 무사히 마칠 수 있을까?

정대리, 팀장님

정대리는 막내 이모와 같은 회사에서 일하는 동료로 블록체인 품질엔지니어다. 침착하고 친절하며, 어쩌면 막내 이모를 좋아하고 있는지도 모른다. 팀장님은 많은 경험과 경력으로 팀원을 이끌어가는 블록체인 프로젝트 관리자다.

둘째 이모와 엄마

막내 이모와 똑같이 생긴 쌍둥이 이모 중 언니다. 엄마를 닮아 시크하고 운동을 즐기며, 누구에게도 지지 않는 승부욕을 가지고 있다.
엄마는 평소 무심한 듯 시크한 모습이지만, 뒤에서는 언제나 지호를 염려하고 걱정하고 있다. 그런데 두 사람은 생각보다 블록체인에 관심이 없는 것 같은데…. 막내 이모는 이 두 사람도 블록체인의 세계로 인도할 수 있을까?

추천사

꿈을 찾아가는
꿈나무를 위한 길잡이

허영만 화백이 그린 만화 《식객》이 한국 음식 문화의 품격과 철학의 깊이를 더한 '음식 문화서'라고 한다면, 《job?》 시리즈는 '바라고 꿈꾸는 것을 이루기 위해 줄기차게 노력하면 반드시 꿈은 이루어진다'는 교육 철학을 담은 직업 관련 학습 만화입니다. 어린이와 청소년들이 만화를 통해 각 분야의 직업을 이해하고, 스스로 장래 희망을 설정하는 데 도움을 주는 진로 교육서이기도 합니다.

꿈과 희망은 사람을 움직이는 가장 강력한 에너지입니다. 꿈과 희망이 있는 사람은 밝고 활기찹니다. 그리고 호기심과 열정이 가득해서 지루할 틈이 없이 부지런합니다. 특히 어린이와 청소년들에게 꿈과 희망은 삶을 긍정적으로 바라보게 하는 가장 강력한 버팀목 역할을 합니다.

어른이 되어 이루는 성공과 성취는 어린 시절부터 바랐던 꿈과 희망이 이뤄 낸 결과입니다. 링컨과 케네디, 빌 게이츠와 오바마, 이들은 어린 시절에 꾸었던 꿈과 희망을 실현하기 위해 노력한 사람들입니다. 삼성을 일류 기업으로 이끈 고(故) 이병철 회장이나 우리나라 경제 발전에 초석을 다진 현대그룹의 고(故) 정주영 회장도 어린 시절의 꿈을 실현한 대표적인 사람입니다. 꿈과 희망 안에는 미래를 변하게 하는 놀라운 능력이 숨어 있습니다. 꿈과 희망을 품고 노력하면 바라던 것이 이루어집니다.
어린이와 청소년들이 스스로 미래를 준비할 수 있도록 도움을 주고자 기획한 《job?》 시리즈는 우리 사회 각 분야의 직업을 다루고 있습니다. 어떤 분야의 직업을 갖고 사는 것이 좋으며 가치 있을지를 만화 형식을 빌려서 설명하여 이해뿐 아니라 재미까지 더하였습니다.
그동안 직업을 소개하는 책은 많았지만, 어린이 눈높이에 맞춘 직업 관련 안내서는 드물었습니다. 이 책의 차별성은 바로 여기에 있습니다. 단순히 각각의 직업이 무슨 일을 하는지를 소개하는 데 그치지 않고 사회적 측면에서 바라본 직업의 존재 이유와 작용 원리를 적절한 용어를 사용하여 어린 독자들의 이해를 돕습니다. 자칫 딱딱할 수 있는 직업 이야기를 맛깔스러운 대화와 재미있는 전개로 설명하여 효과적인 진로 안내서 역할도 합니다.
이 책이 어린이와 청소년들에게 세상의 여러 직업을 깊이 이해하고 자신의 미래를 여는 데 도움을 줄 것이라 기대합니다. 이 올리 장차 세계를 이끌 주인공이 될 어린이와 청소년들이 직업과 관련해서 멋진 꿈과 희망을 얻길 바랍니다.

문용린(서울대학교 교육학과 명예교수)

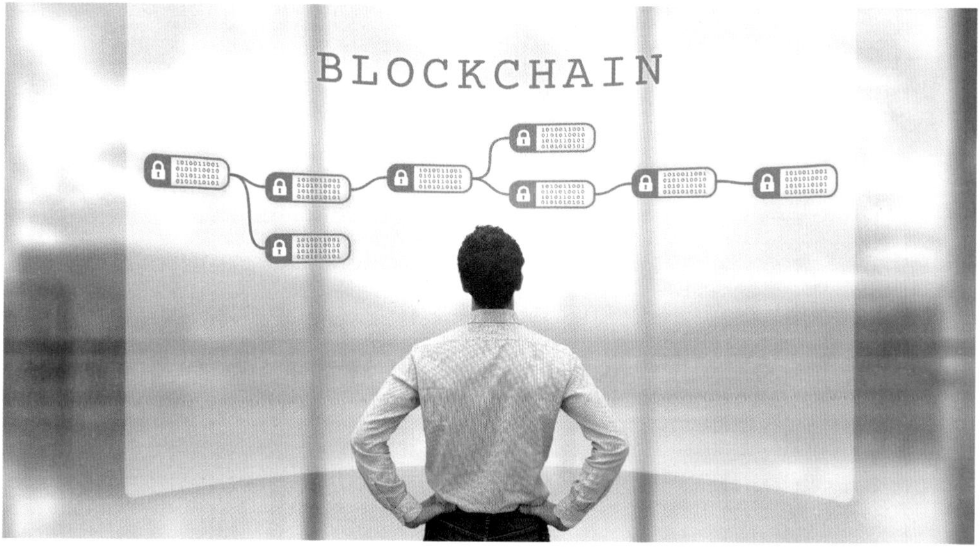
BLOCKCHAIN

작가의 말

자신이 왜 그 일을 하고 싶어 하는지 생각해 보세요

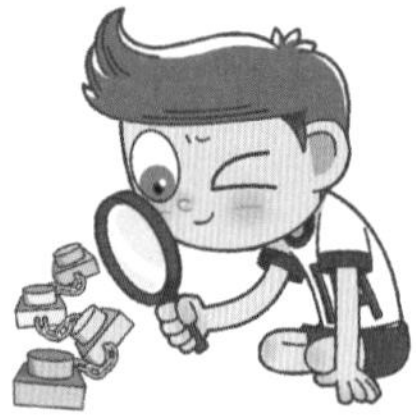

"1975년은 개인용 컴퓨터, 1993년은 인터넷, 2014년은 비트코인의 해다."

이 말은 세계 최초의 상용 웹브라우저 넷스케이프의 설립자인 '마크 안드레센'이 남긴 말입니다. 1980년대에만 해도 상상할 수 없었던 일이 지금은 너무도 당연하게 된 일이 많습니다. 개인용 노트북과 컴퓨터를 갖고 있고, 스마트폰으로 원하는 바를 바로 검색합니다. 그것처럼 이제는 비트코인, 즉 블록체인의 시대가 열릴 것입니다.

블록체인은 '사토시 나카모토'라는 정체불명의 인물이 발표한 '비트코인, P2P 전자화폐 시스템'이라는 논문을 통해 처음 알려졌어요. 블록체인의 시작은 비트코인을 위해 개발된 기술이지만, 그 장점이 알려지면서 비트코인뿐만 아니라 다양한 분야에서 활용되고 있으며, 앞으로도 그 범위가 점점 더 넓어질 거예요.

금융, 미디어, 에너지, 의료, 토지, 물류, 유통, 공공분야 등 많은 곳에서 블록체인을 도입하고 있으며, 그만큼 많은 블록체인 전문가를 필요로 하고 있어요.

세계적인 전문가들의 구인구직 사이트인 업워크, 하이어드와 미국 고용시장 분석 기업인 버닝글래스 테크놀로지의 통계에 따르면 블록체인 전문가를 찾는 게시물이 두 배에서 다섯 배 이상 늘어났다고 해요.

어느새 우리에게 가까이 다가온 블록체인은 무엇이고, 또 블록체인 전문가는 어떤 일을 할까요? 그리고 미래를 이끌 블록체인 전문가가 되려면 어떤 준비를 해야 할까요?

여기 같은 호기심을 가진 친구, 지호와 민희를 소개합니다. 두 친구와 함께 블록체인의 세계로 여행을 떠나볼까요?

글쓴이 **주성윤**

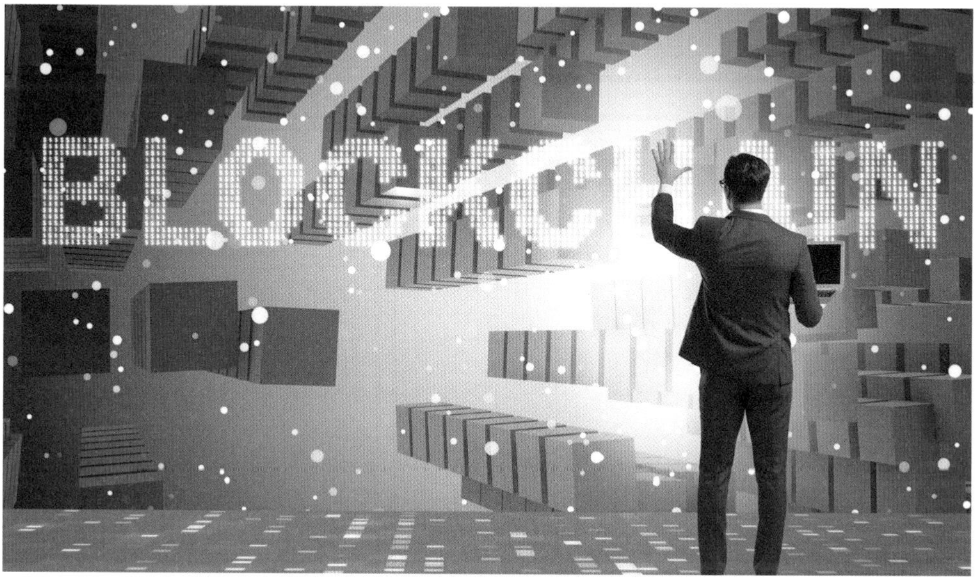
BLOCKCHAIN

어쩌다 천재

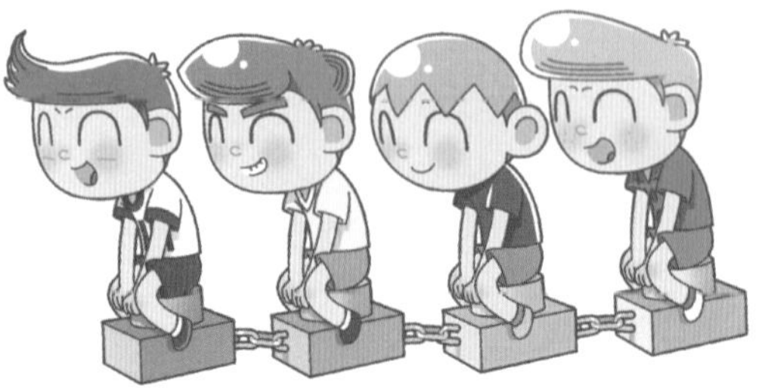

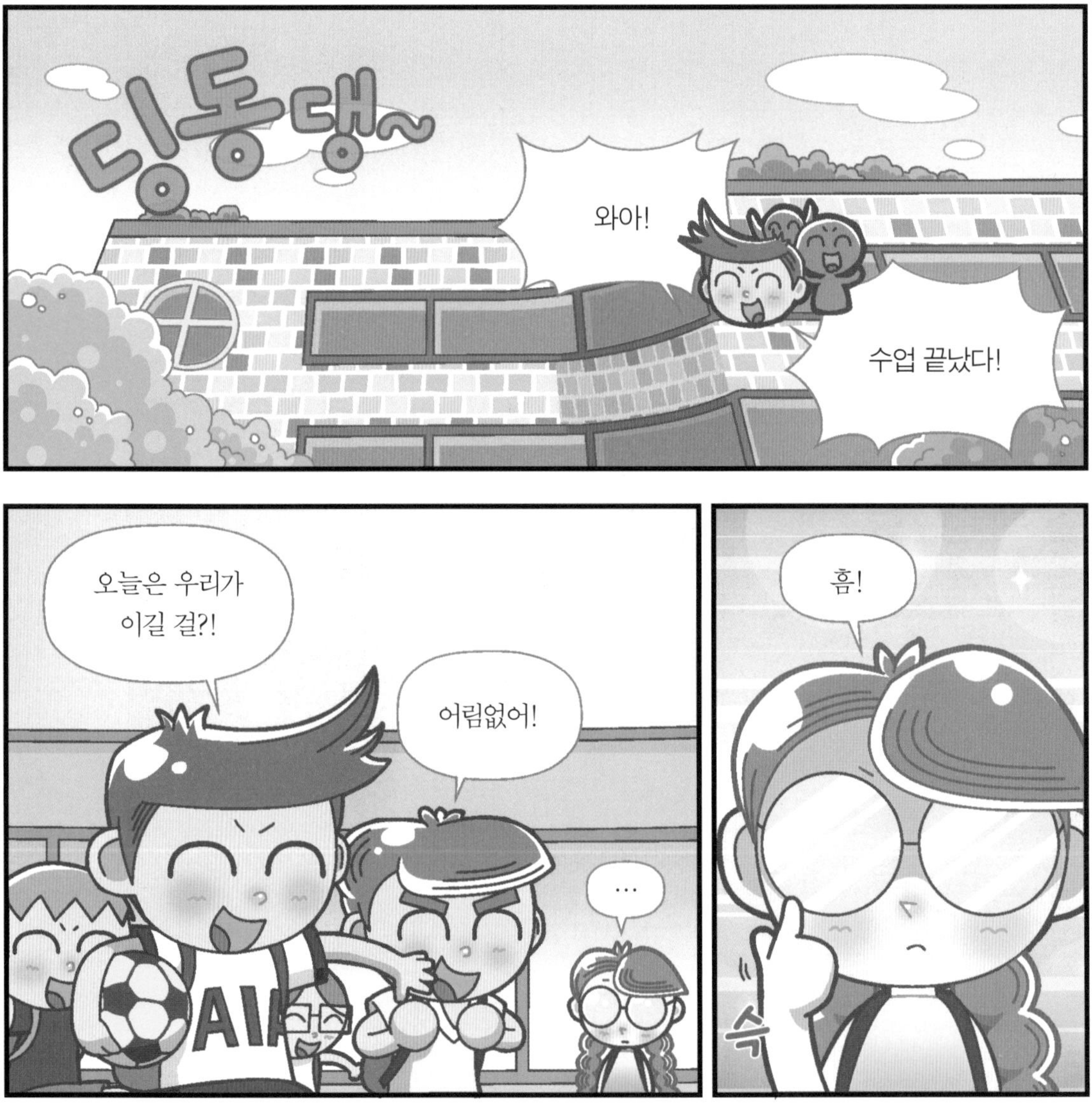

딩동댕~
와아!
수업 끝났다!
오늘은 우리가 이길 걸?!
어림없어!
…
흠!
슥

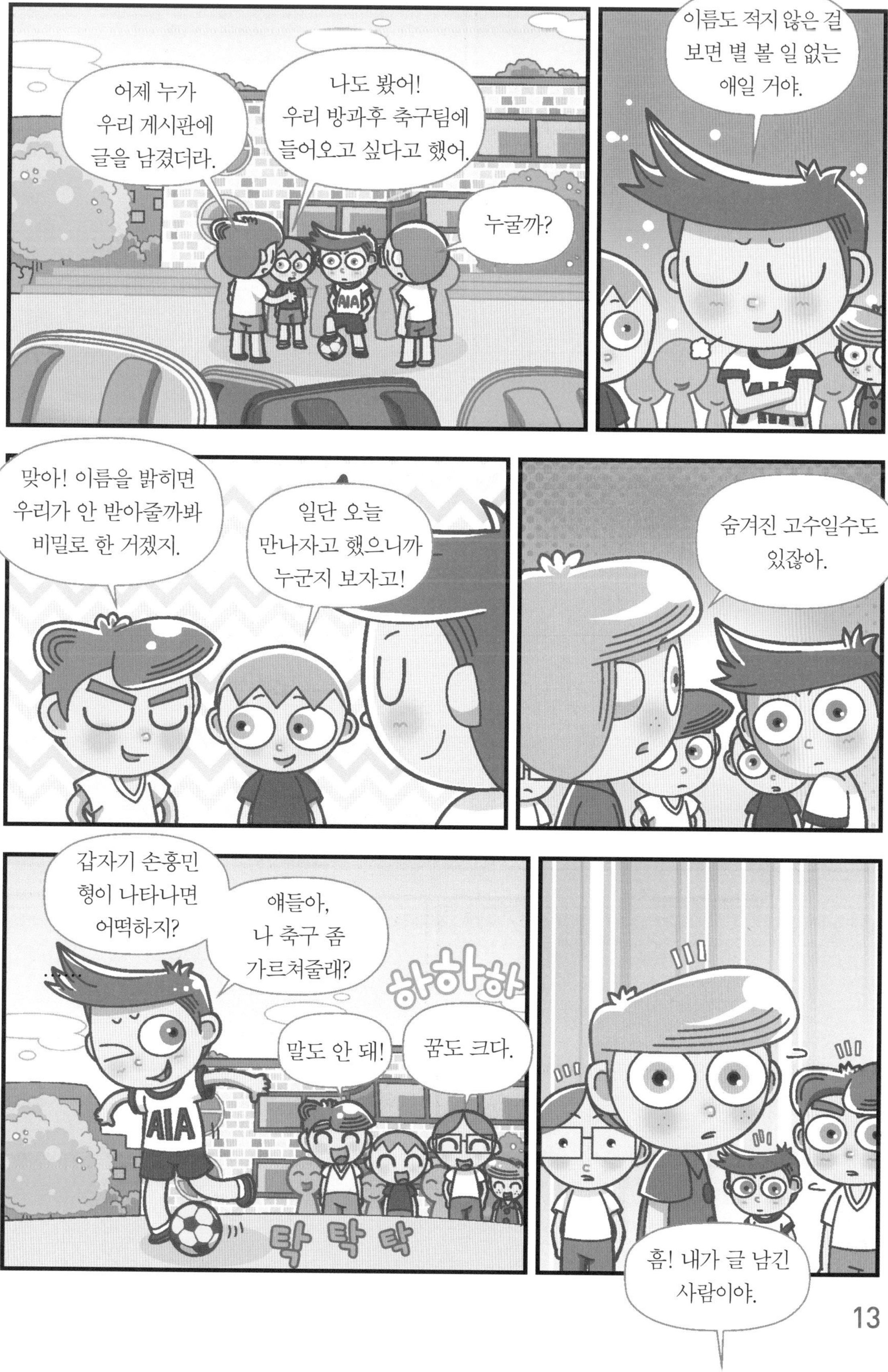
어제 누가 우리 게시판에 글을 남겼더라.
나도 봤어! 우리 방과후 축구팀에 들어오고 싶다고 했어.
누굴까?
이름도 적지 않은 걸 보면 별 볼 일 없는 애일 거야.
맞아! 이름을 밝히면 우리가 안 받아줄까봐 비밀로 한 거겠지.
일단 오늘 만나자고 했으니까 누군지 보자고!
숨겨진 고수일수도 있잖아.
갑자기 손흥민 형이 나타나면 어떡하지?
……
애들아, 나 축구 좀 가르쳐줄래?
하하하
말도 안 돼!
꿈도 크다.
탁 탁 탁
흠! 내가 글 남긴 사람이야.

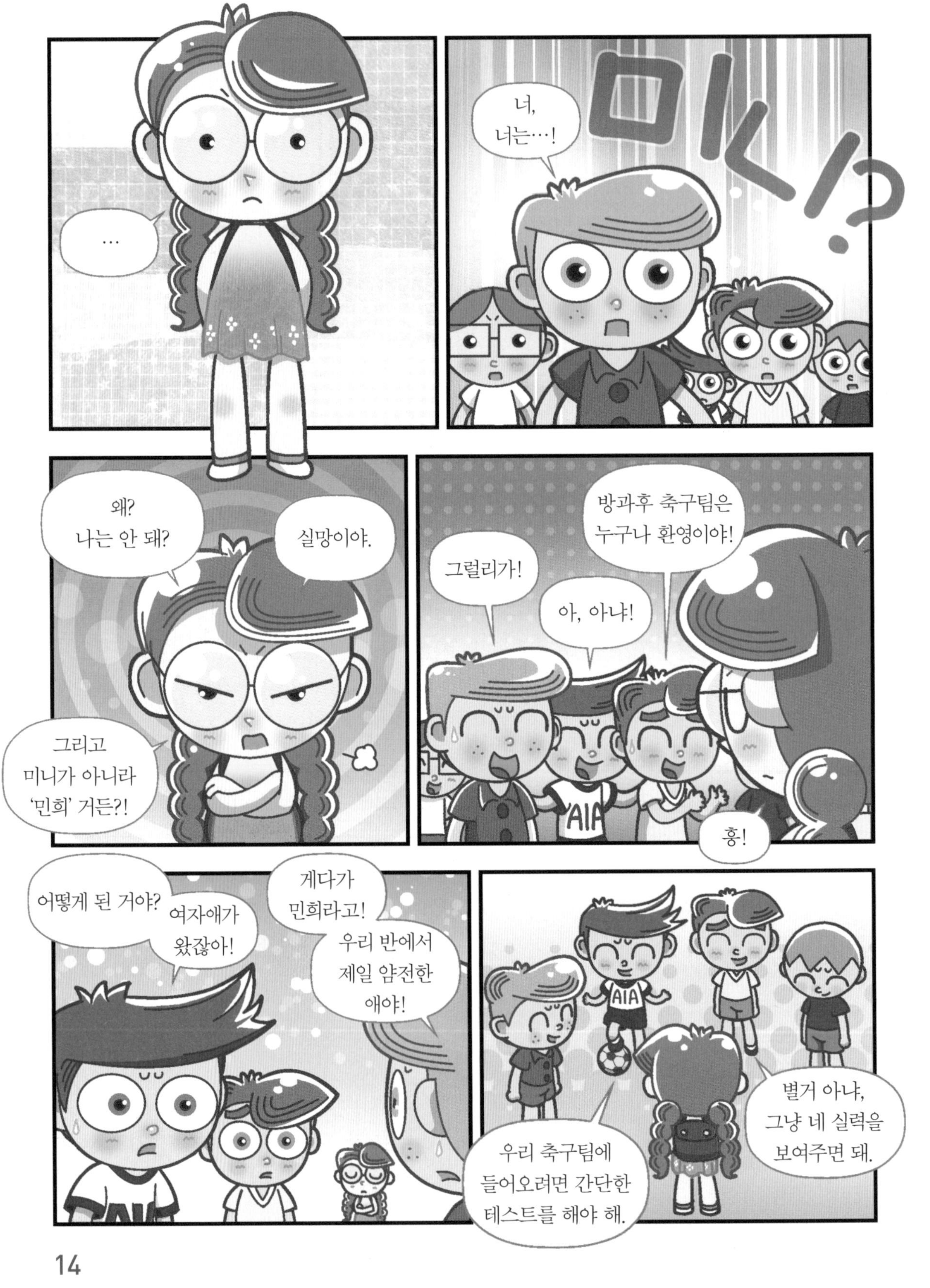
…
너, 너는…!
미니!?
왜? 나는 안 돼?
실망이야.
그리고 미니가 아니라 '민희' 거든?!
방과후 축구팀은 누구나 환영이야!
그럴리가!
아, 아냐!
흥!
어떻게 된 거야?
여자애가 왔잖아!
게다가 민희라고!
우리 반에서 제일 얌전한 애야!
우리 축구팀에 들어오려면 간단한 테스트를 해야 해.
별거 아냐, 그냥 네 실력을 보여주면 돼.

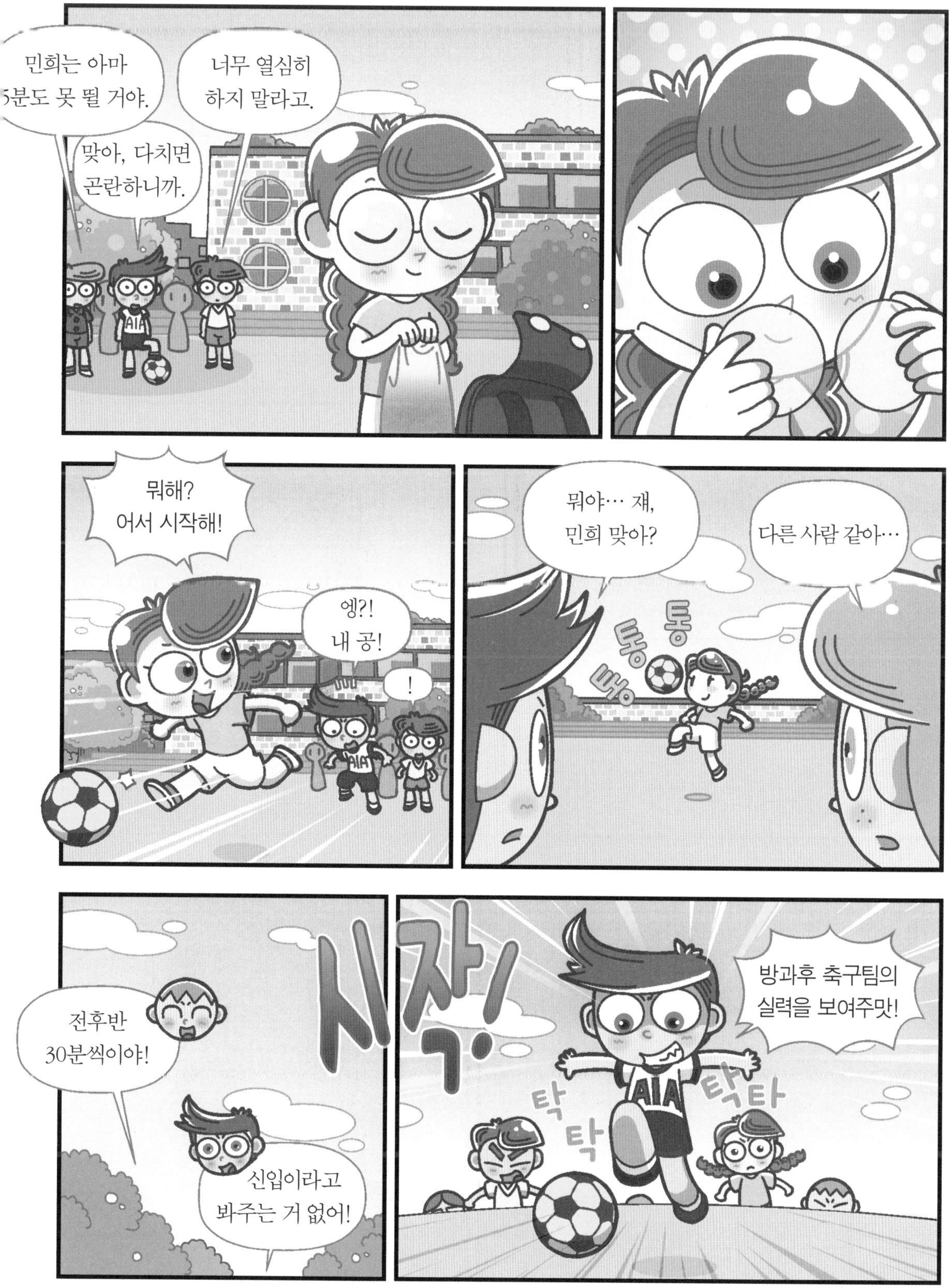
민희는 아마
5분도 못 뛸 거야.
맞아, 다치면
곤란하니까.
너무 열심히
하지 말라고.
뭐해?
어서 시작해!
엥?!
내 공!
!
뭐야… 쟤,
민희 맞아?
다른 사람 같아…
통
통
빠
전후반
30분씩이야!
신입이라고
봐주는 거 없어!
시작!
방과후 축구팀의
실력을 보여주맛!
탁
탁
탁타

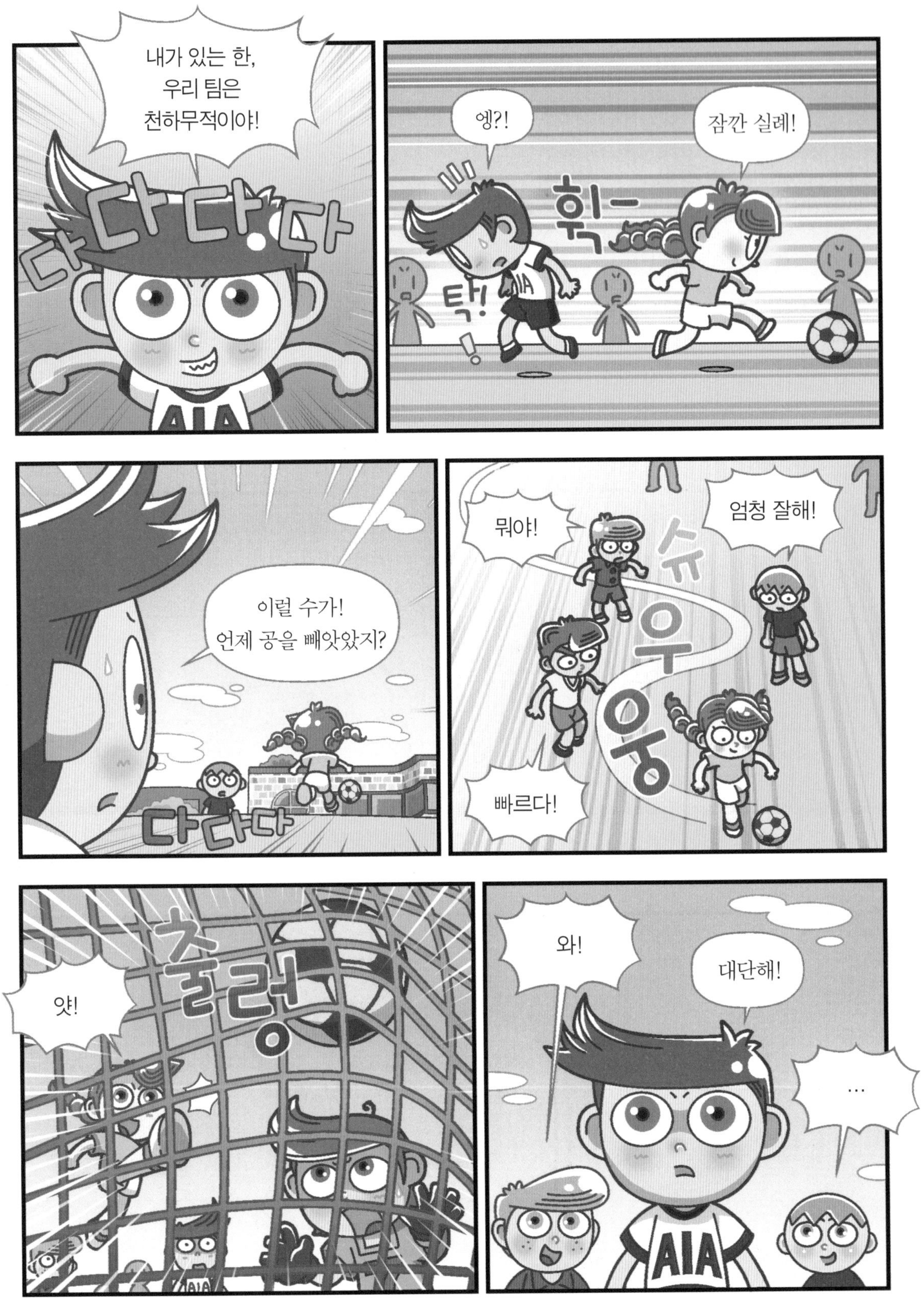

내가 있는 한, 우리 팀은 천하무적이야!
다다다다
엥?!
잠깐 실례!
휙—
탁!
이럴 수가! 언제 공을 빼앗았지?
다다다
뭐야!
엄청 잘해!
슈우웅
빠르다!
얏!
출렁
와!
대단해!
…

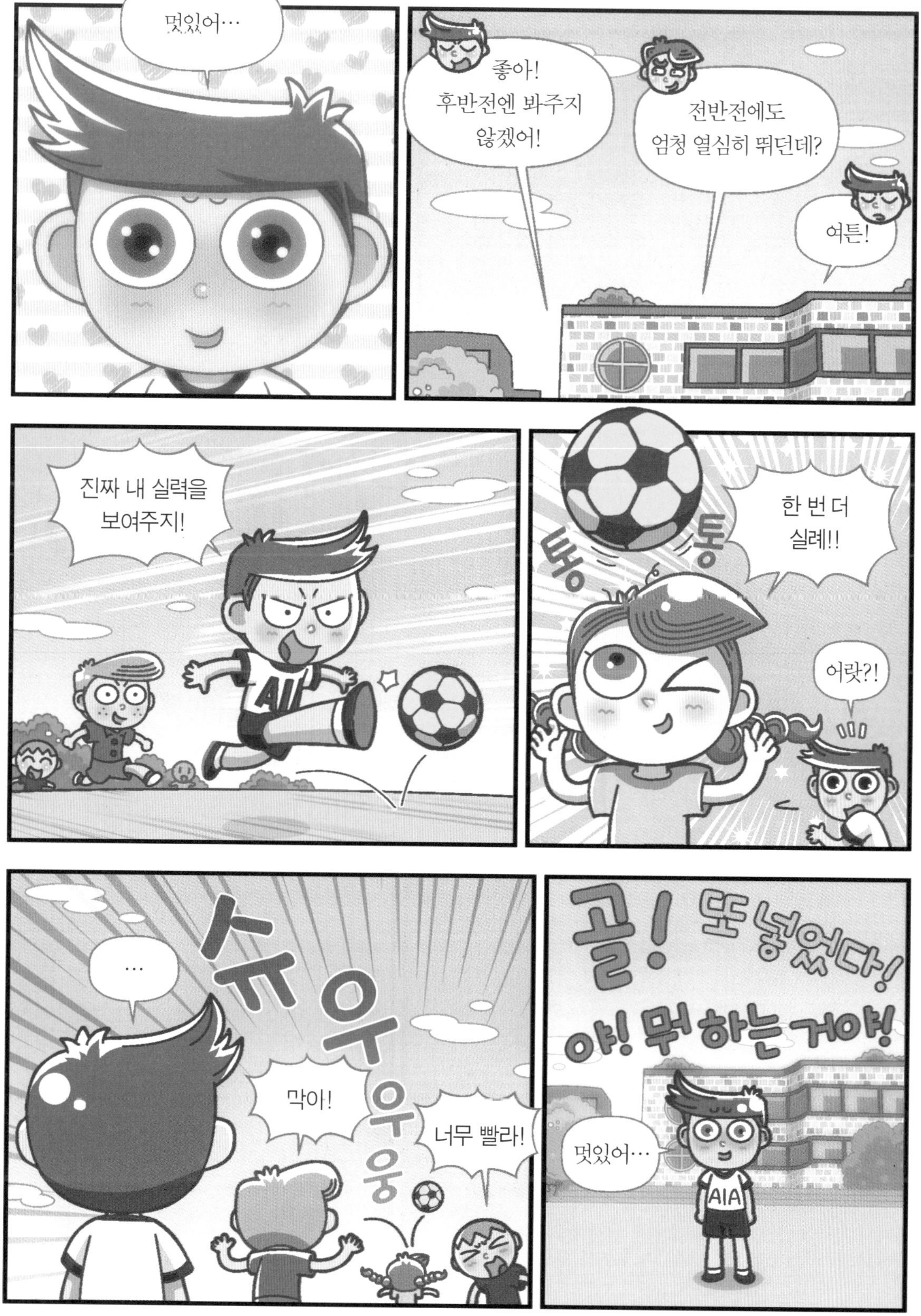
멋있어…
좋아! 후반전엔 봐주지 않겠어!
전반전에도 엄청 열심히 뛰던데?
여튼!
진짜 내 실력을 보여주지!
AI
통 통
한 번 더 실례!!
어랏?!
슈우우웅
…
막아!
너무 빨라!
골! 또 넣었다!
야! 뭐 하는 거야!
멋있어…
AIA

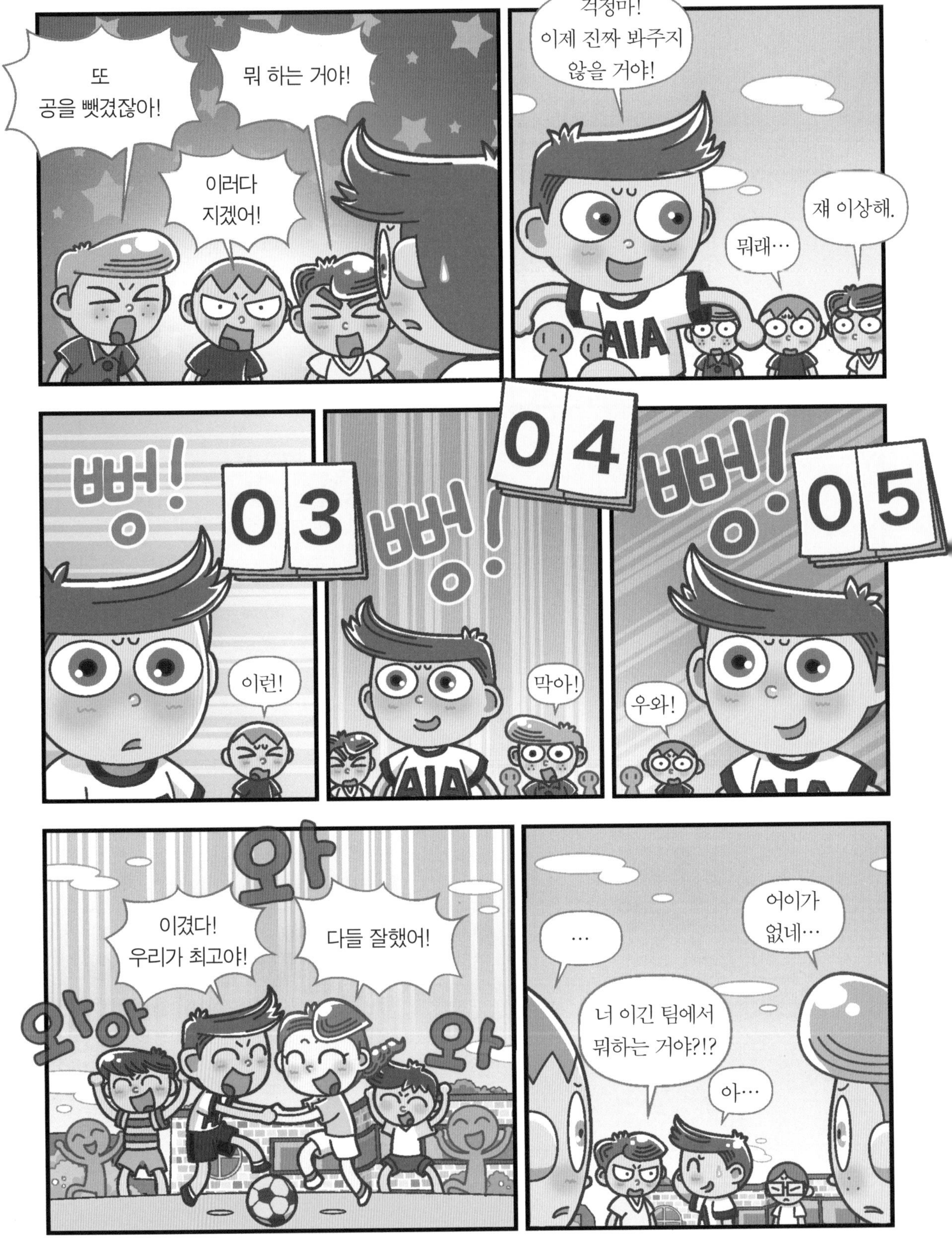
또
공을 뺏겼잖아!
뭐 하는 거야!
이러다
지겠어!
걱정마!
이제 진짜 봐주지
않을 거야!
뭐래…
쟤 이상해.
뻥!
03
이런!
뻥!
04
막아!
뻥!
05
우와!
와
이겼다!
우리가 최고야!
다들 잘했어!
와아
와
…
어이가
없네…
너 이긴 팀에서
뭐하는 거야?!?
아…

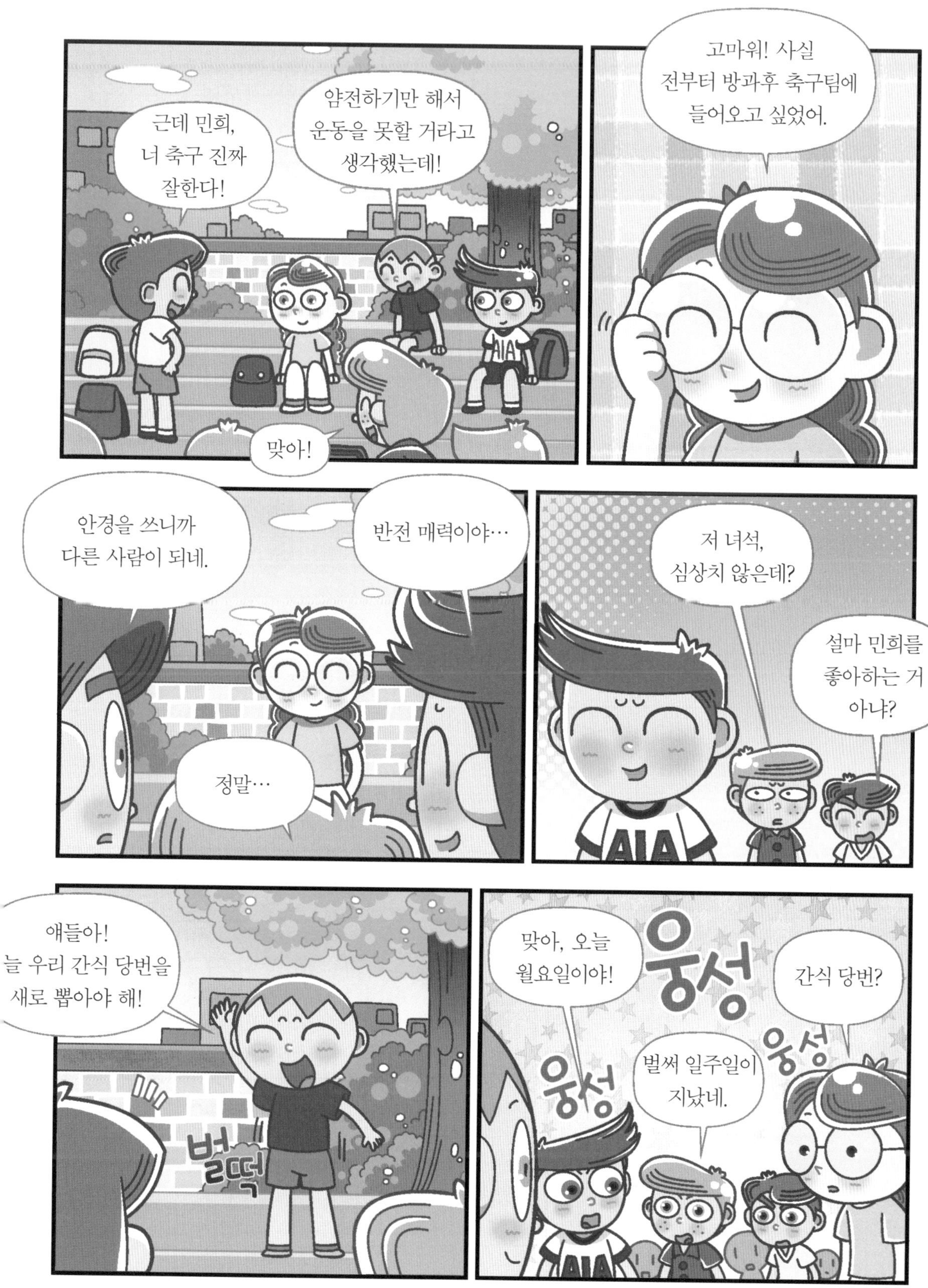
근데 민희,
너 축구 진짜
잘한다!
얌전하기만 해서
운동을 못할 거라고
생각했는데!
맞아!
고마워! 사실
전부터 방과후 축구팀에
들어오고 싶었어.
안경을 쓰니까
다른 사람이 되네.
반전 매력이야…
정말…
저 녀석,
심상치 않은데?
설마 민희를
좋아하는 거
아냐?
얘들아!
늘 우리 간식 당번을
새로 뽑아야 해!
벌떡
맞아, 오늘
월요일이야!
웅성
간식 당번?
웅성
웅성
벌써 일주일이
지났네.

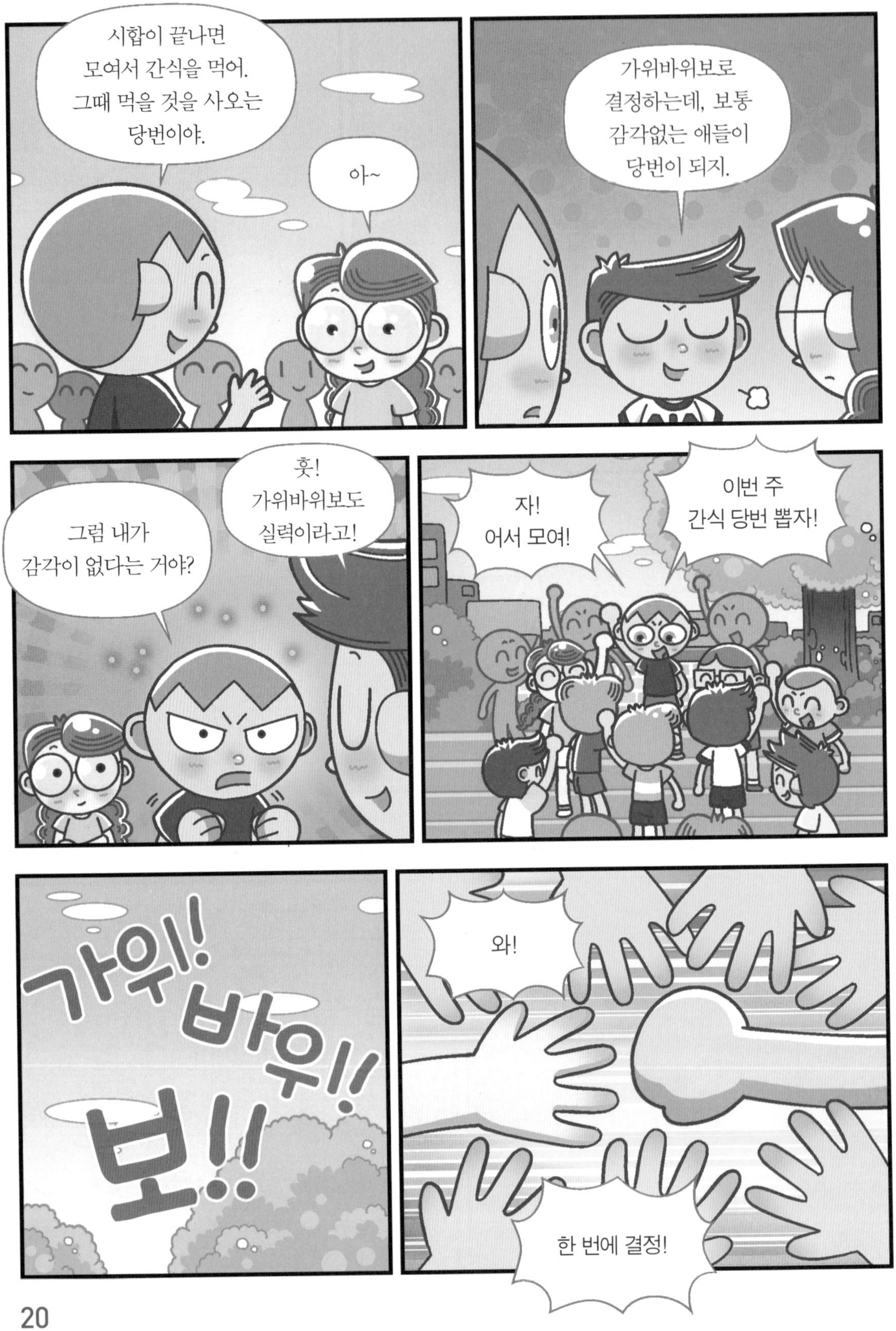

시합이 끝나면 모여서 간식을 먹어. 그때 먹을 것을 사오는 당번이야.
아~
가위바위보로 결정하는데, 보통 감각없는 애들이 당번이 되지.
그럼 내가 감각이 없다는 거야?
훗! 가위바위보도 실력이라고!
자! 어서 모여!
이번 주 간식 당번 뽑자!
가위! 바위!! 보!!
와!
한 번에 결정!

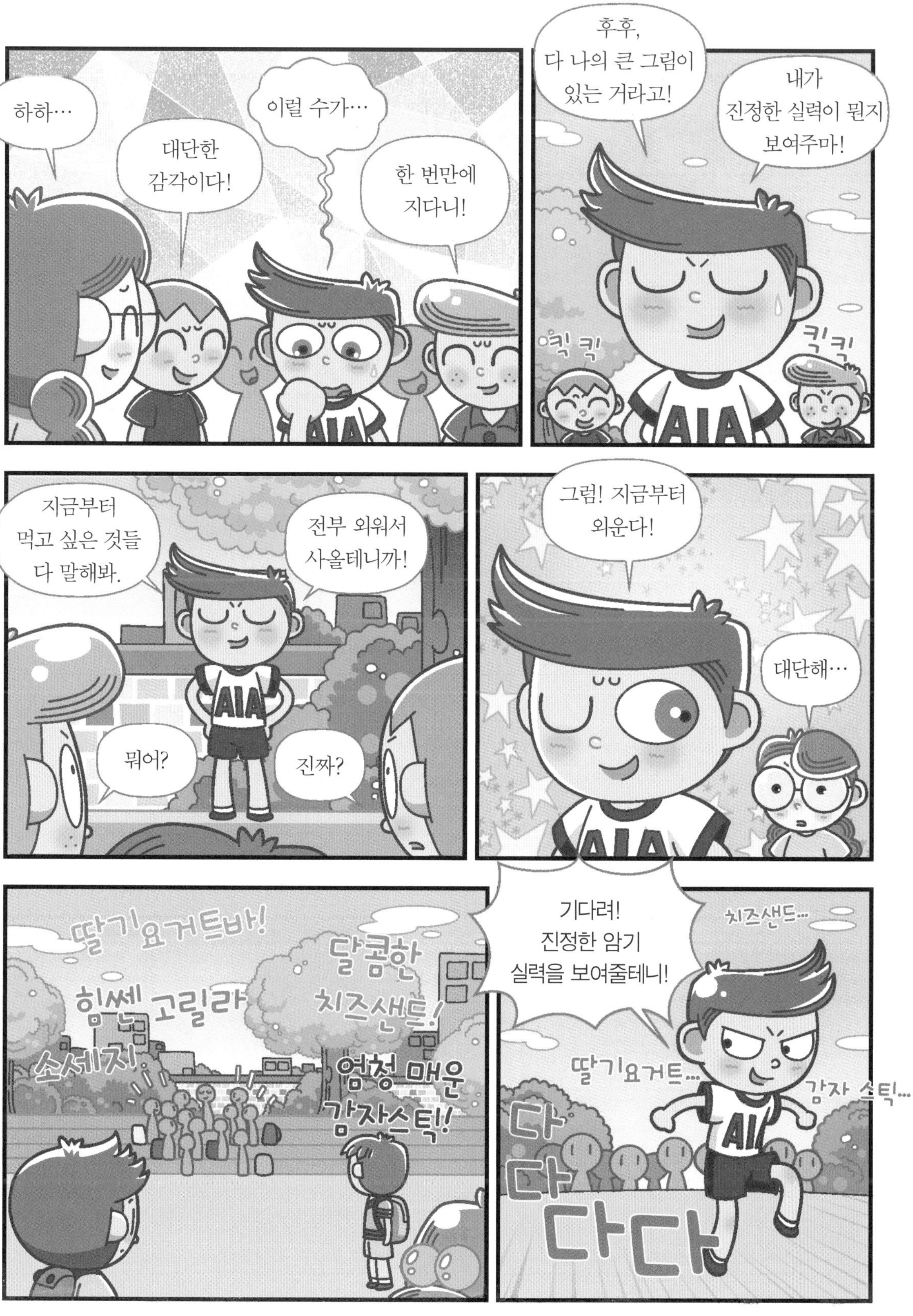
하하…
대단한 감각이다!
이럴 수가…
한 번만에 지다니!
후후, 다 나의 큰 그림이 있는 거라고!
내가 진정한 실력이 뭔지 보여주마!
킥 킥
킥킥
지금부터 먹고 싶은 것들 다 말해봐.
전부 외워서 사올테니까!
뭐어?
진짜?
그럼! 지금부터 외운다!
대단해…
딸기 요거트바!
달콤한 치즈샌드!
힘센 고릴라
소세지!
엄청 매운 감자스틱!
기다려! 진정한 암기 실력을 보여줄테니!
치즈샌드…
딸기요거트…
감자 스틱…
다 다 다다

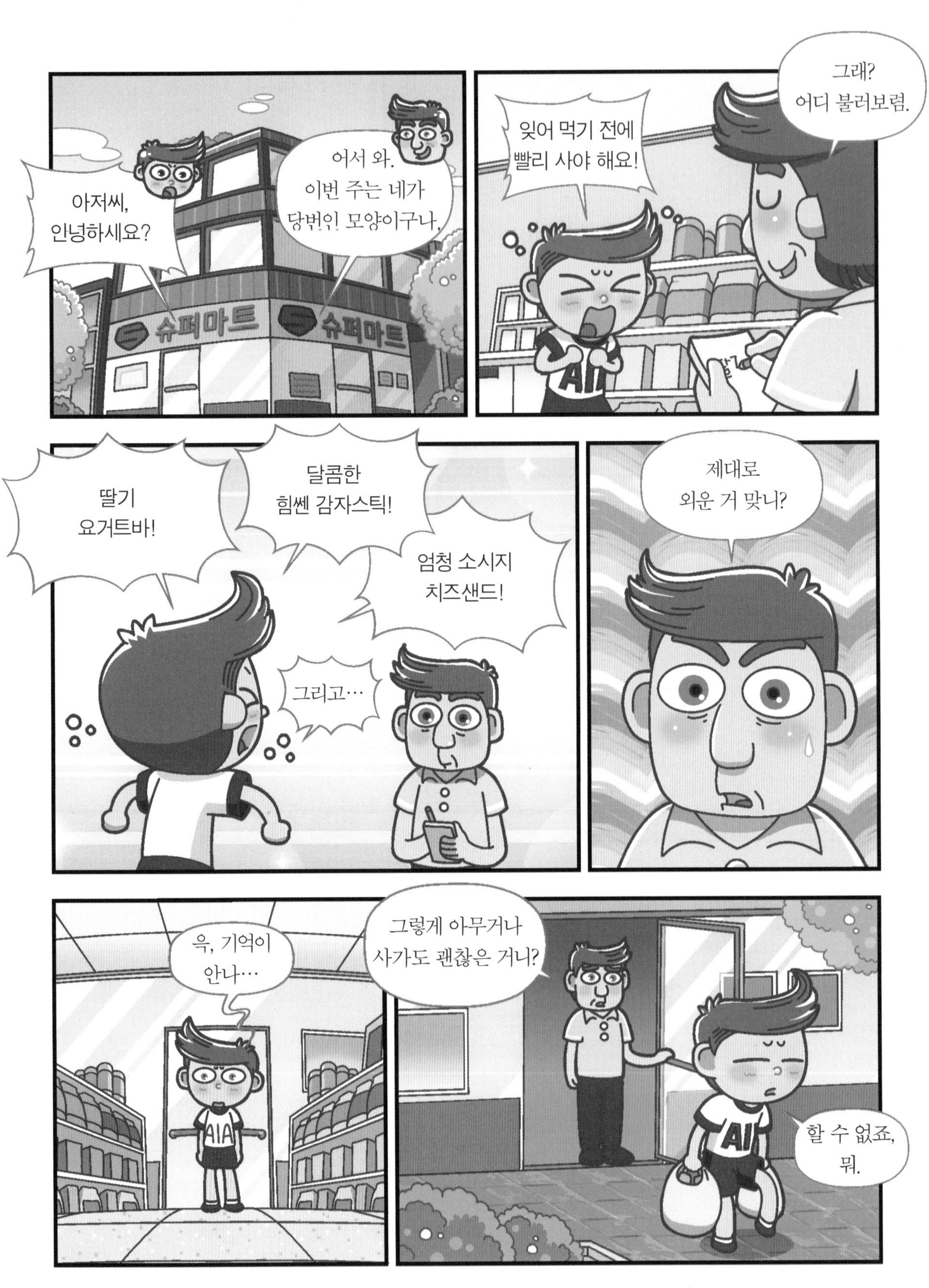

아저씨,
안녕하세요?
어서 와.
이번 주는 네가
당번인 모양이구나.
슈퍼마트
슈퍼마트
잊어 먹기 전에
빨리 사야 해요!
그래?
어디 불러보렴.
딸기
요거트바!
달콤한
힘센 감자스틱!
엄청 소시지
치즈샌드!
그리고…
제대로
외운 거 맞니?
윽, 기억이
안나…
그렇게 아무거나
사가도 괜찮은 거니?
할 수 없죠,
뭐.

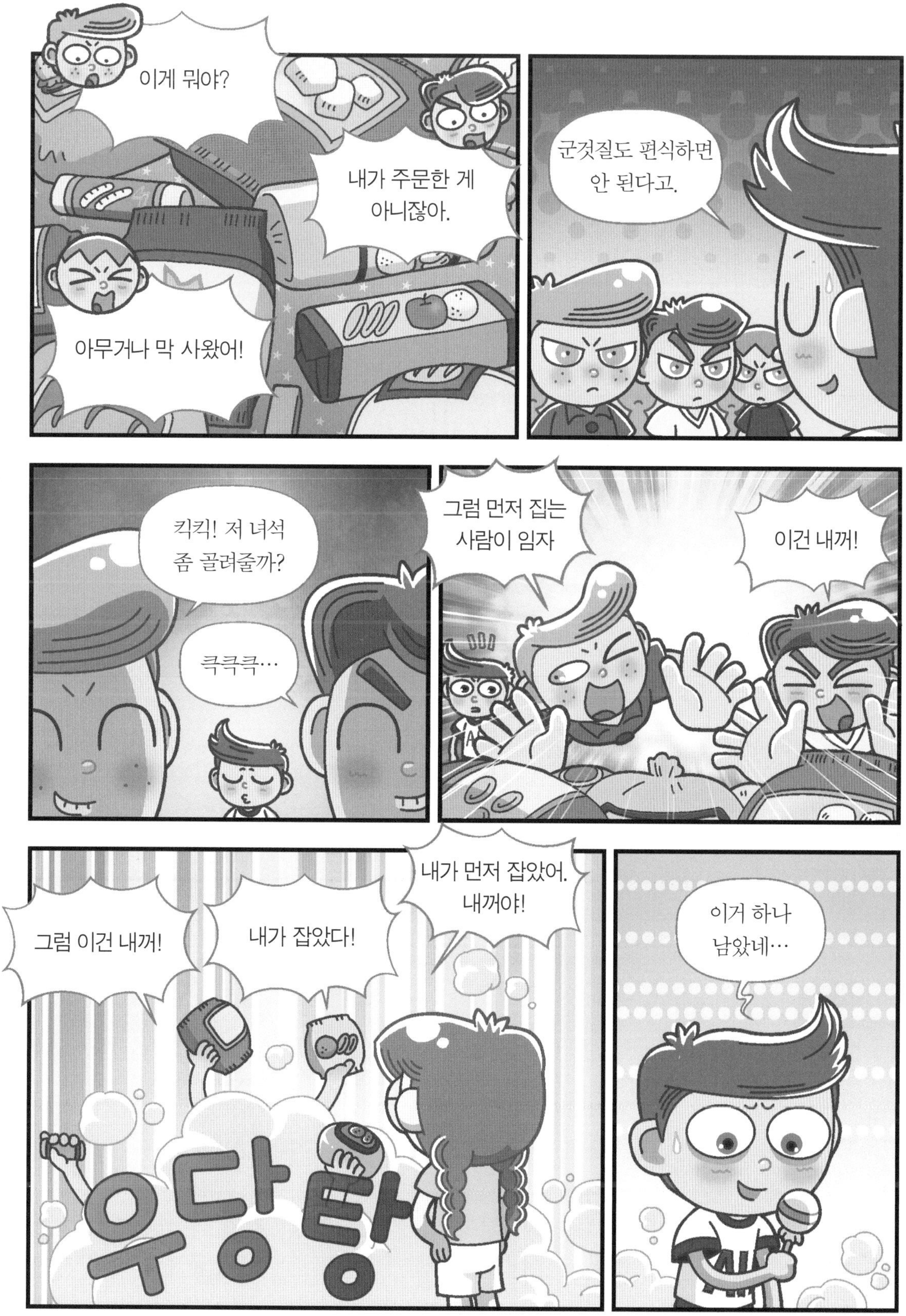
이게 뭐야?
내가 주문한 게 아니잖아.
아무거나 막 사왔어!
군것질도 편식하면 안 된다고.
킥킥! 저 녀석 좀 골려줄까?
킄킄킄…
그럼 먼저 집는 사람이 임자
이건 내꺼!
그럼 이건 내꺼!
내가 잡았다!
내가 먼저 잡았어. 내꺼야!
우당탕
이거 하나 남았네…

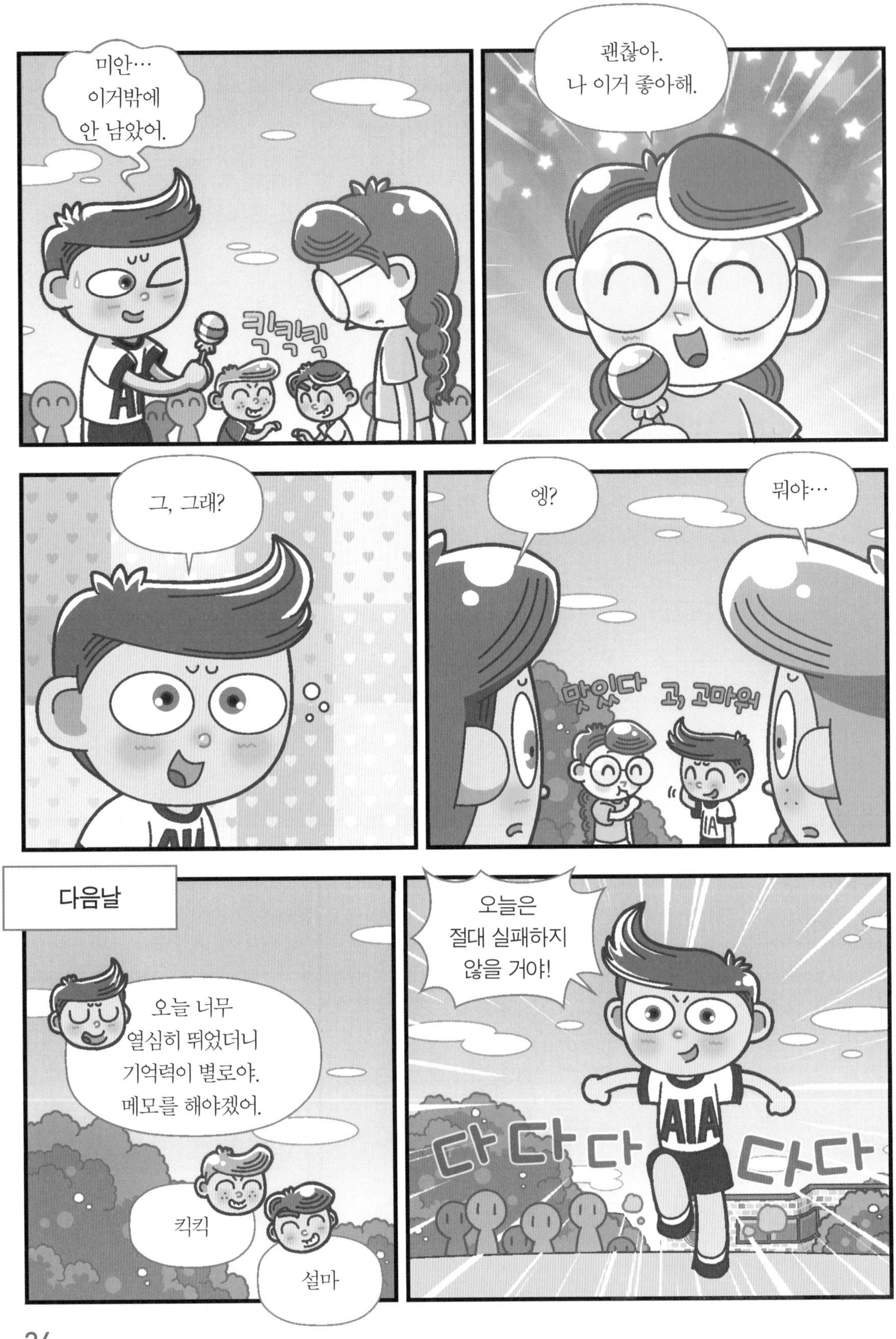

미안…
이거밖에
안 남았어.
킥킥킥
괜찮아.
나 이거 좋아해.
그, 그래?
엥?
뭐야…
맛있다
고, 고마워
다음날
오늘 너무
열심히 뛰었더니
기억력이 별로야.
메모를 해야겠어.
킥킥
설마
오늘은
절대 실패하지
않을 거야!
다다다
다다

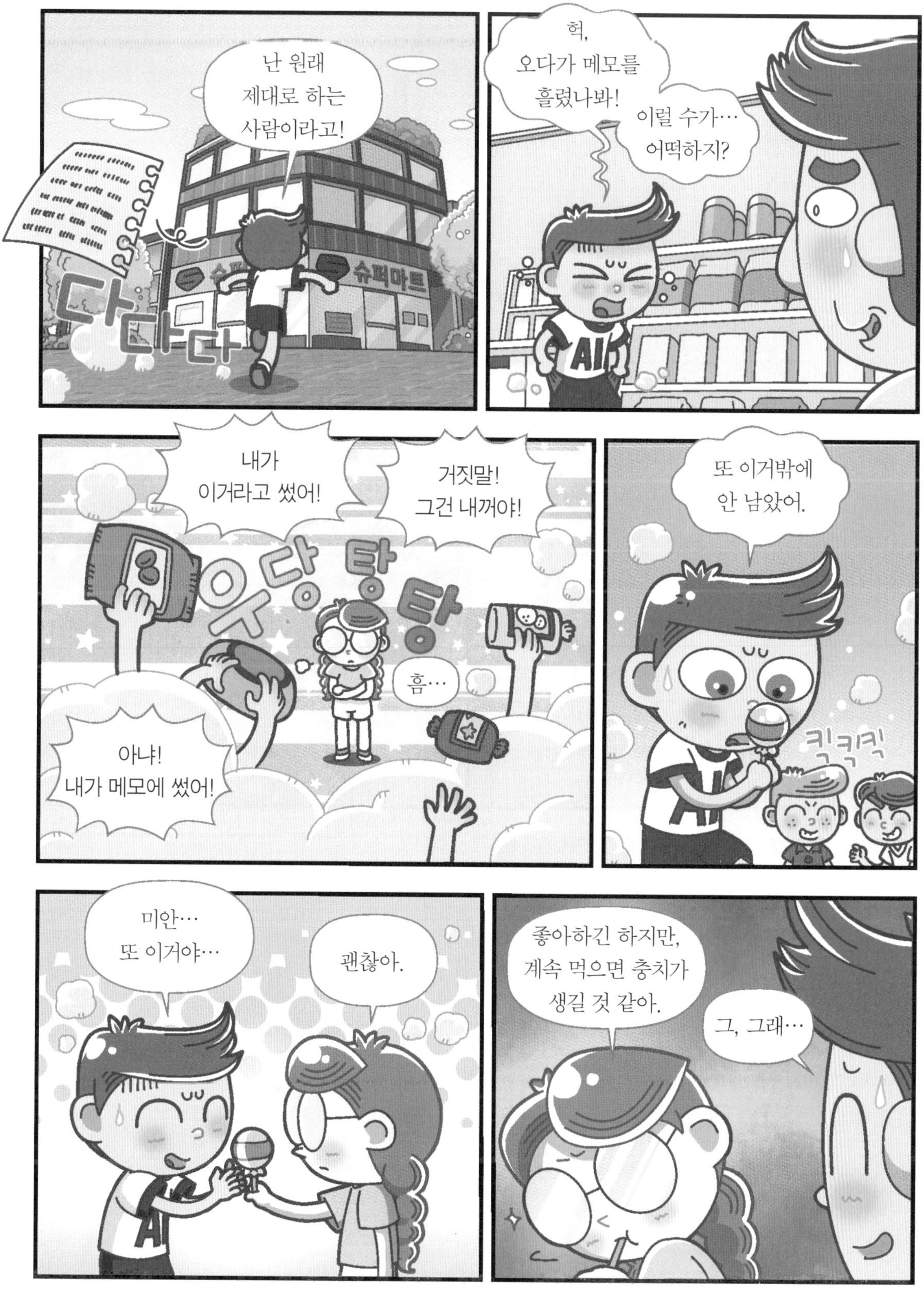

난 원래 제대로 하는 사람이라고!
다다다다
헉, 오다가 메모를 흘렸나봐!
이럴 수가… 어떡하지?
내가 이거라고 썼어!
거짓말! 그건 내꺼야!
우당탕탕
흠…
아냐! 내가 메모에 썼어!
또 이거밖에 안 남았어.
킥킥킥
미안… 또 이거야…
괜찮아.
좋아하긴 하지만, 계속 먹으면 충치가 생길 것 같아.
그, 그래…

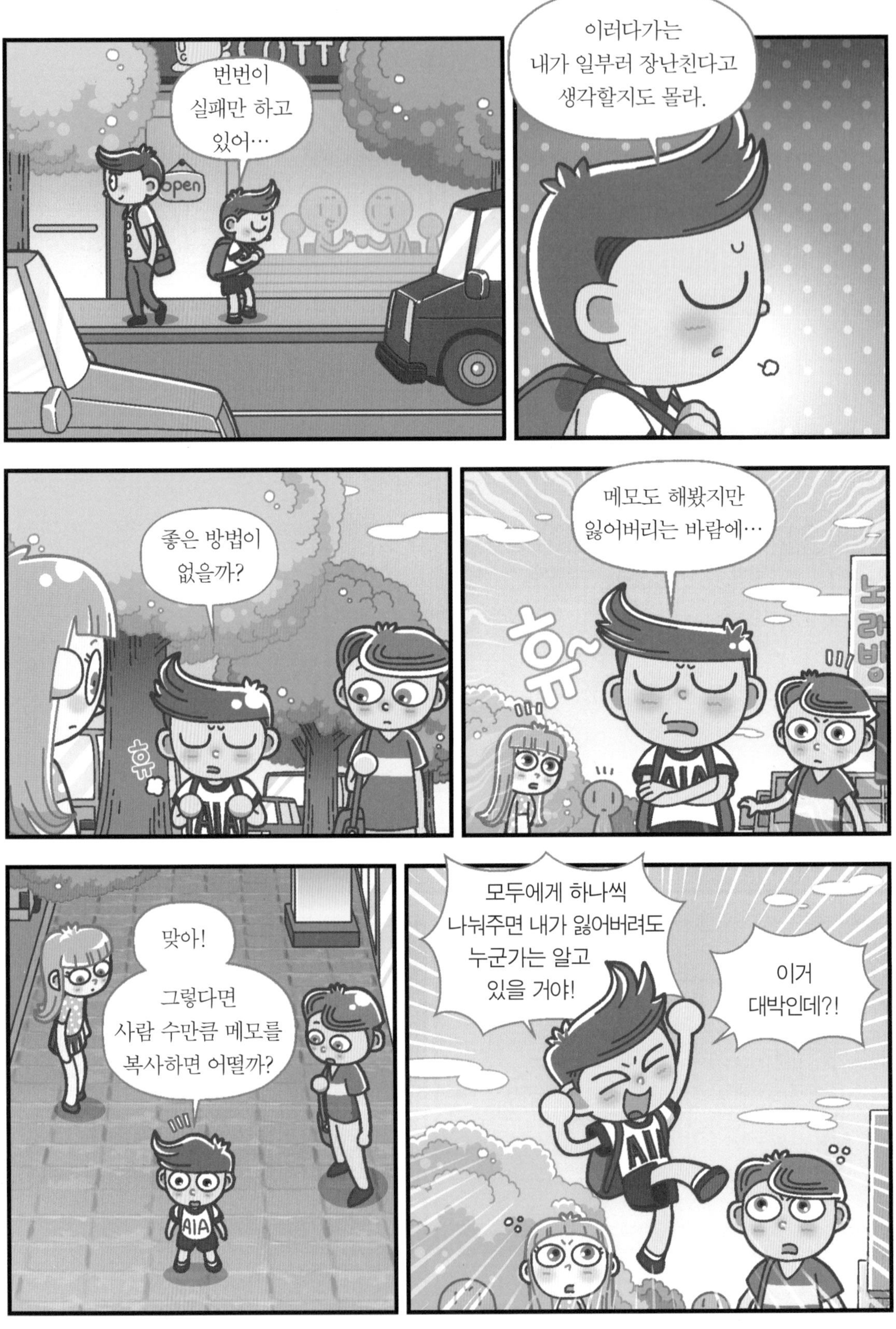
open
번번이 실패만 하고 있어…
이러다가는 내가 일부러 장난친다고 생각할지도 몰라.
좋은 방법이 없을까?
휴
메모도 해봤지만 잃어버리는 바람에…
휴~
맞아!
그렇다면 사람 수만큼 메모를 복사하면 어떨까?
모두에게 하나씩 나눠주면 내가 잃어버려도 누군가는 알고 있을 거야!
이거 대박인데?!

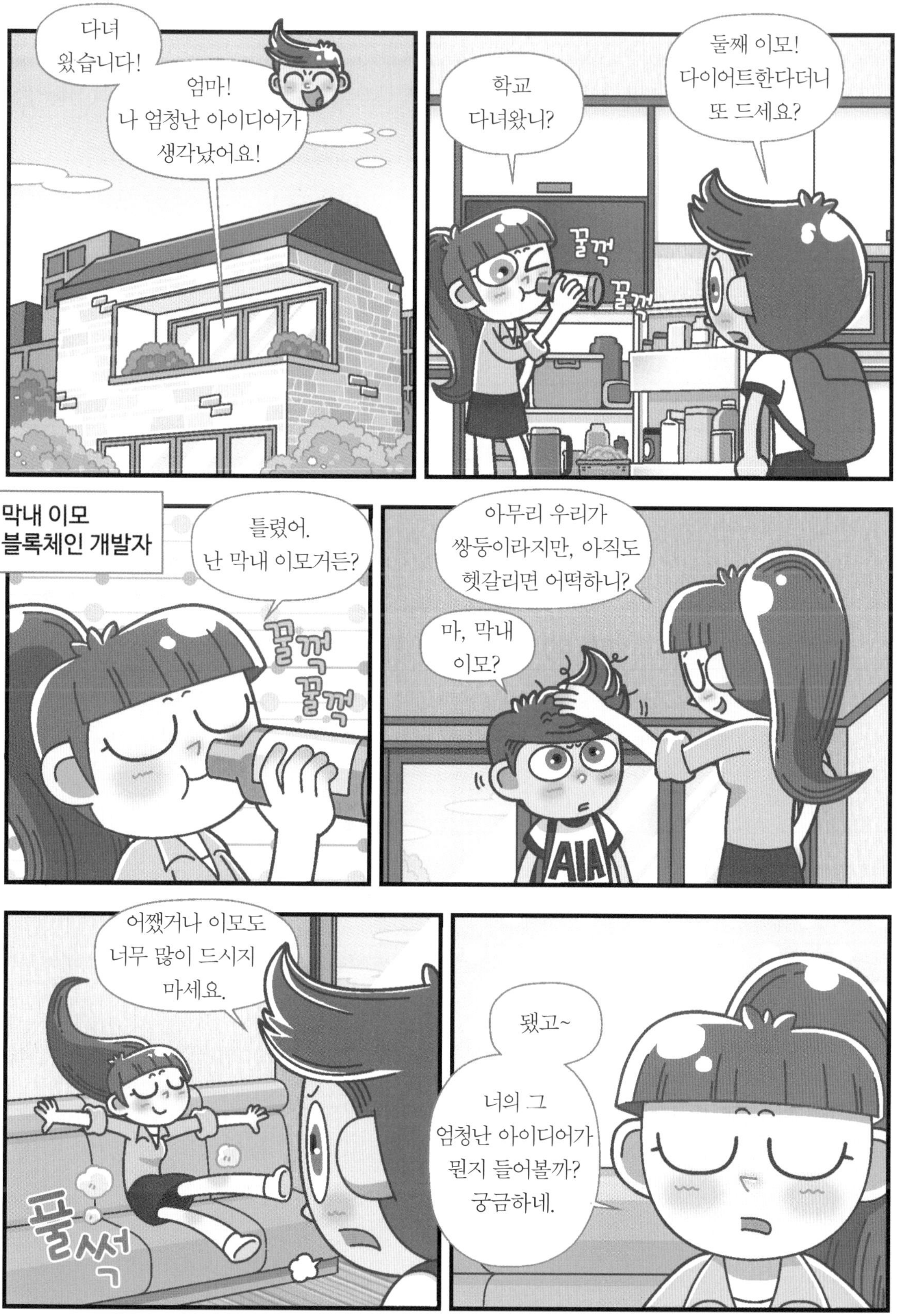
다녀
왔습니다!
엄마!
나 엄청난 아이디어가
생각났어요!
학교
다녀왔니?
둘째 이모!
다이어트한다더니
또 드세요?
꿀꺽
꿀꺽
막내 이모
블록체인 개발자
틀렸어.
난 막내 이모거든?
꿀꺽
꿀꺽
아무리 우리가
쌍둥이라지만, 아직도
헷갈리면 어떡하니?
마, 막내
이모?
어쨌거나 이모도
너무 많이 드시지
마세요.
풀썩
됐고~
너의 그
엄청난 아이디어가
뭔지 들어볼까?
궁금하네.

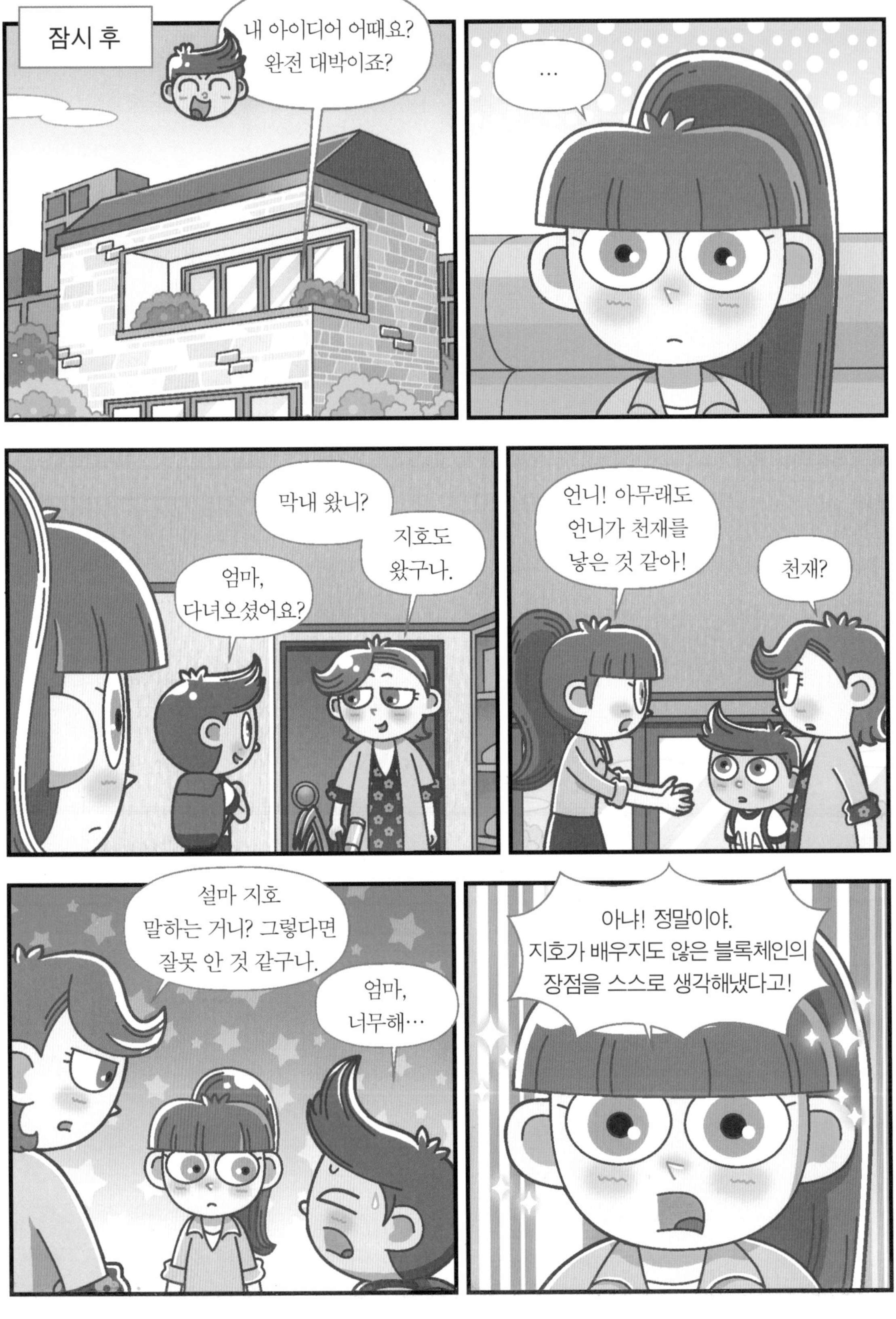
잠시 후
내 아이디어 어때요? 완전 대박이죠?
…
막내 왔니?
지호도 왔구나.
엄마, 다녀오셨어요?
언니! 아무래도 언니가 천재를 낳은 것 같아!
천재?
설마 지호 말하는 거니? 그렇다면 잘못 안 것 같구나.
엄마, 너무해…
아냐! 정말이야. 지호가 배우지도 않은 블록체인의 장점을 스스로 생각해냈다고!

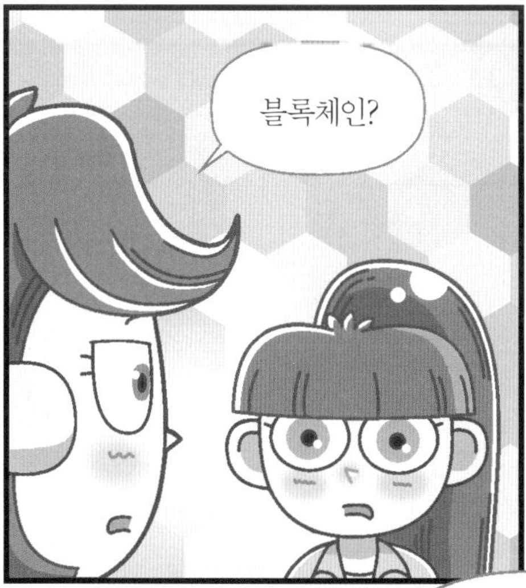
블록체인?

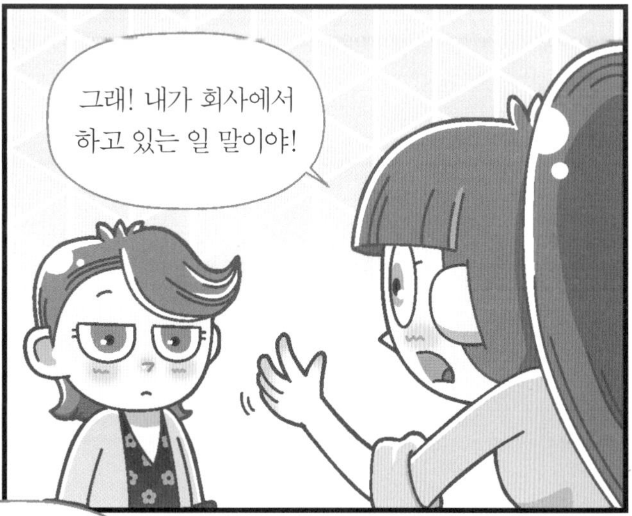
그래! 내가 회사에서
하고 있는 일 말이야!

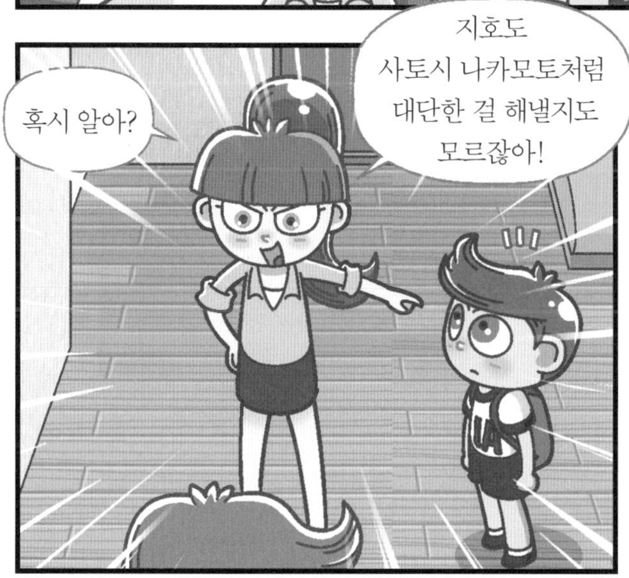
혹시 알아?
지호도
사토시 나카모토처럼
대단한 걸 해낼지도
모르잖아!

사토시 나카모토

세계 최초의 암호화폐인 비트코인(bitcoin)을 만든 사람이며, 블록체인 기술의 창시자입니다. 2008년 10월 31일 〈비트코인, P2P 전자화폐 시스템〉이라는 논문을 통해 비트코인과 블록체인을 세상에 알렸죠. 그런데 아직까지 그 누구도 그의 정체를 모를 정도로 베일에 싸인 인물이에요.

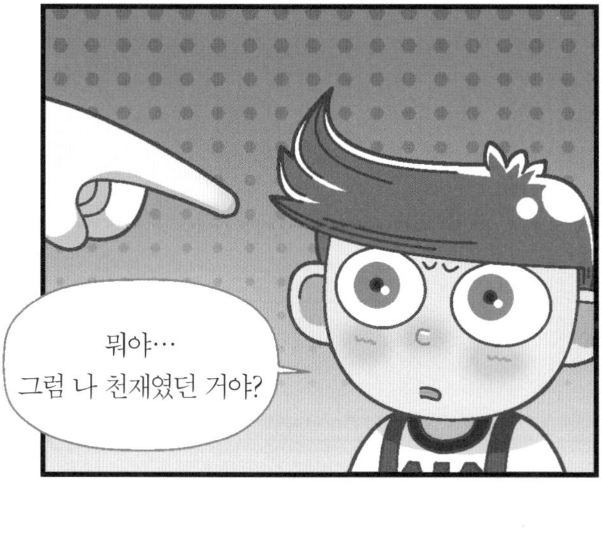
뭐야…
그럼 나 천재였던 거야?

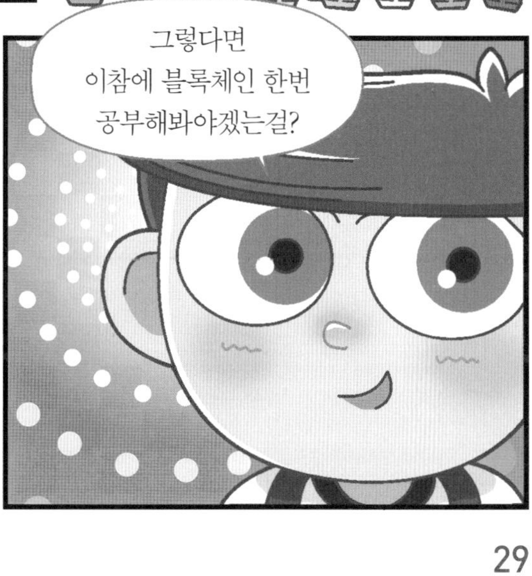
그렇다면
이참에 블록체인 한번
공부해봐야겠는걸?

블록체인이란 무엇일까?

인터넷이 세상을 바꿔놓은 것처럼, 또 한 번 세상을 바꿔놓을 4차 산업 혁명 시대의 대표
적인 기술이 블록체인이에요. 혹자는 누구나 인터넷을 사용하고 있는 것처럼 블록체인
을 활용하게 될 것이라고 예측하고 있어요. 그럼 도대체 블록체인이 무엇인지 그 개념부
터 알아볼까요?

블록체인(blockchain)에서 블록(block)은
제3자가 참여하지 않는 당사자 간의 거래
기록들을 의미해요. 거래기록으로 만들어진
블록들이 쌓여서 사슬(chain)처럼 서로 연결
돼 있다고 해서 '블록체인'이란 이름이 붙었어
요.

블록체인은 동일한 네트워크를 사용하는 구성원 간의 거래 이력 정보를 구성원 전
원에게 분산하여 보관 및 유지하고 참여자들의 합의를 통해 거래 데이터의 정당성을
보증하는 분산형 데이터 저장 기술이에요. 지금까지는 은행처럼 중앙에서 거래 참여
자의 신용을 보증해주고 거래 내역을 관리했지만, 블록체인 기술을 이용하면 거래 참
여자가 직접 거래 내역을 갖게 되는 거예요.

거래 내역에 합의하면 당사자 각각의 컴퓨터에 블록으로 동시에 복제 및 저장되고,
정해진 시간(0.1초~10분 등) 간격으로 스스로 블록을 끊임없이 생성하여 체인 형태
로 연결되는 구조를 띱니다.

이렇게 거래 내역 정보를 참여자끼리 공유하면서 데이터 위조나 변조를 할 수 없도

록 하는 것이지요.

블록체인 기술이 각광받는 이유는 안전성, 투명성, 가성비 때문이에요.

거래 내용이 당사자 각각의 컴퓨터에 분산 및 저장되어 계속해서 체인으로 연결되기 때문에 다른 블록 즉, 다른 거래 내용이 끼어들 수 없어요. 이처럼 기본적으로 위변조를 할 수 없는 구조이기 때문에 보안성이 뛰어나답니다.

또한 거래 참여자 모두 블록에 기록된 정보를 확인할 수 있으므로 투명성이 보장되고, 이를 언제든 대조할 수 있으므로 데이터의 위변조를 가려낼 수 있어요.

기존저럼 중앙집중형 서버에서 거래 내역을 보관 및 관리하는 경우, 비용이 많이 들고 중앙서버가 해킹당하면 자칫 대형 사고로 이어질 수 있어요. 하지만 블록체인은 거래에 참여하는 사람들의 각 컴퓨터에 거래 내역이 분산형으로 저장 및 기록되기 때문에 상대적으로 비용을 절감할 수 있고, 대형 사고 위험 없이 안전하답니다.

블록체인 제대로 알기

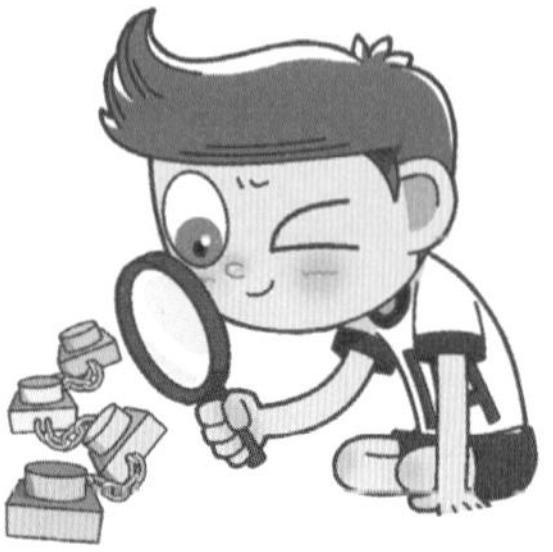

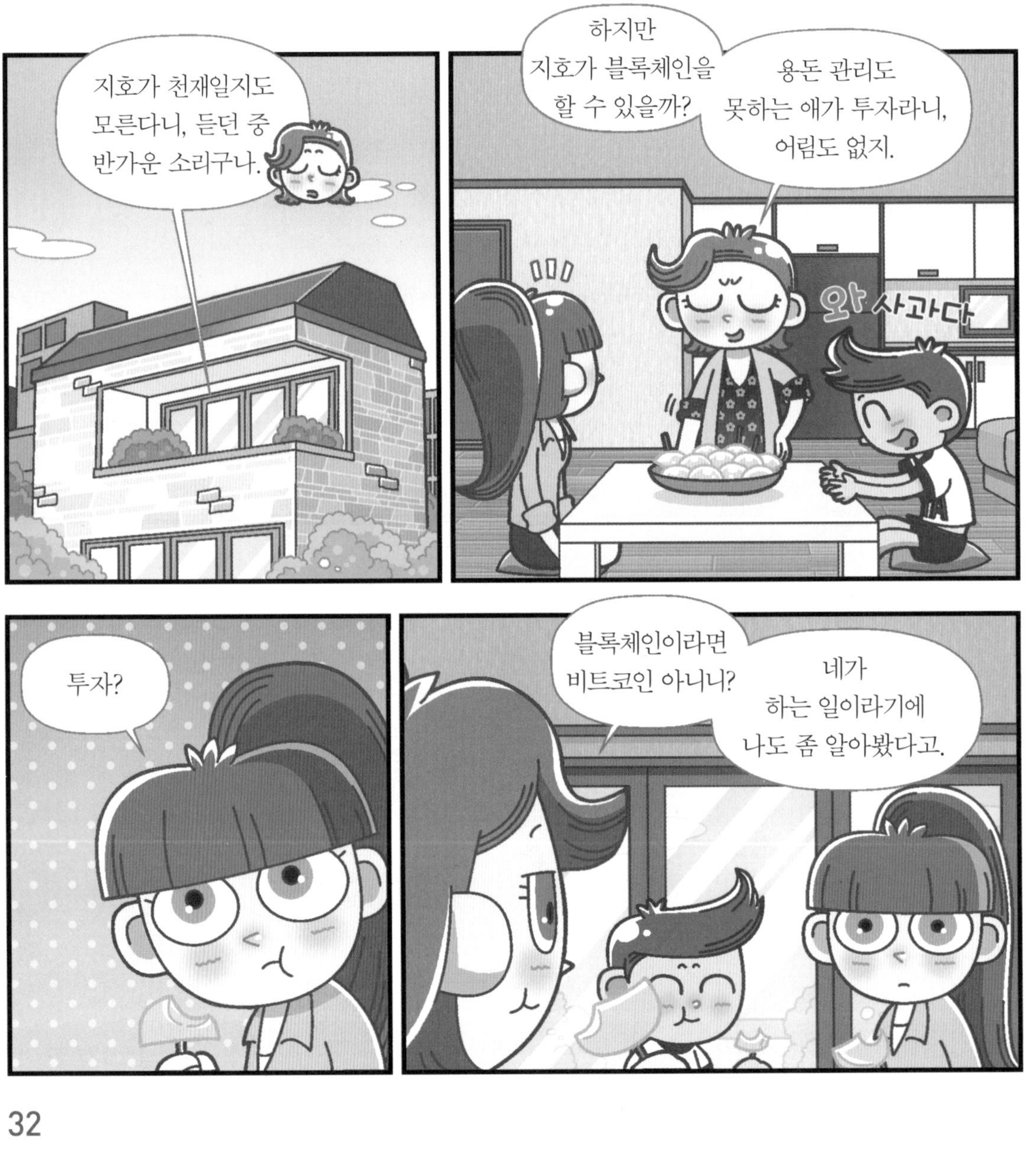
지호가 천재일지도 모른다니, 듣던 중 반가운 소리구나.
하지만 지호가 블록체인을 할 수 있을까?
용돈 관리도 못하는 애가 투자라니, 어림도 없지.
와 사과다
투자?
블록체인이라면 비트코인 아니니?
네가 하는 일이라기에 나도 좀 알아봤다고.

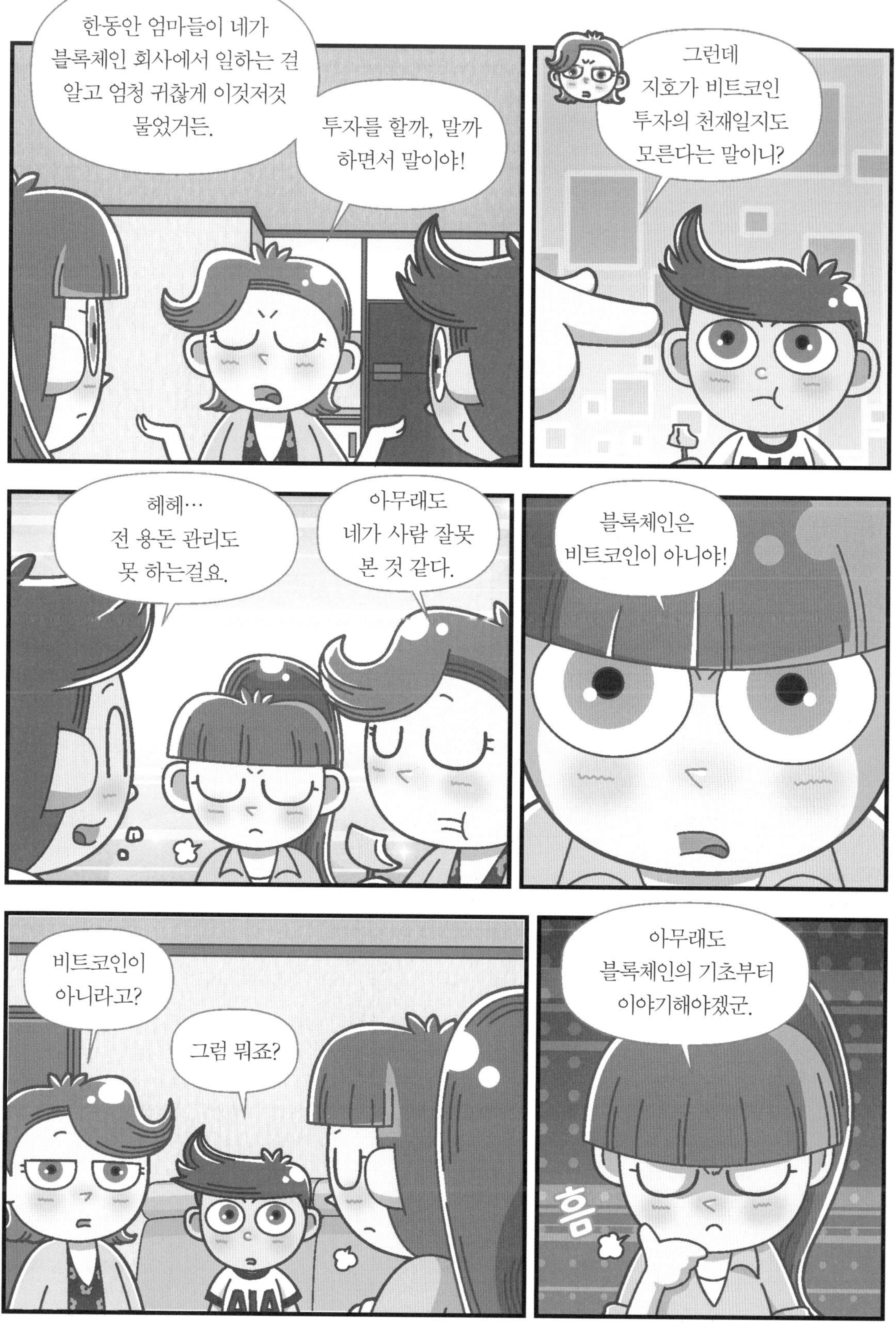
한동안 엄마들이 네가 블록체인 회사에서 일하는 걸 알고 엄청 귀찮게 이것저것 물었거든.
투자를 할까, 말까 하면서 말이야!
그런데 지호가 비트코인 투자의 천재일지도 모른다는 말이니?
헤헤… 전 용돈 관리도 못 하는걸요.
아무래도 네가 사람 잘못 본 것 같다.
블록체인은 비트코인이 아니야!
비트코인이 아니라고?
그럼 뭐죠?
아무래도 블록체인의 기초부터 이야기해야겠군.
흠

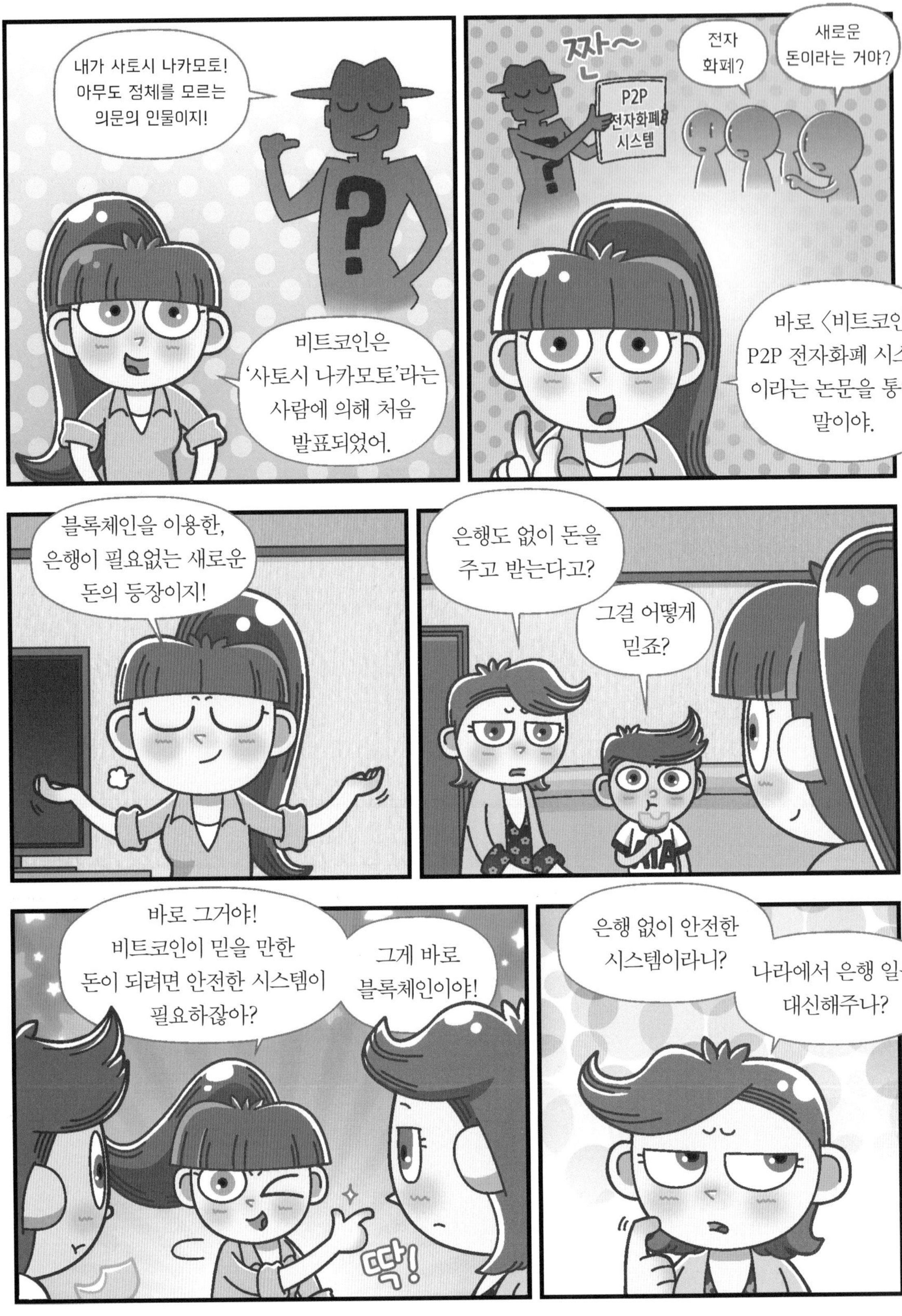
내가 사토시 나카모토! 아무도 정체를 모르는 의문의 인물이지!
비트코인은 '사토시 나카모토'라는 사람에 의해 처음 발표되었어.
짠~
P2P 전자화폐 시스템
전자 화폐?
새로운 돈이라는 거야?
바로 〈비트코인: P2P 전자화폐 시스템〉이라는 논문을 통해서 말이야.
블록체인을 이용한, 은행이 필요없는 새로운 돈의 등장이지!
은행도 없이 돈을 주고 받는다고?
그걸 어떻게 믿죠?
바로 그거야! 비트코인이 믿을 만한 돈이 되려면 안전한 시스템이 필요하잖아?
그게 바로 블록체인이야!
딱!
은행 없이 안전한 시스템이라니?
나라에서 은행 일을 대신해주나?

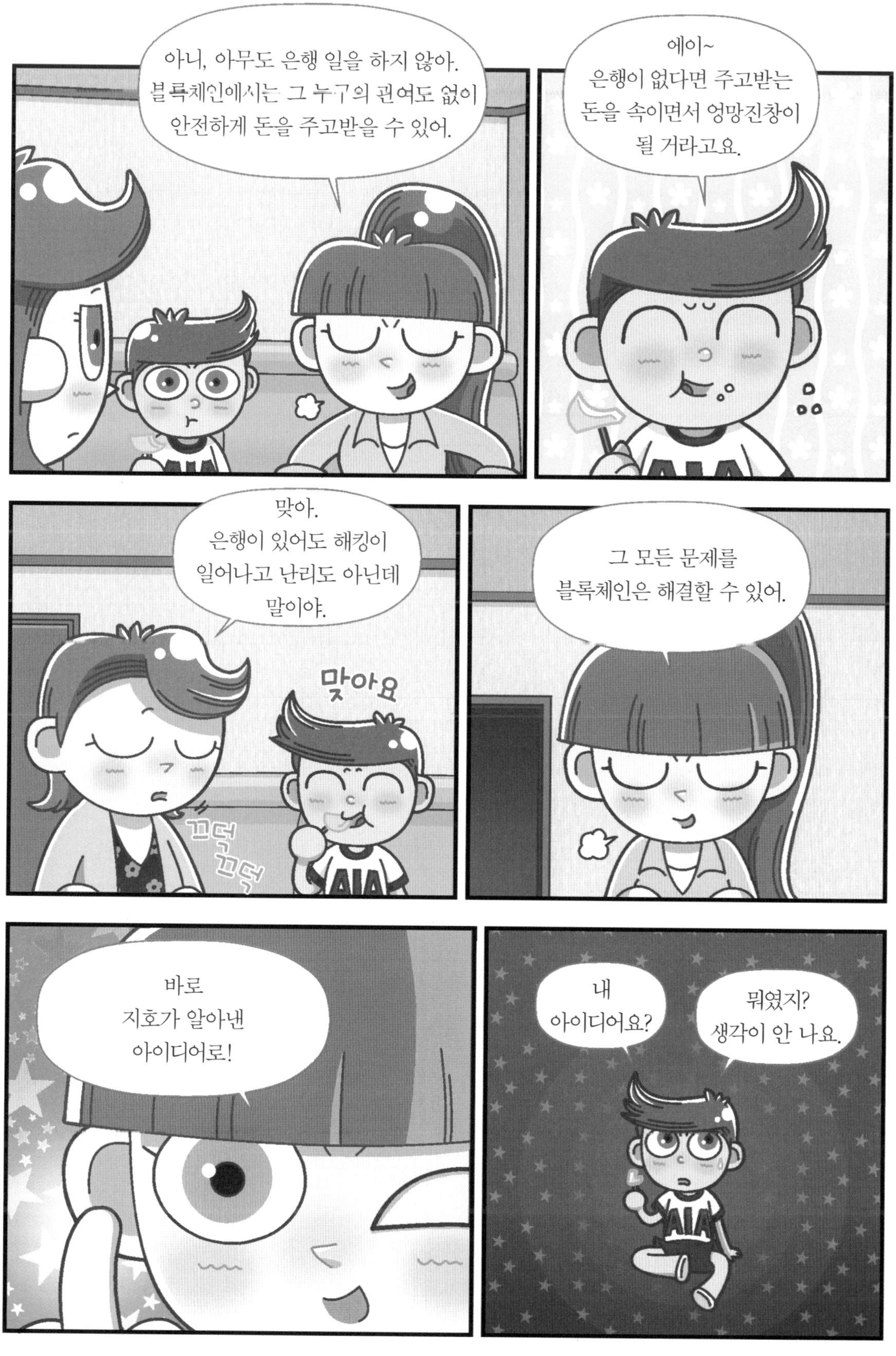
아니, 아무도 은행 일을 하지 않아. 블록체인에서는 그 누구의 관여도 없이 안전하게 돈을 주고받을 수 있어.
에이~ 은행이 없다면 주고받는 돈을 속이면서 엉망진창이 될 거라고요.
맞아. 은행이 있어도 해킹이 일어나고 난리도 아닌데 말이야.
맞아요
끄덕 끄덕
그 모든 문제를 블록체인은 해결할 수 있어.
바로 지호가 알아낸 아이디어로!
내 아이디어요?
뭐였지? 생각이 안 나요.

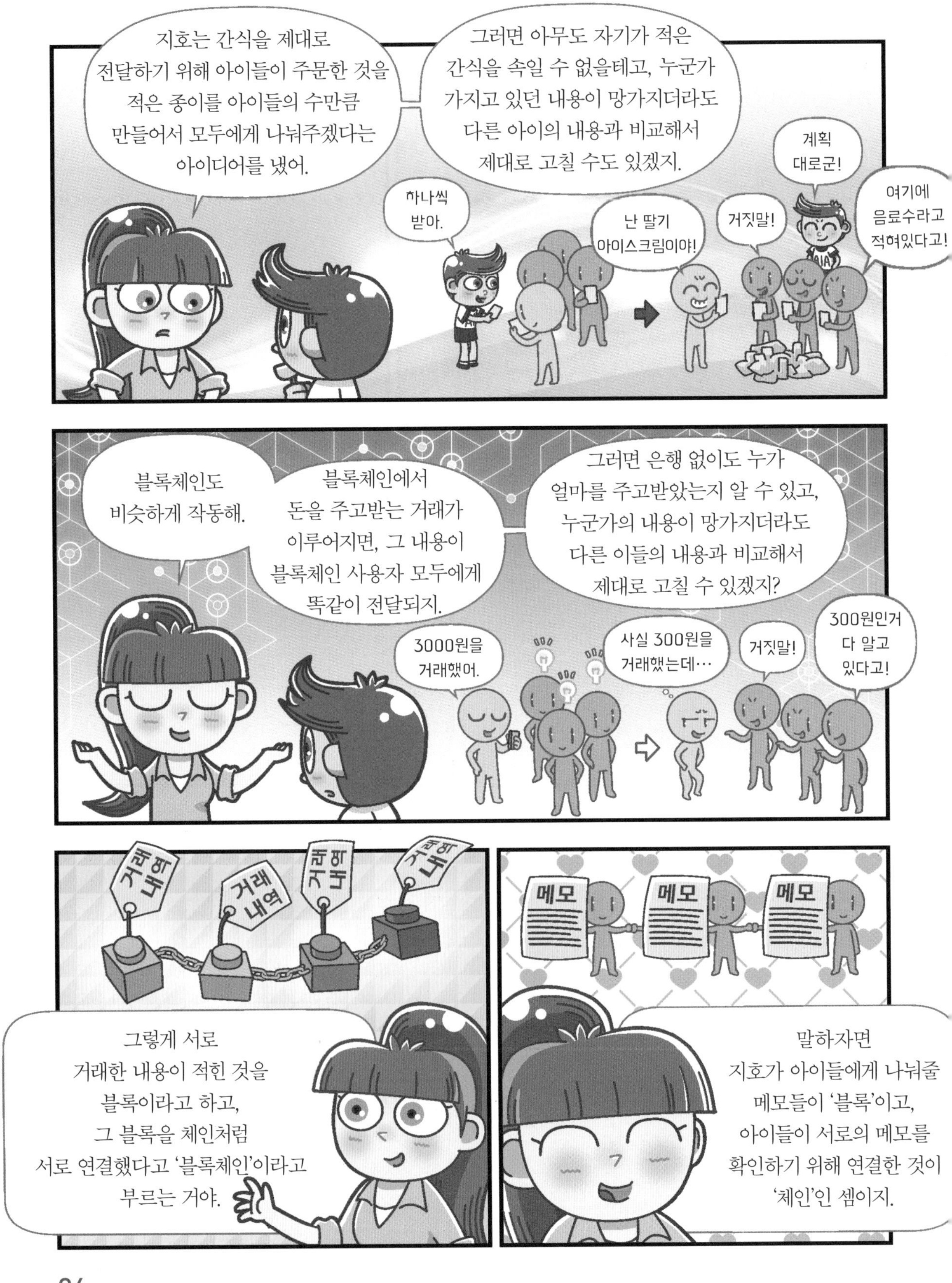
지호는 간식을 제대로 전달하기 위해 아이들이 주문한 것을 적은 종이를 아이들의 수만큼 만들어서 모두에게 나눠주겠다는 아이디어를 냈어.
그러면 아무도 자기가 적은 간식을 속일 수 없을테고, 누군가 가지고 있던 내용이 망가지더라도 다른 아이의 내용과 비교해서 제대로 고칠 수도 있겠지.
하나씩 받아.
난 딸기 아이스크림이야!
거짓말!
계획 대로군!
여기에 음료수라고 적혀있다고!
블록체인도 비슷하게 작동해.
블록체인에서 돈을 주고받는 거래가 이루어지면, 그 내용이 블록체인 사용자 모두에게 똑같이 전달되지.
그러면 은행 없이도 누가 얼마를 주고받았는지 알 수 있고, 누군가의 내용이 망가지더라도 다른 이들의 내용과 비교해서 제대로 고칠 수 있겠지?
3000원을 거래했어.
사실 300원을 거래했는데…
거짓말!
300원인거 다 알고 있다고!
거래 내역
그렇게 서로 거래한 내용이 적힌 것을 블록이라고 하고, 그 블록을 체인처럼 서로 연결했다고 '블록체인'이라고 부르는 거야.
메모
메모
메모
말하자면 지호가 아이들에게 나눠줄 메모들이 '블록'이고, 아이들이 서로의 메모를 확인하기 위해 연결한 것이 '체인'인 셈이지.

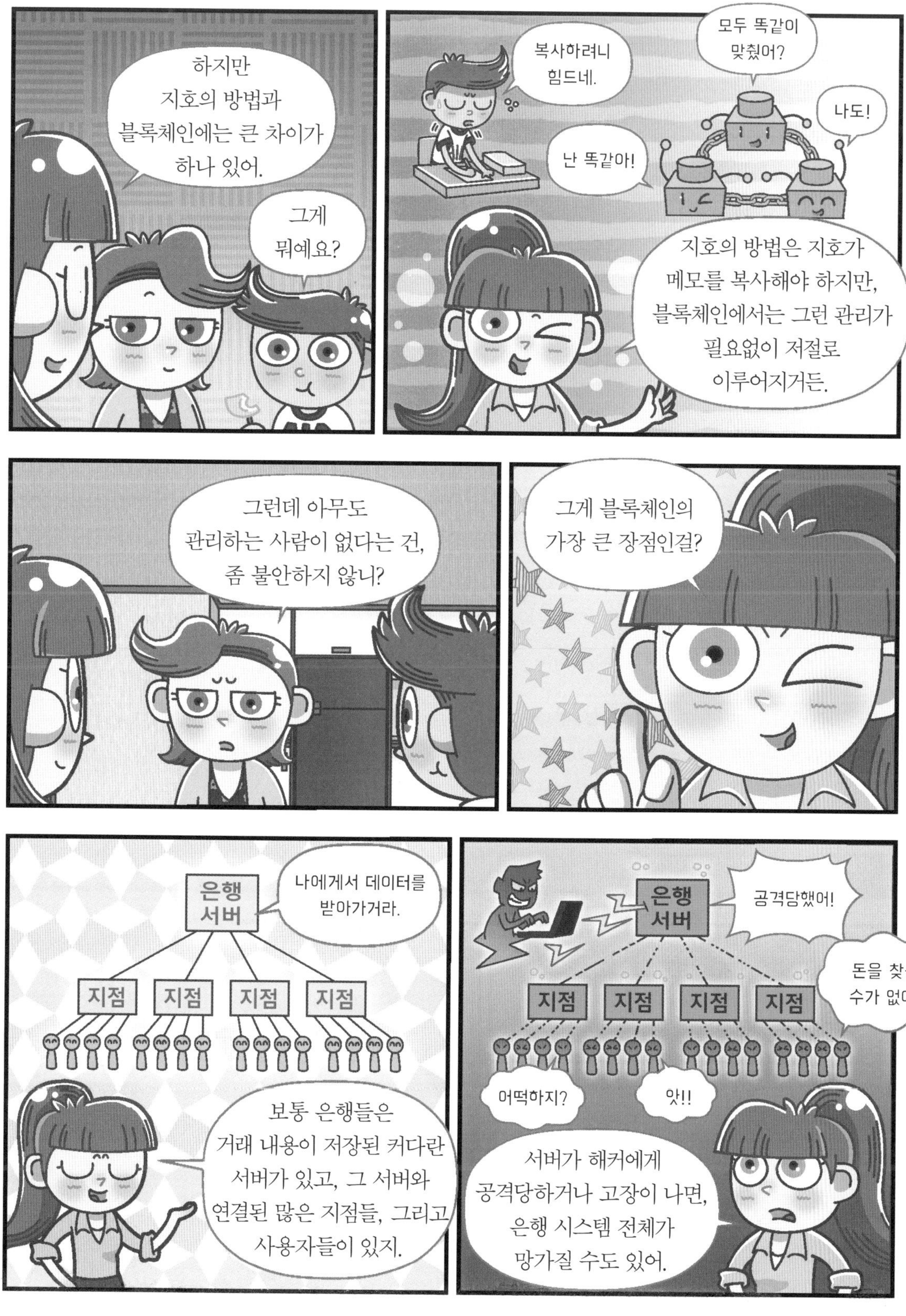
하지만
지호의 방법과
블록체인에는 큰 차이가
하나 있어.
그게
뭐예요?
복사하려니
힘드네.
모두 똑같이
맞췄어?
나도!
난 똑같아!
지호의 방법은 지호가
메모를 복사해야 하지만,
블록체인에서는 그런 관리가
필요없이 저절로
이루어지거든.
그런데 아무도
관리하는 사람이 없다는 건,
좀 불안하지 않니?
그게 블록체인의
가장 큰 장점인걸?
은행
서버
나에게서 데이터를
받아가거라.
지점
지점
지점
지점
보통 은행들은
거래 내용이 저장된 커다란
서버가 있고, 그 서버와
연결된 많은 지점들, 그리고
사용자들이 있지.
은행
서버
공격당했어!
돈을 찾을
수가 없어!
지점
지점
지점
지점
어떡하지?
앗!!
서버가 해커에게
공격당하거나 고장이 나면,
은행 시스템 전체가
망가질 수도 있어.

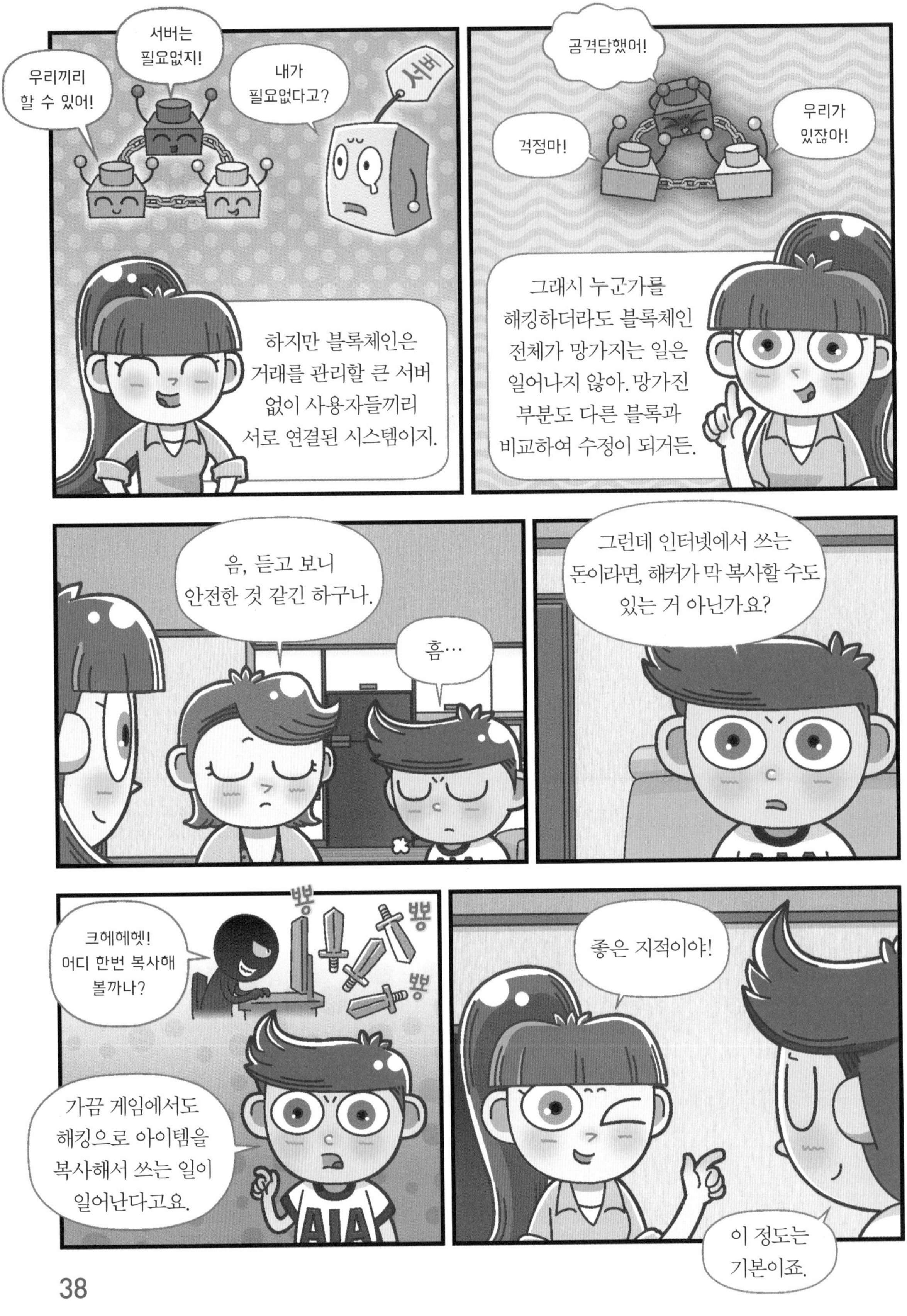
우리끼리 할 수 있어!
서버는 필요없지!
내가 필요없다고?
서버
하지만 블록체인은 거래를 관리할 큰 서버 없이 사용자들끼리 서로 연결된 시스템이지.
공격당했어!
걱정마!
우리가 있잖아!
그래서 누군가를 해킹하더라도 블록체인 전체가 망가지는 일은 일어나지 않아. 망가진 부분도 다른 블록과 비교하여 수정이 되거든.
음, 듣고 보니 안전한 것 같긴 하구나.
흠…
그런데 인터넷에서 쓰는 돈이라면, 해커가 막 복사할 수도 있는 거 아닌가요?
뿅
뿅
뿅
크헤헤헷! 어디 한번 복사해 볼까나?
가끔 게임에서도 해킹으로 아이템을 복사해서 쓰는 일이 일어난다고요.
AIA
좋은 지적이야!
이 정도는 기본이죠.

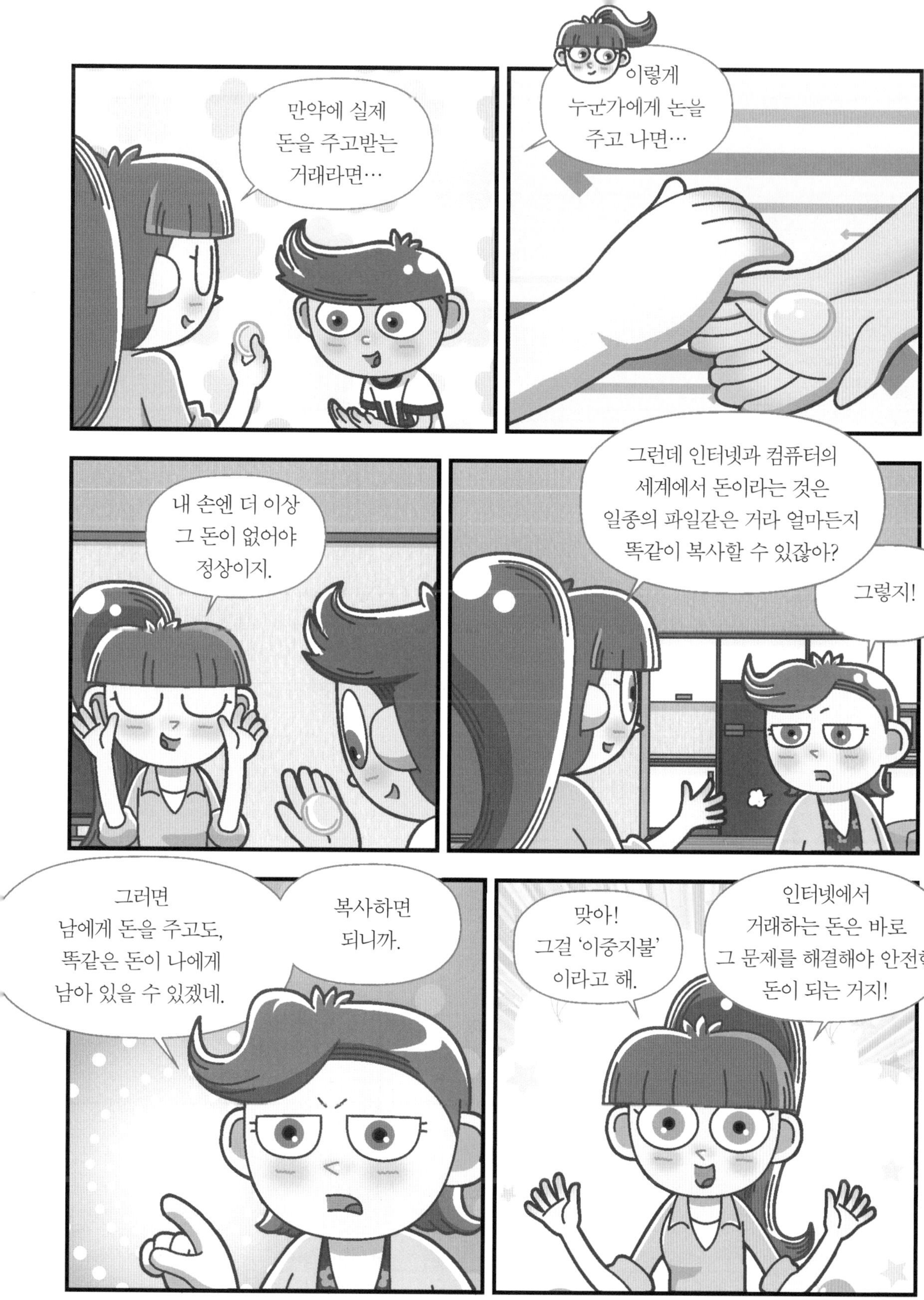
만약에 실제 돈을 주고받는 거래라면…
이렇게 누군가에게 돈을 주고 나면…
내 손엔 더 이상 그 돈이 없어야 정상이지.
그런데 인터넷과 컴퓨터의 세계에서 돈이라는 것은 일종의 파일같은 거라 얼마든지 똑같이 복사할 수 있잖아?
그렇지!
그러면 남에게 돈을 주고도, 똑같은 돈이 나에게 남아 있을 수 있겠네.
복사하면 되니까.
맞아! 그걸 '이중지불' 이라고 해.
인터넷에서 거래하는 돈은 바로 그 문제를 해결해야 안전한 돈이 되는 거지!

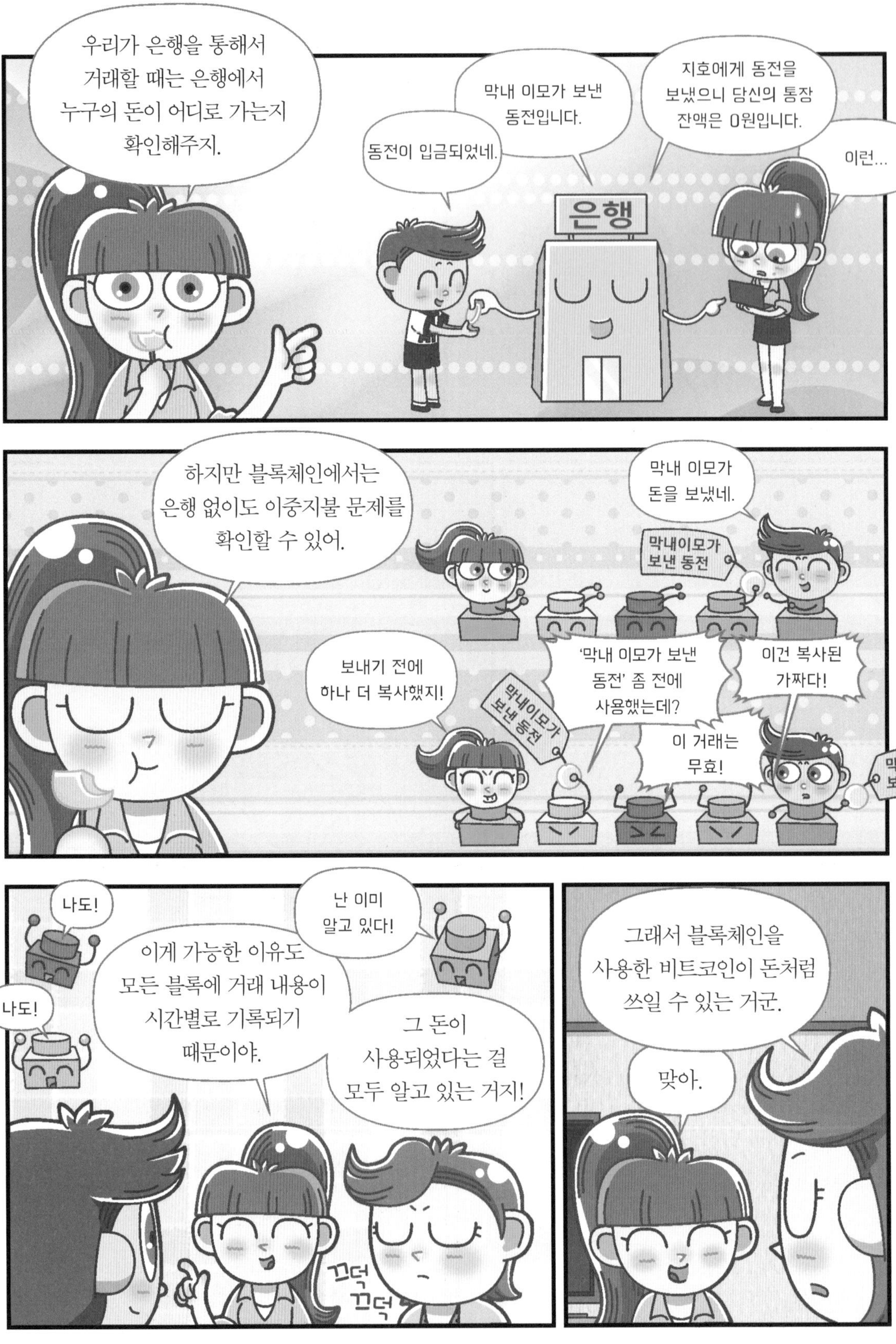

우리가 은행을 통해서 거래할 때는 은행에서 누구의 돈이 어디로 가는지 확인해주지.
동전이 입금되었네.
막내 이모가 보낸 동전입니다.
지호에게 동전을 보냈으니 당신의 통장 잔액은 0원입니다.
이런...
은행
하지만 블록체인에서는 은행 없이도 이중지불 문제를 확인할 수 있어.
막내 이모가 돈을 보냈네.
막내이모가 보낸 동전
보내기 전에 하나 더 복사했지!
막내이모가 보낸 동전
'막내 이모가 보낸 동전' 좀 전에 사용했는데?
이건 복사된 가짜다!
이 거래는 무효!
막내이모가 보낸 동전
나도!
나도!
이게 가능한 이유도 모든 블록에 거래 내용이 시간별로 기록되기 때문이야.
난 이미 알고 있다!
그 돈이 사용되었다는 걸 모두 알고 있는 거지!
끄덕 끄덕
그래서 블록체인을 사용한 비트코인이 돈처럼 쓰일 수 있는 거군.
맞아.

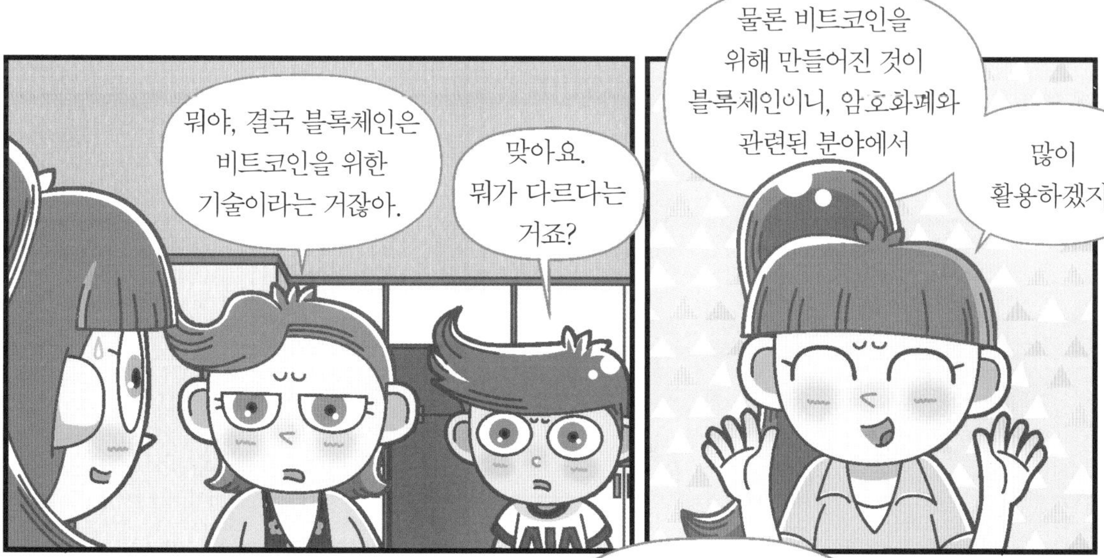
뭐야, 결국 블록체인은 비트코인을 위한 기술이라는 거잖아.
맞아요. 뭐가 다르다는 거죠?
물론 비트코인을 위해 만들어진 것이 블록체인이니, 암호화폐와 관련된 분야에서
많이 활용하겠지.

암호화폐란?

인터넷 등에서 사용하는 모든 가치수단을 '암호화폐'라고 해요.
비트코인은 물론, 특정 사이트에서 사용하는 **코인, **골드, 그리고 게임 안에서 사용하는 화폐들도 모두 암호화폐에 속해요.

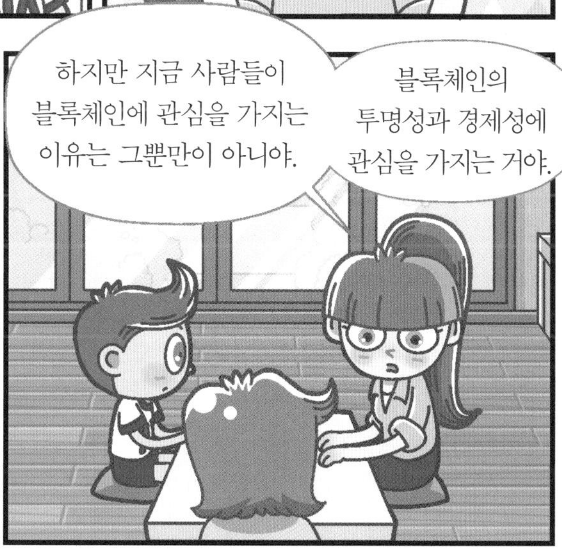
하지만 지금 사람들이 블록체인에 관심을 가지는 이유는 그뿐만이 아니야.
블록체인의 투명성과 경제성에 관심을 가지는 거야.

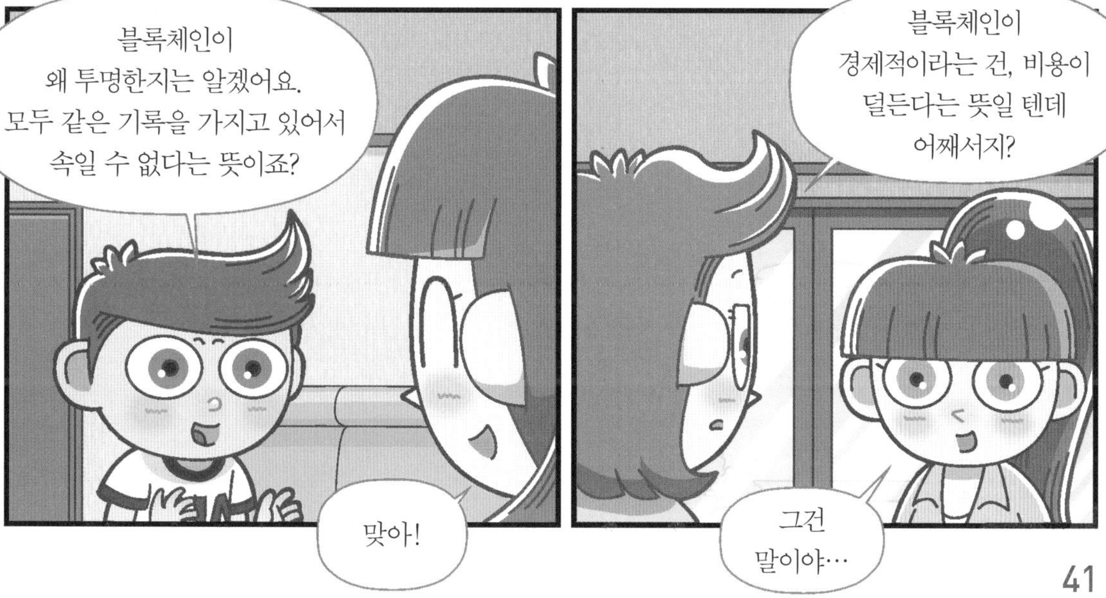
블록체인이 왜 투명한지는 알겠어요. 모두 같은 기록을 가지고 있어서 속일 수 없다는 뜻이죠?
맞아!
블록체인이 경제적이라는 건, 비용이 덜든다는 뜻일 텐데 어째서지?
그건 말이야…

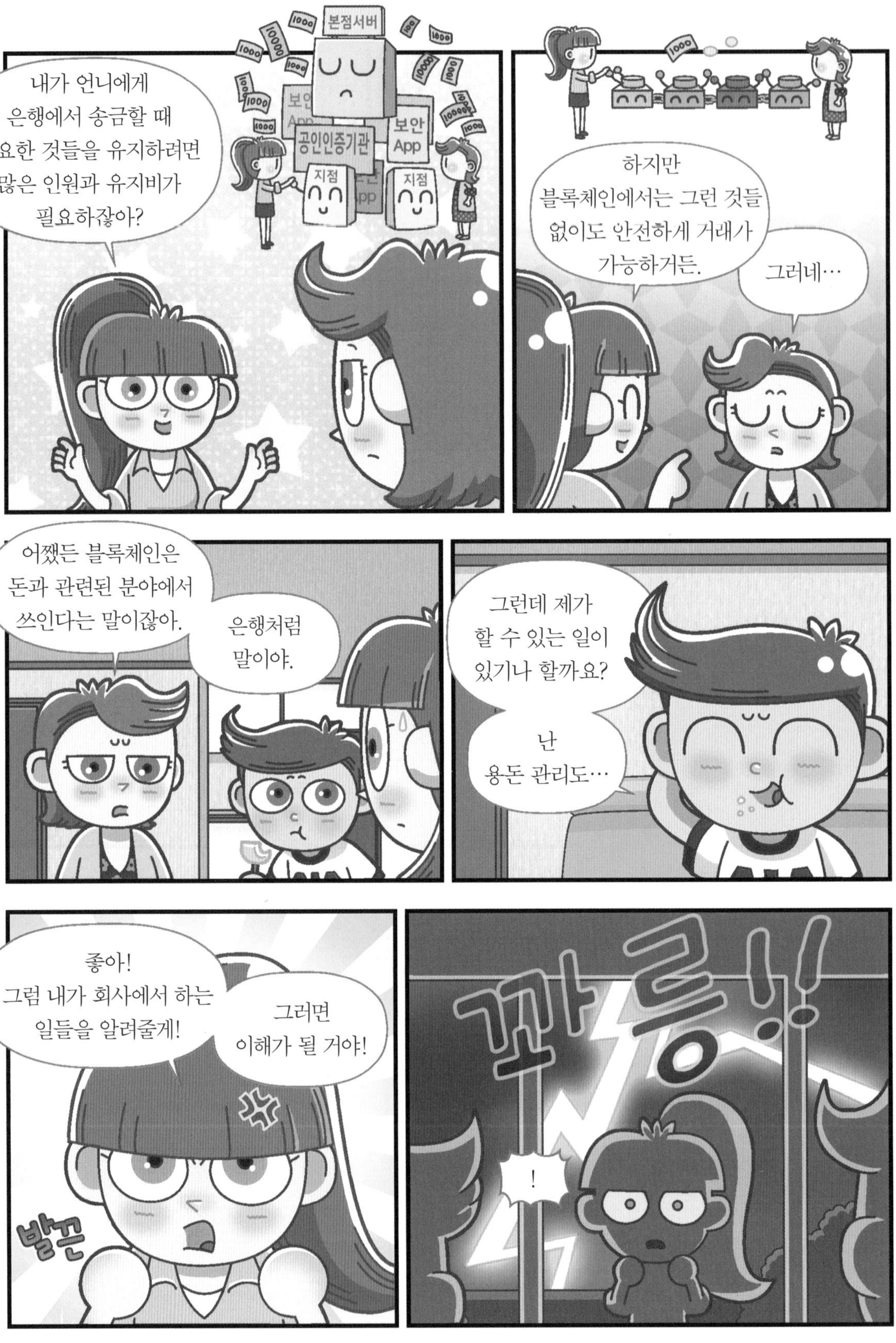
본점서버
보안 App
공인인증기관
보안 App
지점
지점
내가 언니에게 은행에서 송금할 때 필요한 것들을 유지하려면 많은 인원과 유지비가 필요하잖아?
하지만 블록체인에서는 그런 것들 없이도 안전하게 거래가 가능하거든.
그러네…
어쨌든 블록체인은 돈과 관련된 분야에서 쓰인다는 말이잖아.
은행처럼 말이야.
그런데 제가 할 수 있는 일이 있기나 할까요?
난 용돈 관리도…
좋아! 그럼 내가 회사에서 하는 일들을 알려줄게!
그러면 이해가 될 거야!
발끈
꽈르릉!!
!

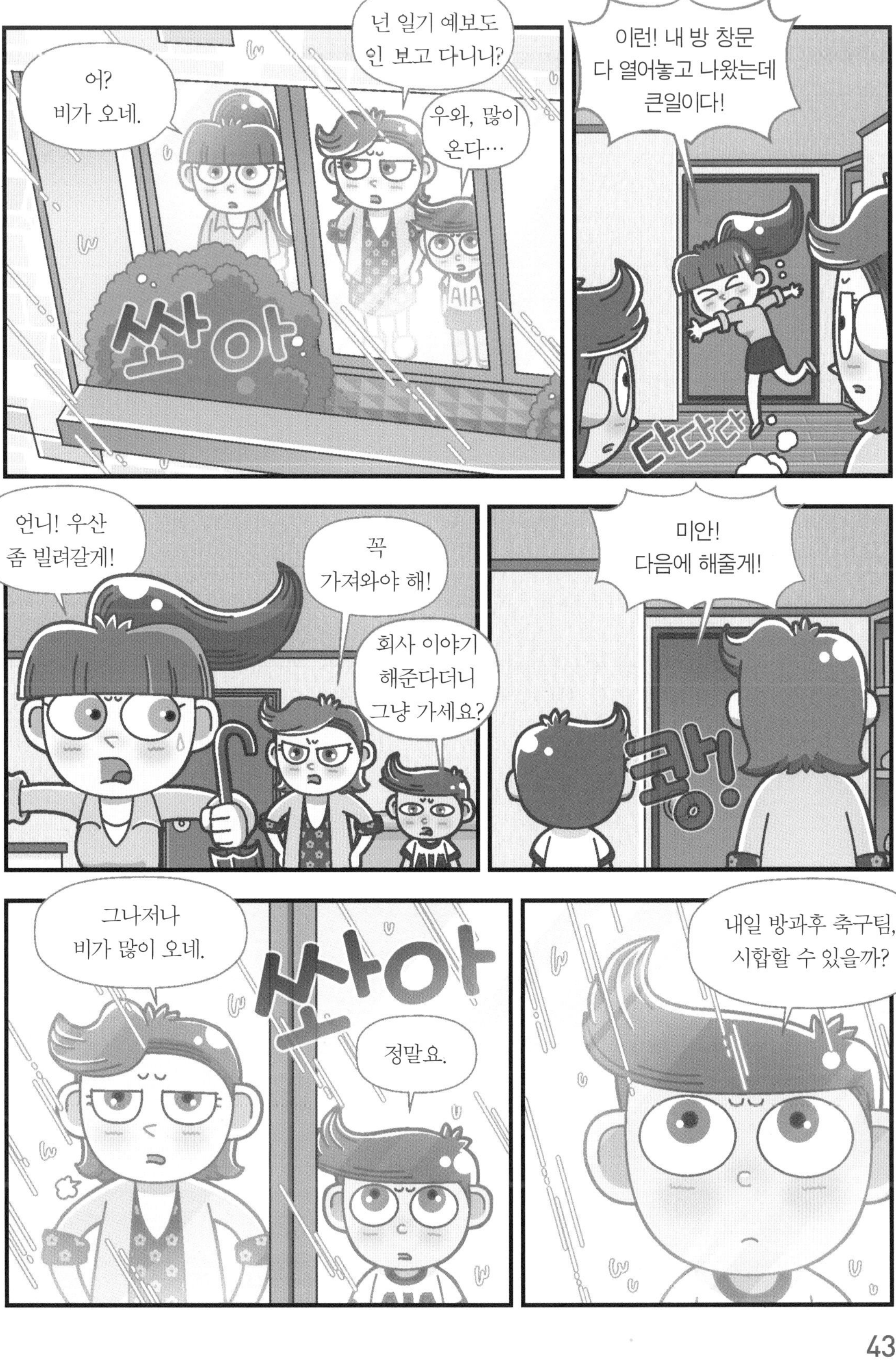
어?
비가 오네.
넌 일기 예보도
안 보고 다니니?
우와, 많이
온다…
쏴아
이런! 내 방 창문
다 열어놓고 나왔는데
큰일이다!
다다다
언니! 우산
좀 빌려갈게!
꼭
가져와야 해!
회사 이야기
해준다더니
그냥 가세요?
미안!
다음에 해줄게!
쾅!
그나저나
비가 많이 오네.
쏴아
정말요.
내일 방과후 축구팀,
시합할 수 있을까?

블록체인의 탄생과 역사

블록체인은 사토시 나카모토에 의해 탄생했어요. 사토시 나카모토는 2007년 글로벌 금융위기 사태를 통해 중앙집권화된 금융시스템이 위험하다고 생각하여 개인 간 거래가 가능한 블록체인 기술을 만들었어요. 블록체인이 사람들에게 알려지기 시작한 것은 불과 몇 년 밖에 되지 않았지만 그 시초는 생각보다 오래되었답니다. 블록체인의 역사를 살펴볼까요?

● 아담 백(Adam Back)

아담 백은 1997년 스팸메일과 서비스 거부 공격을 막기 위해 '해시캐시(hashcash)'라는 작업증명 시스템을 만들었어요. 이메일을 발송하기 위해서는 해시캐시 스탬프를 미리 받아야 하는데, 컴퓨터 연산을 통해 일정한 해시를 찾는 작업증명 과정을 거쳐야 해요. 해시캐시 작업증명 시스템은 이후 비트코인같은 여러 암호화폐에서 채택되어, 채굴 알고리즘으로 사용되고 있어요.

● 닉 재보(Nick Szabo)

닉 재보는 1998년에 스마트 계약 기반의 암호화폐인 '비트골드(Bit Gold)'를 만들었어요. 스마트 계약은 블록체인 기반으로 중개기관 없이 개인 간 P2P(peer to peer) 방식으로 원하는 계약 체결이 가능하도록 하는 전자 계약 기능이에요. 비트골드는 복사 및 붙여넣기를 차단하여 디지털 화폐의 이중 지불 문제를 해결하고 있어요.

● 웨이 다이(Wei Dai)

웨이 다이는 비트코인의 탄생에 큰 영향을 준 '비머니(B-money)'를 1998년에 만들었어요. 비머니는 익명성과 분산 저장 방식의 암호화폐예요. 각 참여자가 비머니를 얼마나 갖고 있는지에 대한 정보를 모든 참여자가 별도의 데이터베이스에 해시함수로 암호화하여 서로 연결된 블록으로 저장하게 한다는 점에서 블록체인과 아주 비슷해요.

● 사토시 나카모토(Satoshi Nakamoto)

사토시 나카모토는 블록체인 기술을 적용한 세계 최초 암호화폐인 '비트코인(bitcoin)'을 만든 블록체인 기술의 창시자예요. 그는 2008년 비트코인과 블록체인의 기본 구조를 설명하는 논문을 작성했어요. 또한 P2P 네트워크를 이용하여 디지털 화폐에 대한 이중 지불 문제를 해결했어요. 2009년도에 비트코인 코어 프로그램이 공개되며 비트코인이 처음 발행되었어요.

● 비탈릭 부테린(Vitalik Buterin)

러시아 출신 캐나다 개발자 비탈릭 부테린은 〈차세대 스마트 계약 & 분산 응용 애플리케이션 플랫폼〉이라는 이더리움 백서를 2013년에 발간했어요. 이더리움은 블록체인 기술을 여러 분야에 접목할 수 있도록 업그레이드한 기술이에요. 2세대 블록체인이라고 일컬어지며, 금융거래에 한정되어 있던 기존의 블록체인 시스템을 금융거래 이외의 모든 분야로 확장했어요.

막내 이모의 정체

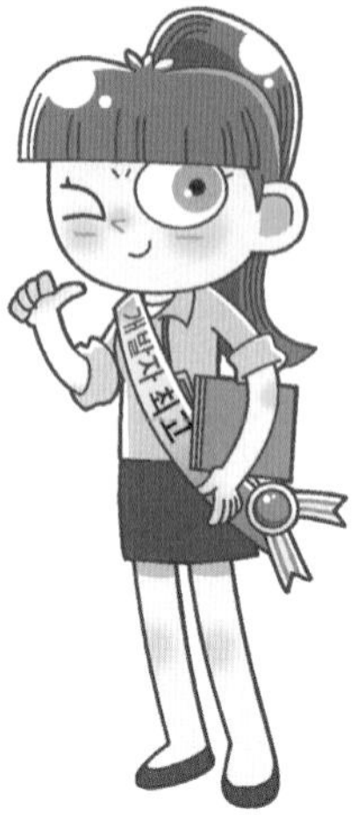

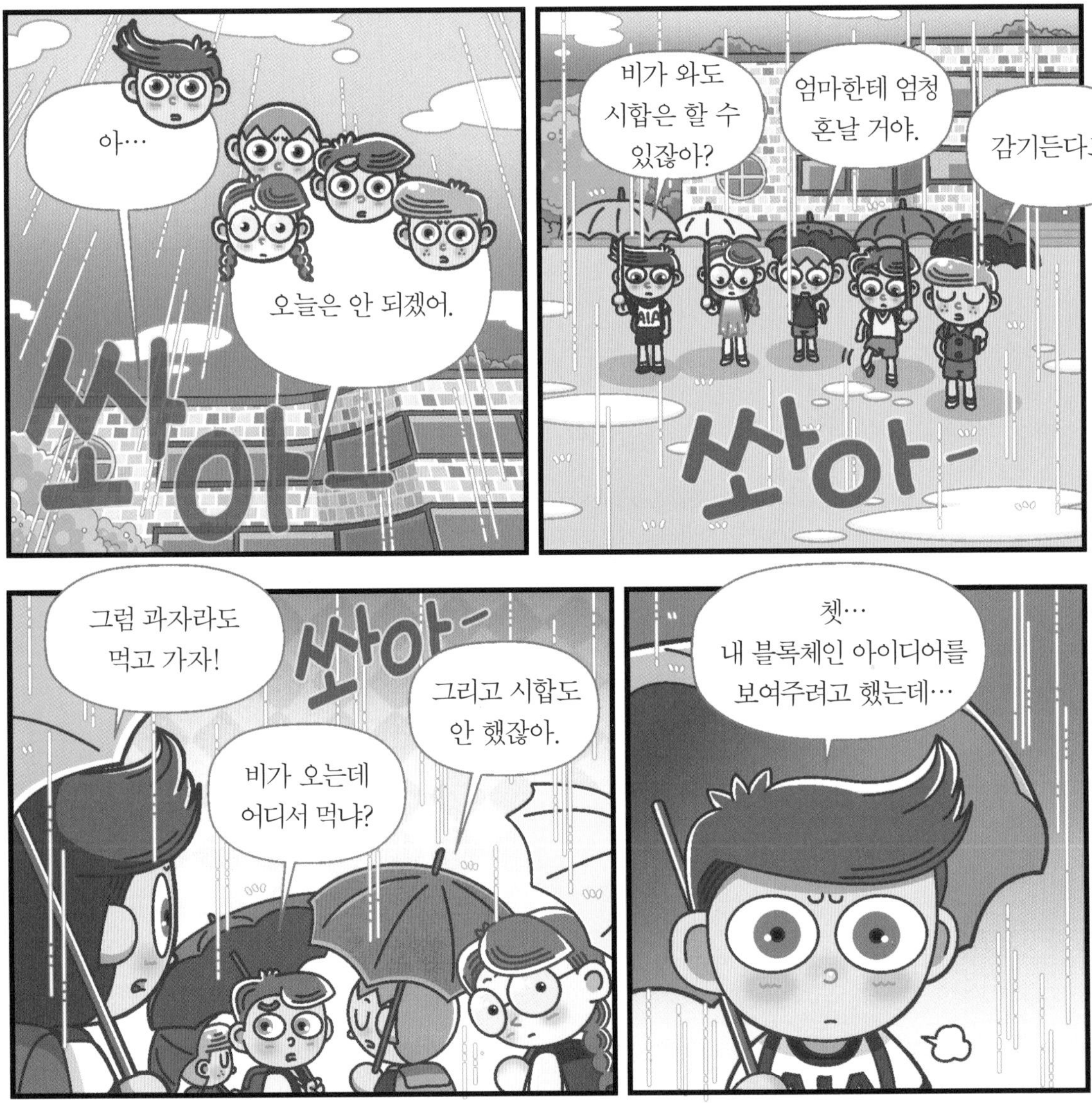

아…
오늘은 안 되겠어.
쏴아~
비가 와도 시합은 할 수 있잖아?
엄마한테 엄청 혼날 거야.
감기든다고.
쏴아~
그럼 과자라도 먹고 가자!
쏴아~
그리고 시합도 안 했잖아.
비가 오는데 어디서 먹냐?
칫…
내 블록체인 아이디어를 보여주려고 했는데…

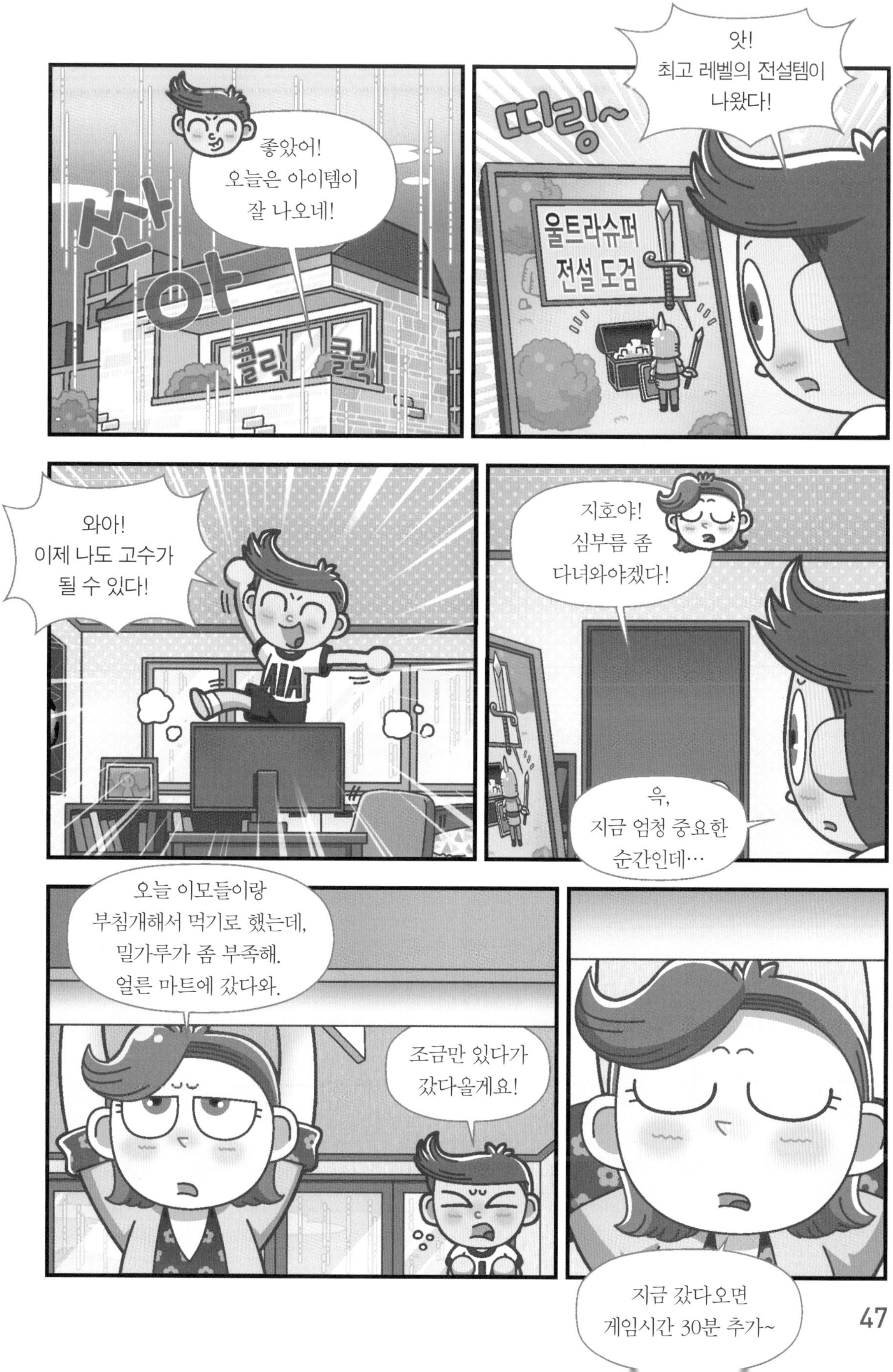

좋았어!
오늘은 아이템이
잘 나오네!
쏴아
클릭 클릭
앗!
최고 레벨의 전설템이
나왔다!
띠링~
울트라슈퍼
전설 도검
와아!
이제 나도 고수가
될 수 있다!
지호야!
심부름 좀
다녀와야겠다!
윽,
지금 엄청 중요한
순간인데…
오늘 이모들이랑
부침개해서 먹기로 했는데,
밀가루가 좀 부족해.
얼른 마트에 갔다와.
조금만 있다가
갔다올게요!
지금 갔다오면
게임시간 30분 추가~

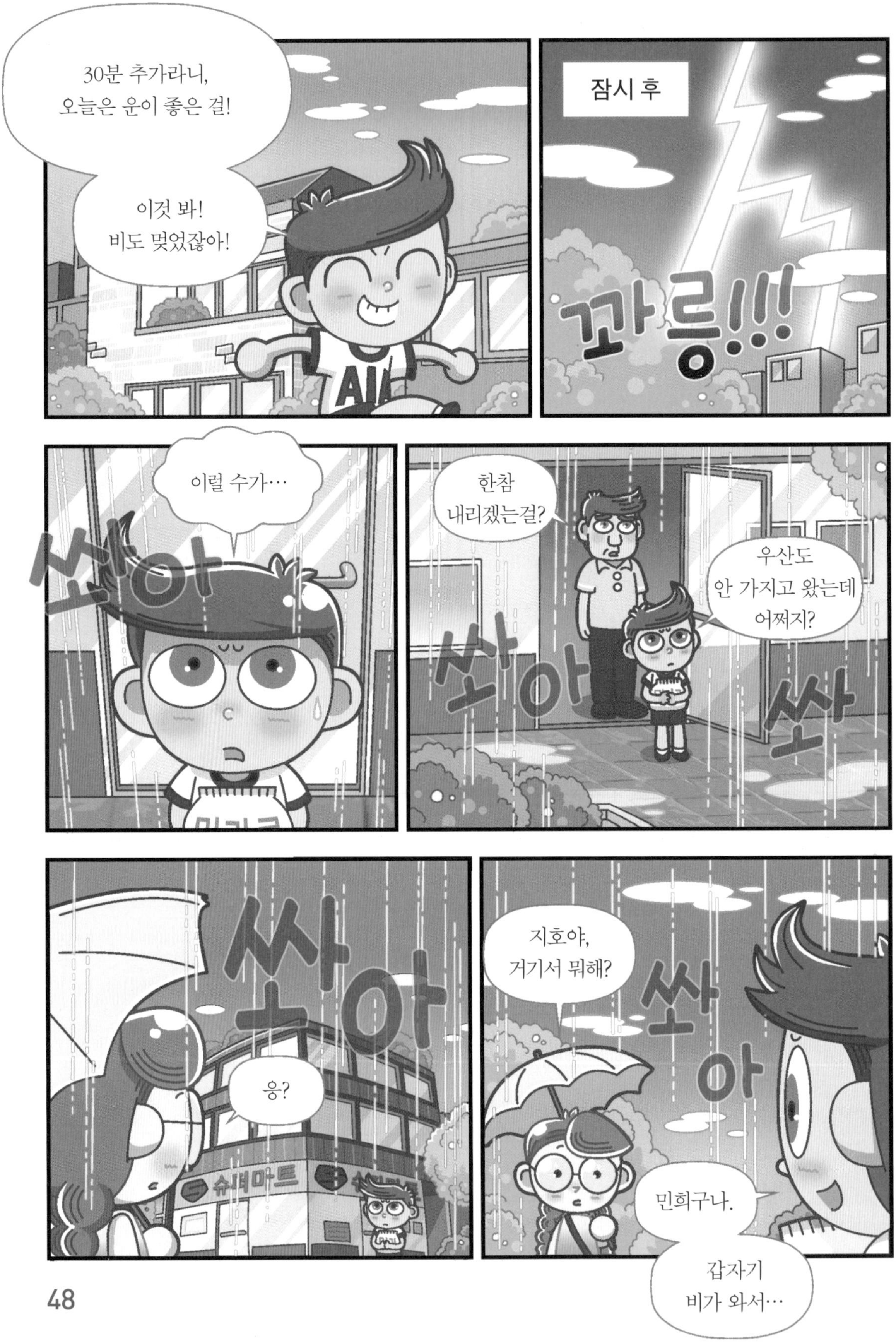
30분 추가라니,
오늘은 운이 좋은 걸!
이것 봐!
비도 멎었잖아!
잠시 후
꽈릉!!!
이럴 수가…
쏴아
한참
내리겠는걸?
우산도
안 가지고 왔는데
어쩌지?
쏴아
쏴
쏴아
응?
지호야,
거기서 뭐해?
쏴아
민희구나.
갑자기
비가 와서…

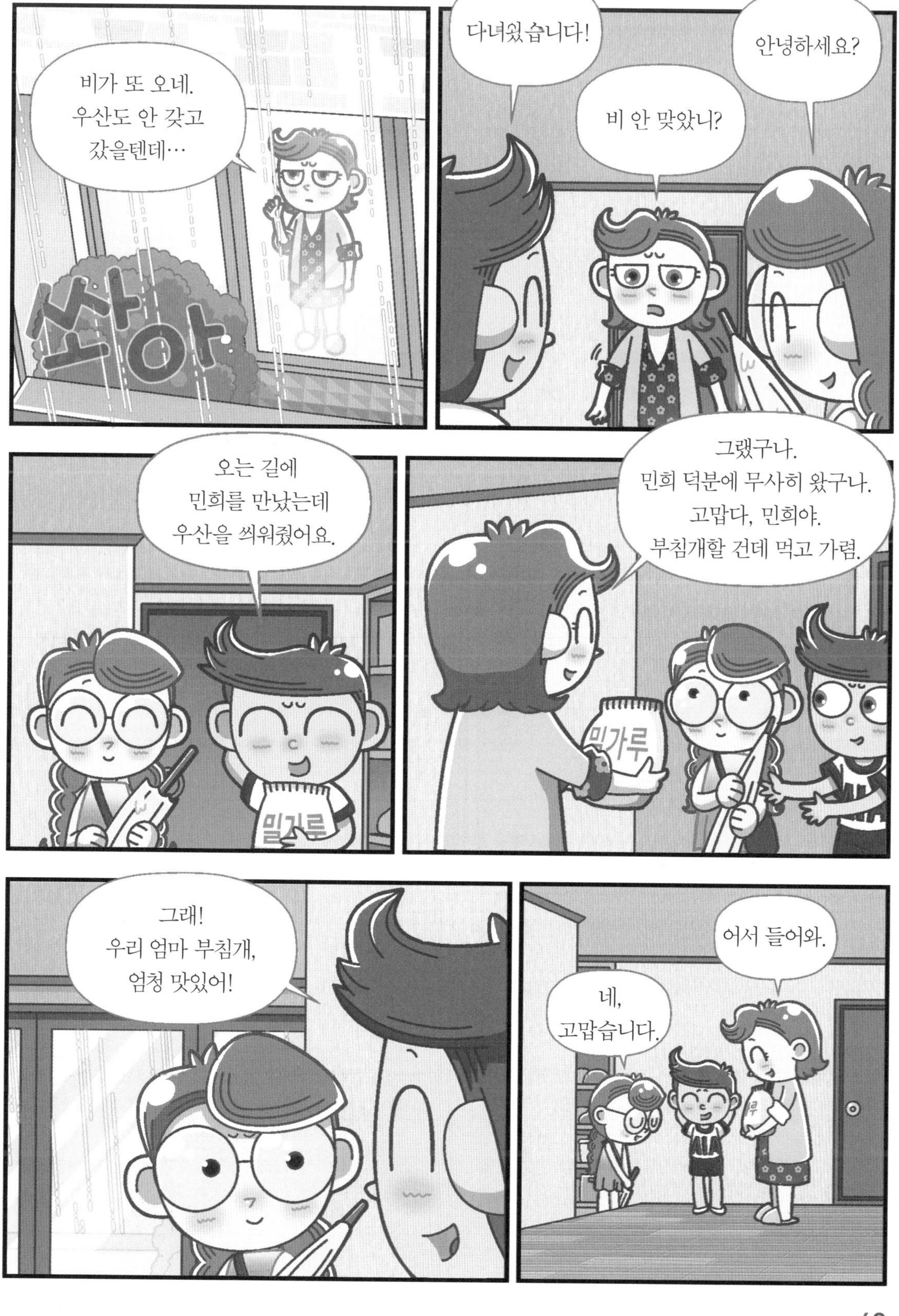
비가 또 오네. 우산도 안 갖고 갔을텐데…
쏴아
다녀왔습니다!
안녕하세요?
비 안 맞았니?
오는 길에 민희를 만났는데 우산을 씌워줬어요.
밀가루
그랬구나. 민희 덕분에 무사히 왔구나. 고맙다, 민희야. 부침개할 건데 먹고 가렴.
밀가루
그래! 우리 엄마 부침개, 엄청 맛있어!
어서 들어와.
네, 고맙습니다.

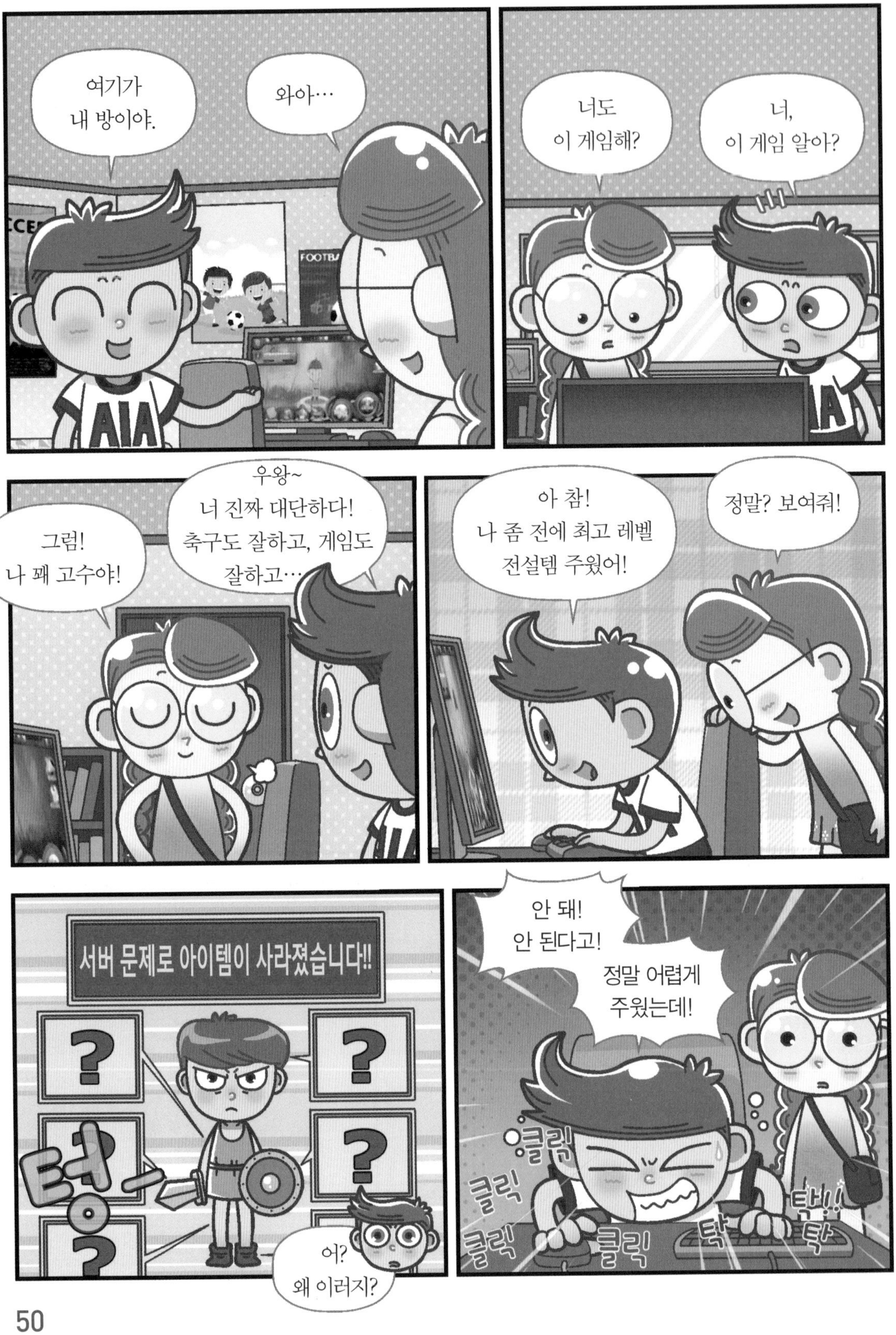

여기가 내 방이야.
와아…
너도 이 게임해?
너, 이 게임 알아?
우왕~ 너 진짜 대단하다! 축구도 잘하고, 게임도 잘하고…
그럼! 나 꽤 고수야!
아 참! 나 좀 전에 최고 레벨 전설템 주웠어!
정말? 보여줘!
서버 문제로 아이템이 사라졌습니다!!
텅~
어? 왜 이러지?
안 돼! 안 된다고!
정말 어렵게 주웠는데!
클릭 클릭 클릭 클릭
탁 탁 탁!!

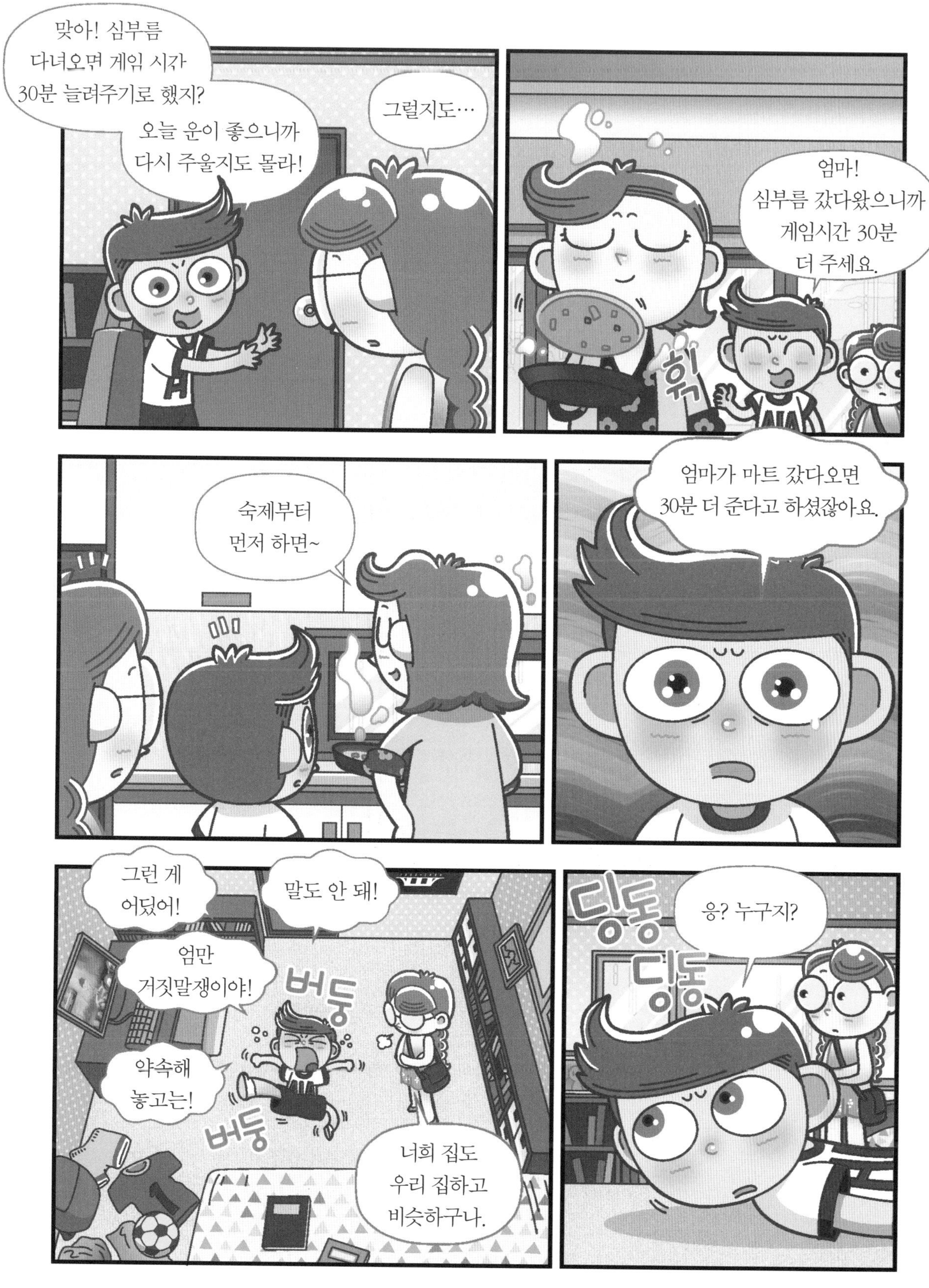

맞아! 심부름 다녀오면 게임 시간 30분 늘려주기로 했지?
오늘 운이 좋으니까 다시 주울지도 몰라!
그럴지도…
엄마! 심부름 갔다왔으니까 게임시간 30분 더 주세요.
휙
숙제부터 먼저 하면~
엄마가 마트 갔다오면 30분 더 준다고 하셨잖아요.
그런 게 어딨어!
말도 안 돼!
엄만 거짓말쟁이야!
버둥
약속해 놓고는!
버둥
너희 집도 우리 집하고 비슷하구나.
딩동
딩동
응? 누구지?

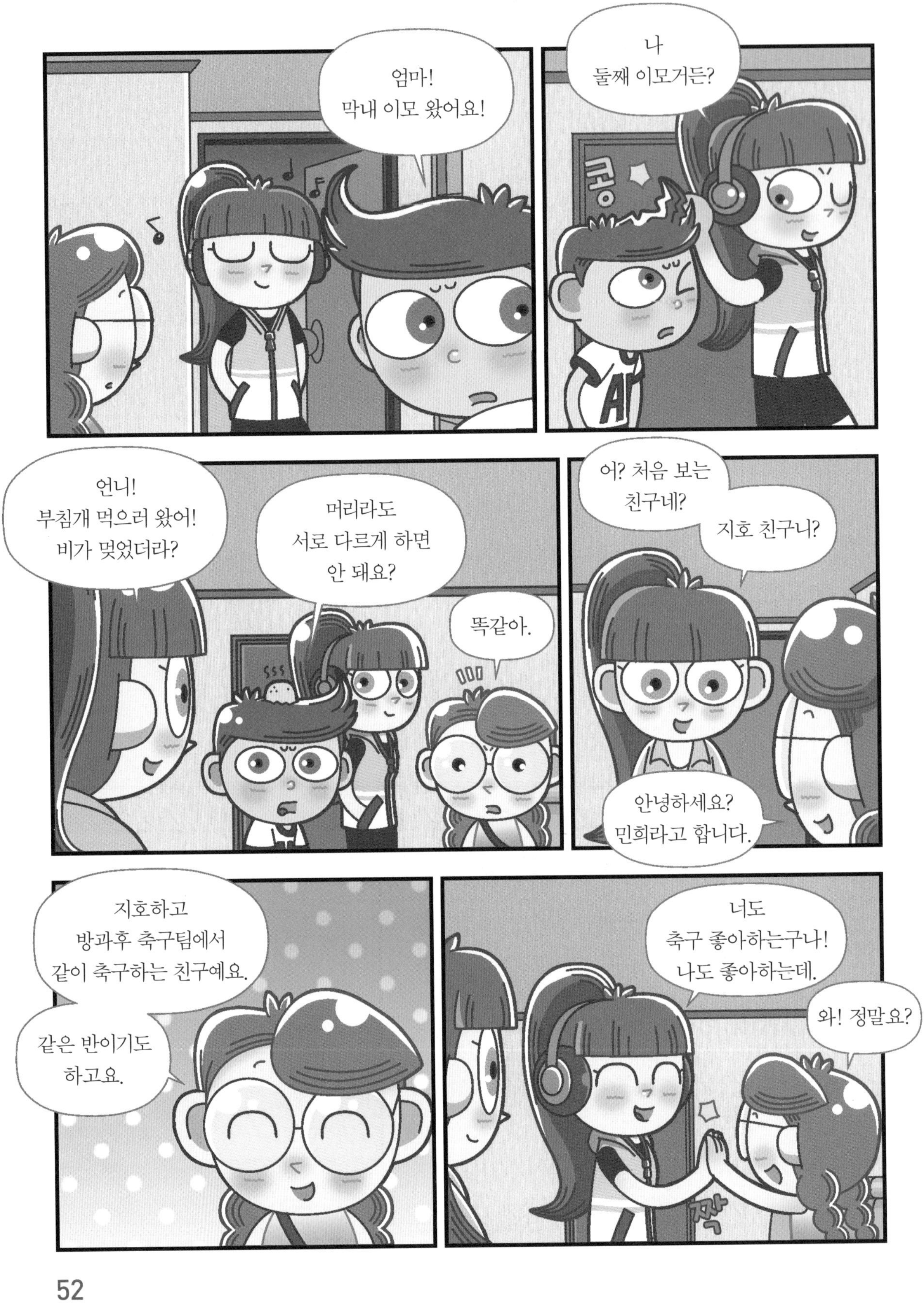

엄마!
막내 이모 왔어요!
나
둘째 이모거든?
콩
언니!
부침개 먹으러 왔어!
비가 멎었더라?
머리라도
서로 다르게 하면
안 돼요?
똑같아.
어? 처음 보는
친구네?
지호 친구니?
안녕하세요?
민희라고 합니다.
지호하고
방과후 축구팀에서
같이 축구하는 친구예요.
같은 반이기도
하고요.
너도
축구 좋아하는구나!
나도 좋아하는데.
와! 정말요?
짝

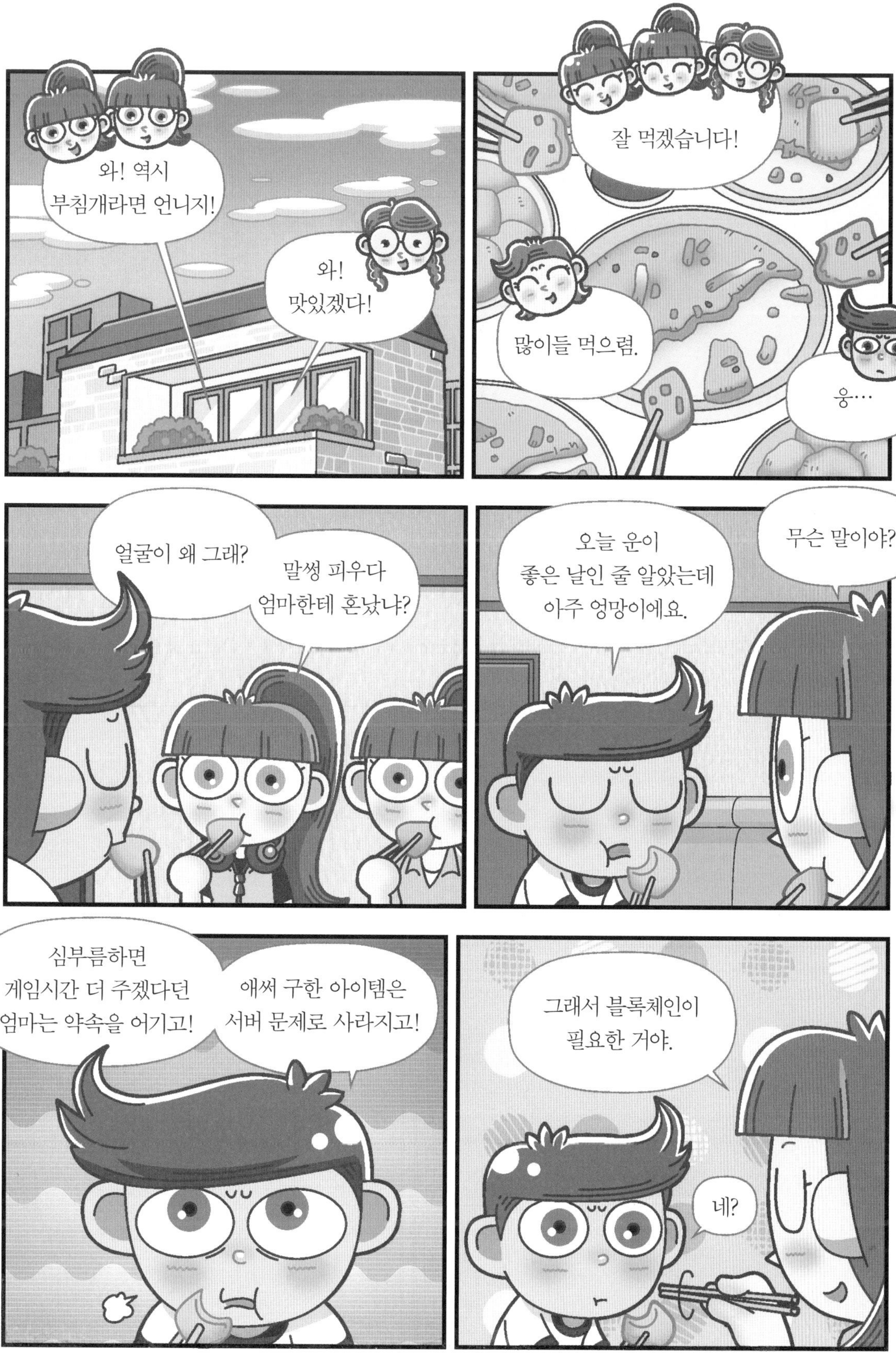
와! 역시
부침개라면 언니지!
와!
맛있겠다!
잘 먹겠습니다!
많이들 먹으렴.
응…
얼굴이 왜 그래?
말썽 피우다
엄마한테 혼났냐?
오늘 운이
좋은 날인 줄 알았는데
아주 엉망이에요.
무슨 말이야?
심부름하면
게임시간 더 주겠다던
엄마는 약속을 어기고!
애써 구한 아이템은
서버 문제로 사라지고!
그래서 블록체인이
필요한 거야.
네?

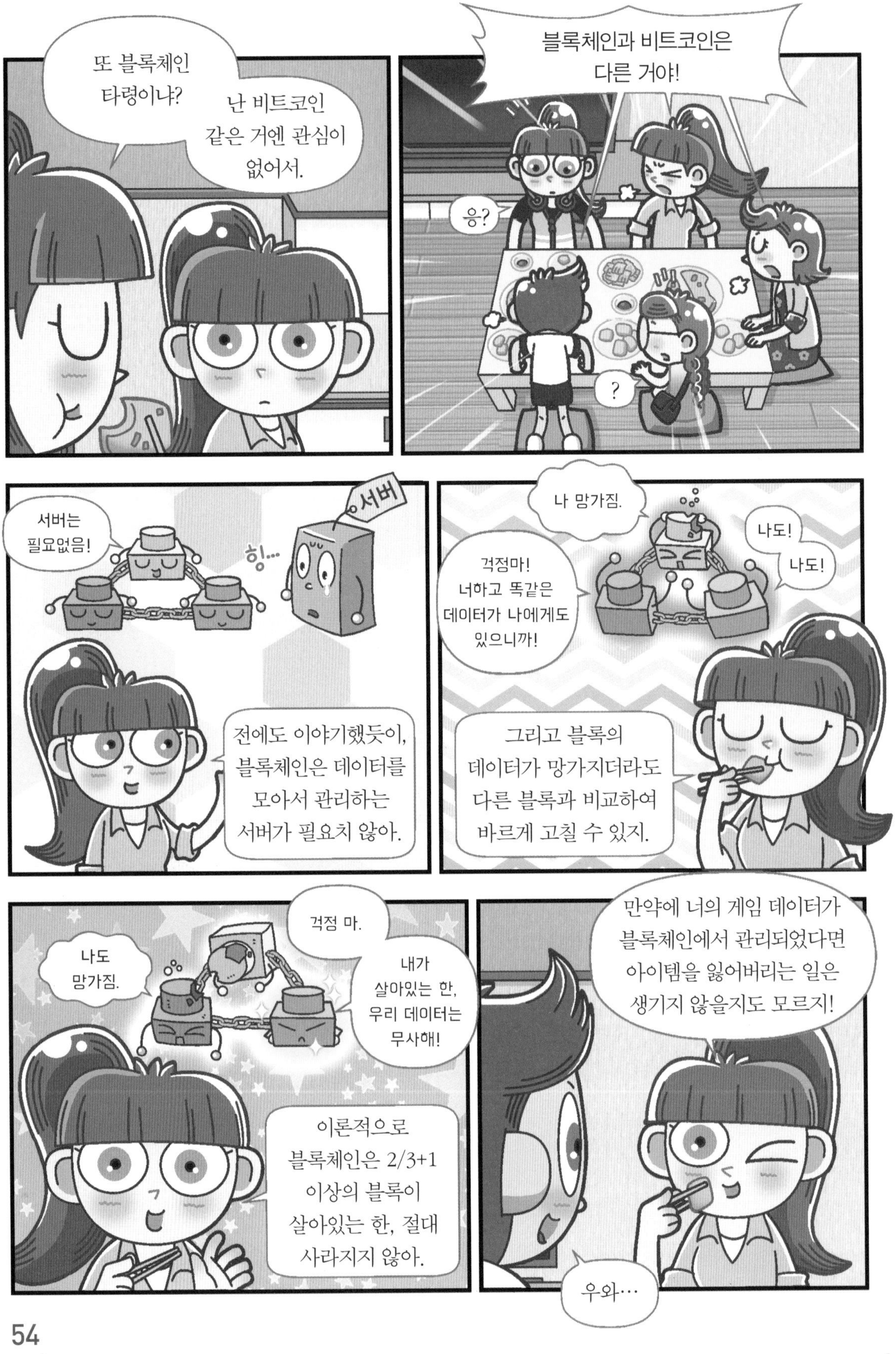
또 블록체인 타령이냐?
난 비트코인 같은 거엔 관심이 없어서.
블록체인과 비트코인은 다른 거야!
응?
?
서버는 필요없음!
서버
힝…
전에도 이야기했듯이, 블록체인은 데이터를 모아서 관리하는 서버가 필요치 않아.
나 망가짐.
나도!
나도!
걱정마! 너하고 똑같은 데이터가 나에게도 있으니까!
그리고 블록의 데이터가 망가지더라도 다른 블록과 비교하여 바르게 고칠 수 있지.
걱정 마.
나도 망가짐.
내가 살아있는 한, 우리 데이터는 무사해!
이론적으로 블록체인은 2/3+1 이상의 블록이 살아있는 한, 절대 사라지지 않아.
만약에 너의 게임 데이터가 블록체인에서 관리되었다면 아이템을 잃어버리는 일은 생기지 않을지도 모르지!
우와…

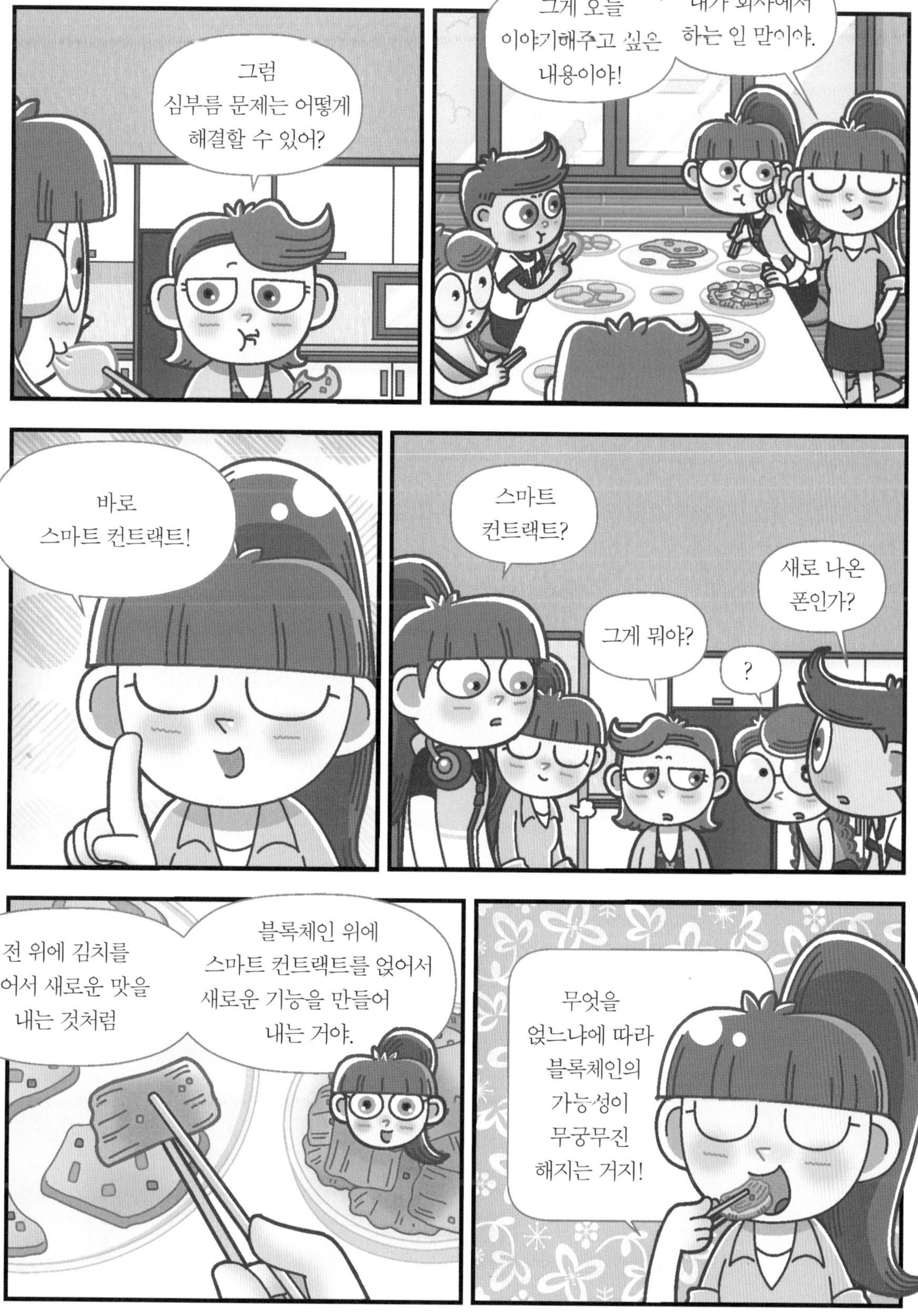
그럼 심부름 문제는 어떻게 해결할 수 있어?
그게 오늘 이야기해주고 싶은 내용이야!
내가 회사에서 하는 일 말이야.
바로 스마트 컨트랙트!
스마트 컨트랙트?
그게 뭐야?
?
새로 나온 폰인가?
전 위에 김치를 얹어서 새로운 맛을 내는 것처럼
블록체인 위에 스마트 컨트랙트를 얹어서 새로운 기능을 만들어 내는 거야.
무엇을 얹느냐에 따라 블록체인의 가능성이 무궁무진 해지는 거지!

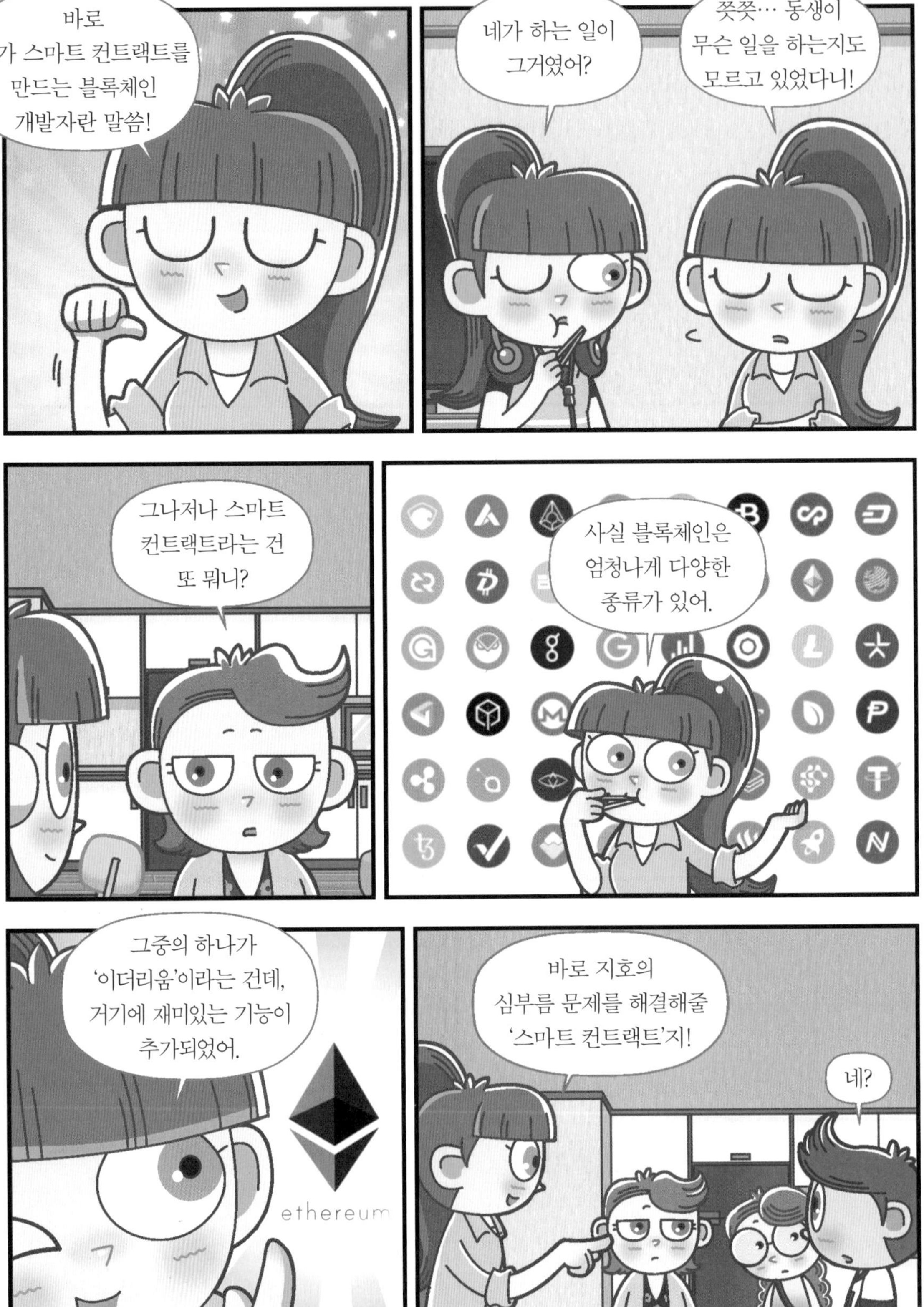
바로
내가 스마트 컨트랙트를
만드는 블록체인
개발자란 말씀!
네가 하는 일이
그거였어?
쯧쯧… 동생이
무슨 일을 하는지도
모르고 있었다니!
그나저나 스마트
컨트랙트라는 건
또 뭐니?
사실 블록체인은
엄청나게 다양한
종류가 있어.
그중의 하나가
'이더리움'이라는 건데,
거기에 재미있는 기능이
추가되었어.
ethereum
바로 지호의
심부름 문제를 해결해줄
'스마트 컨트랙트'지!
네?

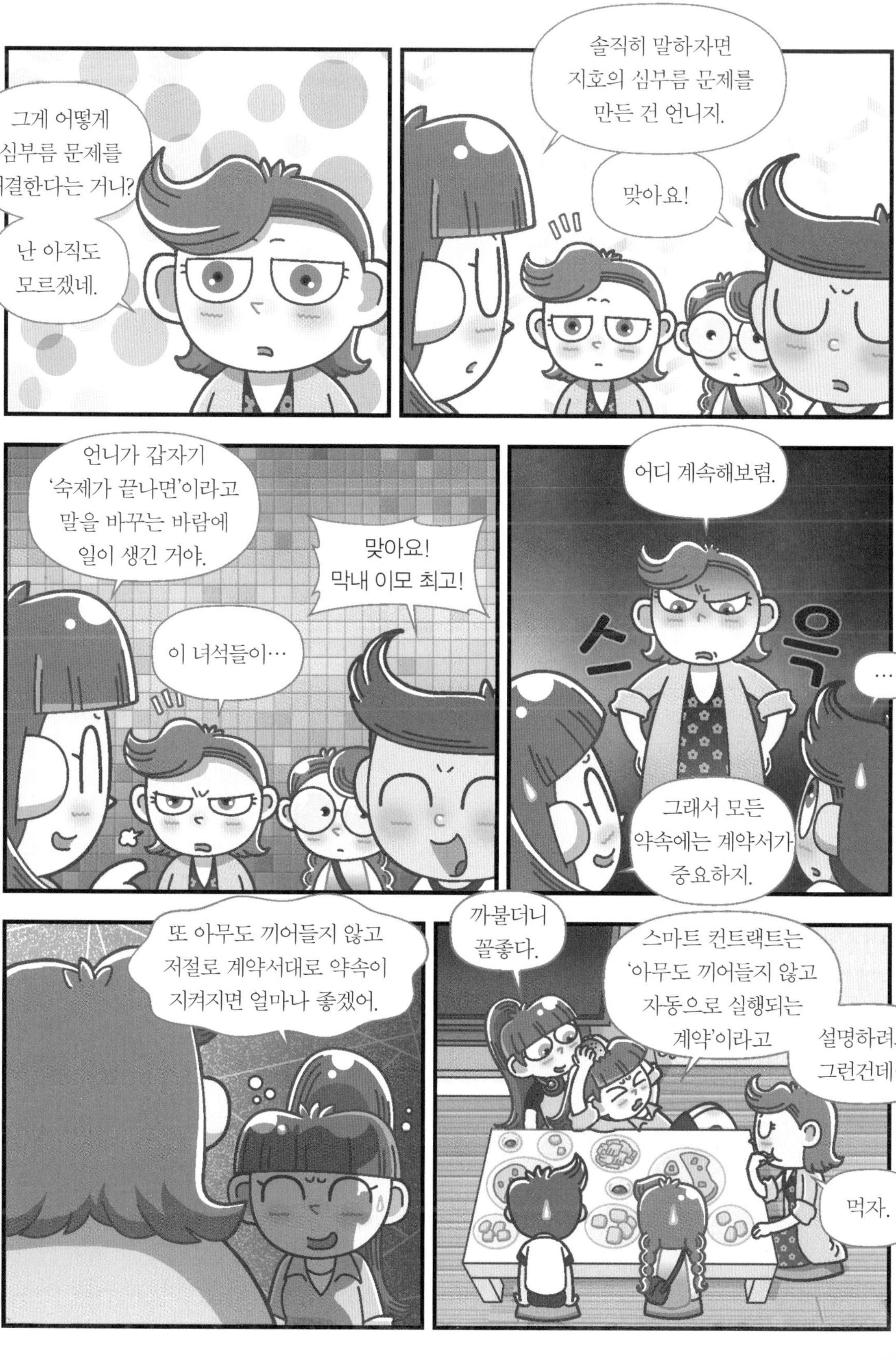
그게 어떻게 심부름 문제를 해결한다는 거니?
난 아직도 모르겠네.
솔직히 말하자면 지호의 심부름 문제를 만든 건 언니지.
맞아요!
언니가 갑자기 '숙제가 끝나면'이라고 말을 바꾸는 바람에 일이 생긴 거야.
맞아요! 막내 이모 최고!
이 녀석들이…
어디 계속해보렴.
스윽
…
그래서 모든 약속에는 계약서가 중요하지.
또 아무도 끼어들지 않고 저절로 계약서대로 약속이 지켜지면 얼마나 좋겠어.
까불더니 꼴좋다.
스마트 컨트랙트는 '아무도 끼어들지 않고 자동으로 실행되는 계약'이라고
설명하려고 그런건데…
먹자.

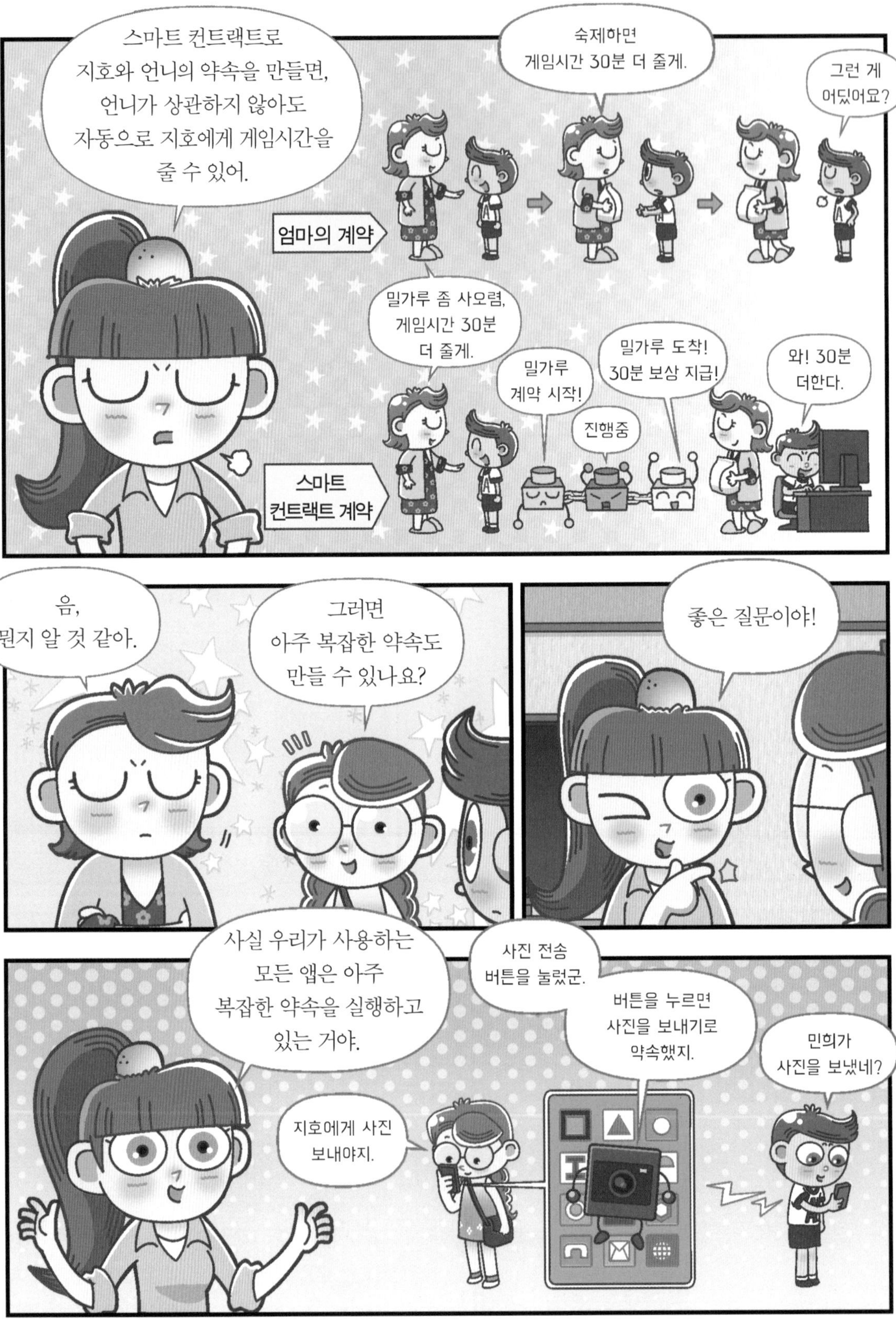

스마트 컨트랙트로 지호와 언니의 약속을 만들면, 언니가 상관하지 않아도 자동으로 지호에게 게임시간을 줄 수 있어.
엄마의 계약
숙제하면 게임시간 30분 더 줄게.
그런 게 어딨어요?
스마트 컨트랙트 계약
밀가루 좀 사오렴, 게임시간 30분 더 줄게.
밀가루 계약 시작!
진행중
밀가루 도착! 30분 보상 지급!
와! 30분 더한다.
음, 뭔지 알 것 같아.
그러면 아주 복잡한 약속도 만들 수 있나요?
좋은 질문이야!
사실 우리가 사용하는 모든 앱은 아주 복잡한 약속을 실행하고 있는 거야.
지호에게 사진 보내야지.
사진 전송 버튼을 눌렀군.
버튼을 누르면 사진을 보내기로 약속했지.
민희가 사진을 보냈네?

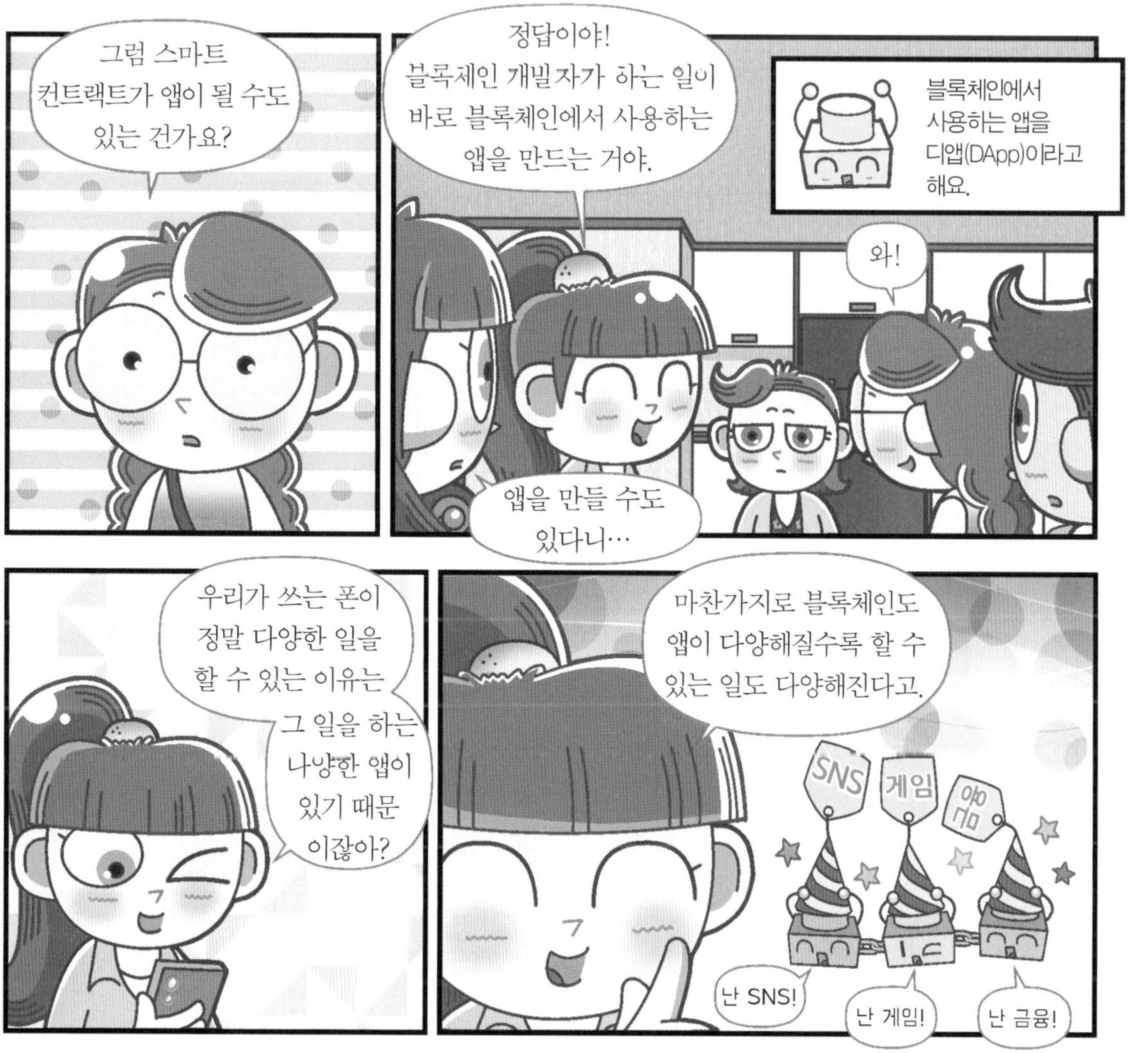
그럼 스마트 컨트랙트가 앱이 될 수도 있는 건가요?
정답이야! 블록체인 개발자가 하는 일이 바로 블록체인에서 사용하는 앱을 만드는 거야.
블록체인에서 사용하는 앱을 디앱(DApp)이라고 해요.
와!
앱을 만들 수도 있다니…
우리가 쓰는 폰이 정말 다양한 일을 할 수 있는 이유는
그 일을 하는 다양한 앱이 있기 때문이잖아?
마찬가지로 블록체인도 앱이 다양해질수록 할 수 있는 일도 다양해진다고.
SNS
게임
금융
난 SNS!
난 게임!
난 금융!

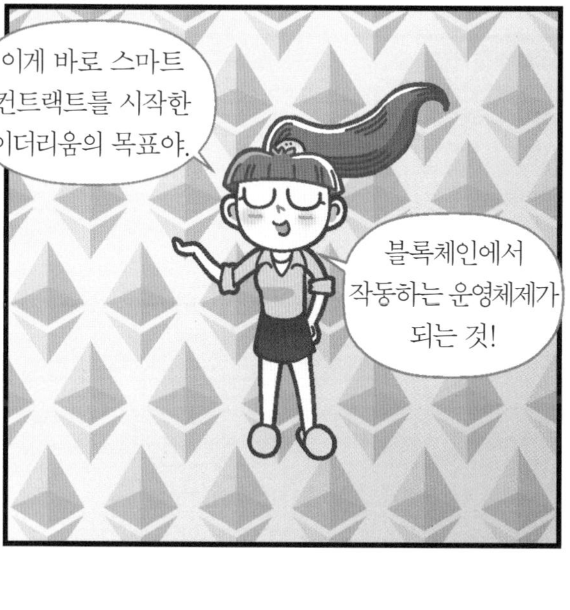
이게 바로 스마트 컨트랙트를 시작한 이더리움의 목표야.
블록체인에서 작동하는 운영체제가 되는 것!

운영체제란?

컴퓨터나 스마트폰에서 앱들이 작동하기 위해 설치되는 바탕을 말해요.
컴퓨터에서 사용하는 '윈도우'나 맥에서 사용하는 'macOS', 또 스마트폰에서 사용하는 '안드로이드'나 아이폰에서 사용하는 'IOS' 등을 말해요.

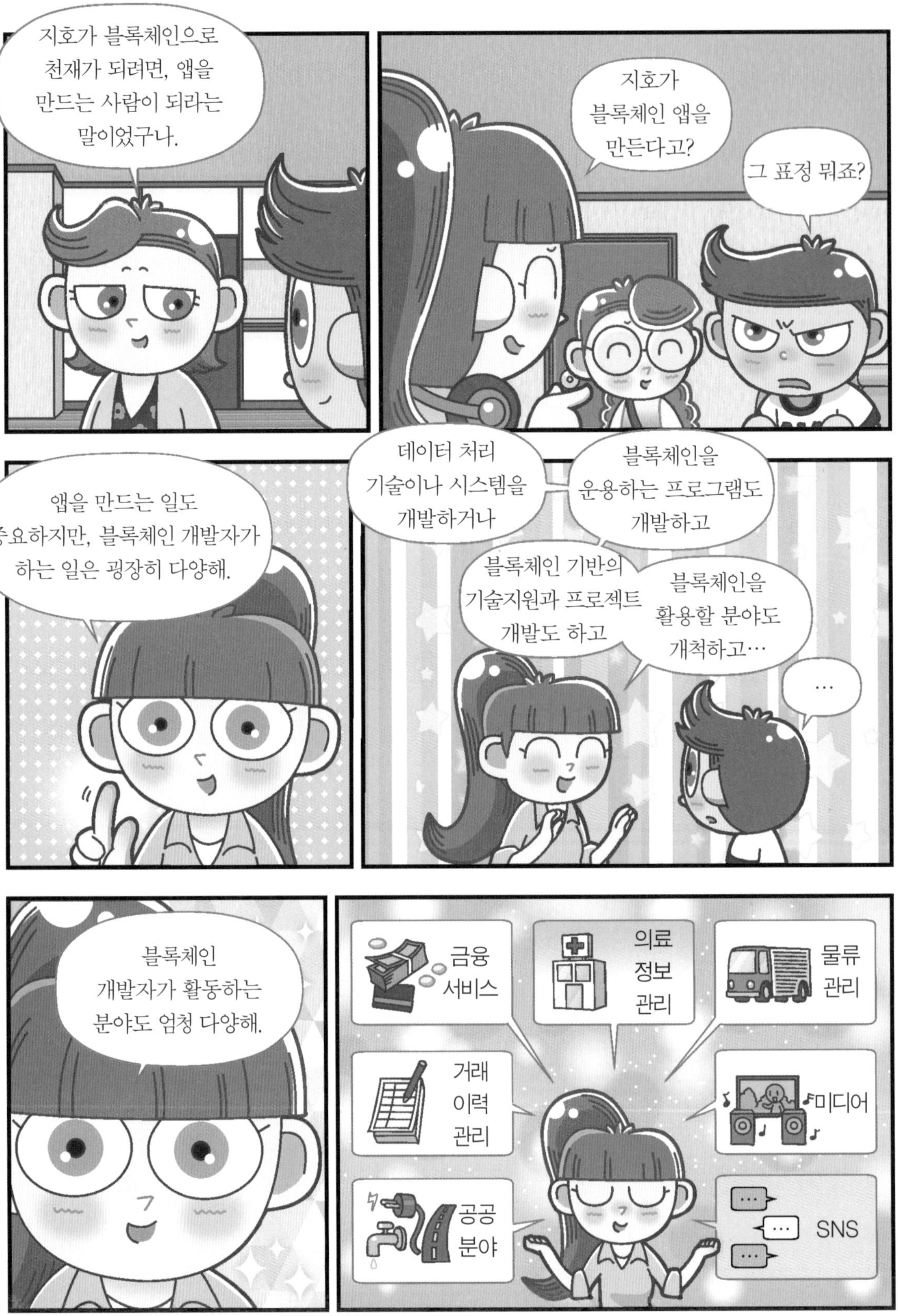
지호가 블록체인으로 천재가 되려면, 앱을 만드는 사람이 되라는 말이었구나.
지호가 블록체인 앱을 만든다고?
그 표정 뭐죠?
앱을 만드는 일도 중요하지만, 블록체인 개발자가 하는 일은 굉장히 다양해.
데이터 처리 기술이나 시스템을 개발하거나
블록체인을 운용하는 프로그램도 개발하고
블록체인 기반의 기술지원과 프로젝트 개발도 하고
블록체인을 활용할 분야도 개척하고…
…
블록체인 개발자가 활동하는 분야도 엄청 다양해.
금융 서비스
의료 정보 관리
물류 관리
거래 이력 관리
미디어
공공 분야
SNS

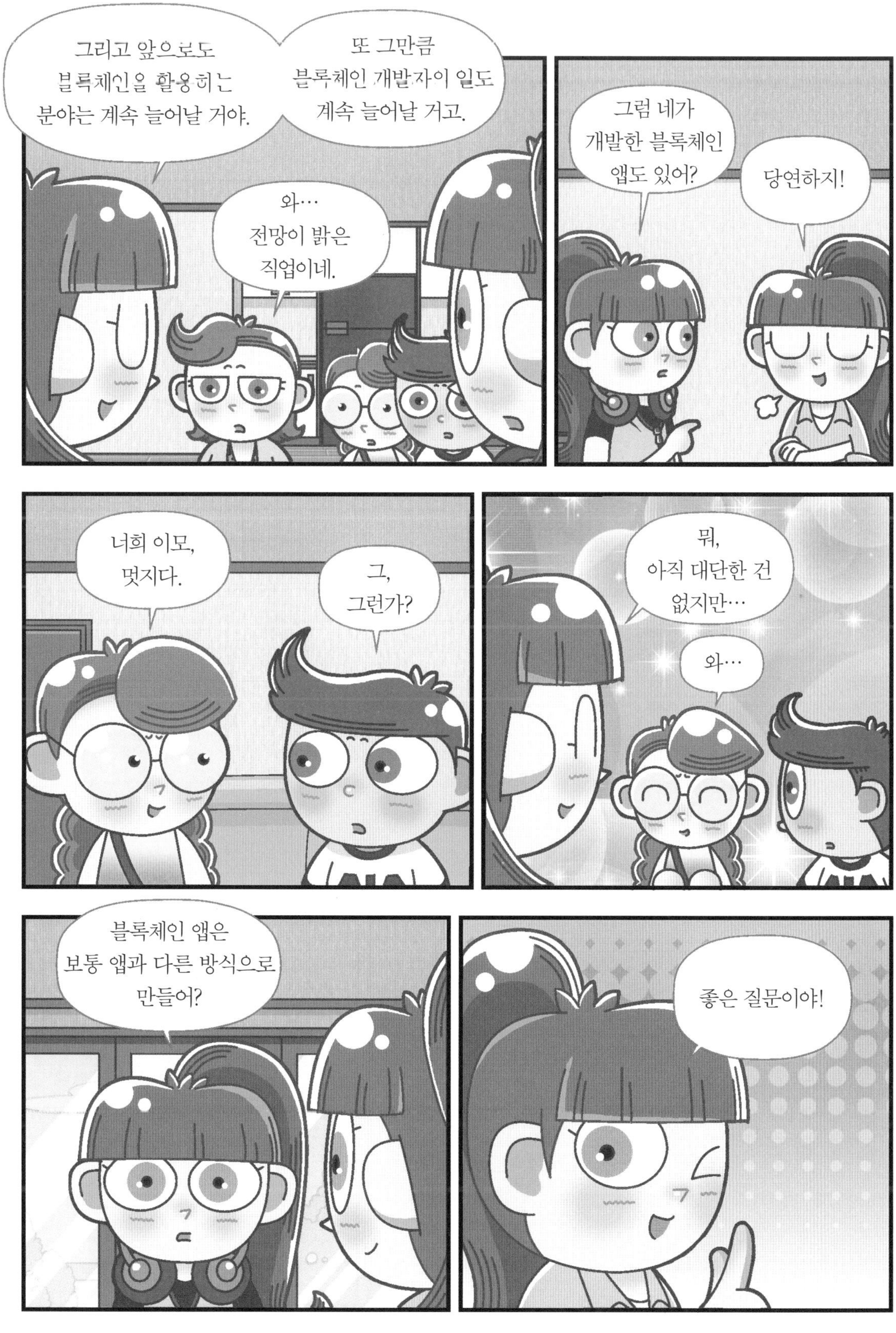
그리고 앞으로도 블록체인을 활용하는 분야는 계속 늘어날 거야.
또 그만큼 블록체인 개발자의 일도 계속 늘어날 거고.
와… 전망이 밝은 직업이네.
그럼 네가 개발한 블록체인 앱도 있어?
당연하지!
너희 이모, 멋지다.
그, 그런가?
뭐, 아직 대단한 건 없지만…
와…
블록체인 앱은 보통 앱과 다른 방식으로 만들어?
좋은 질문이야!

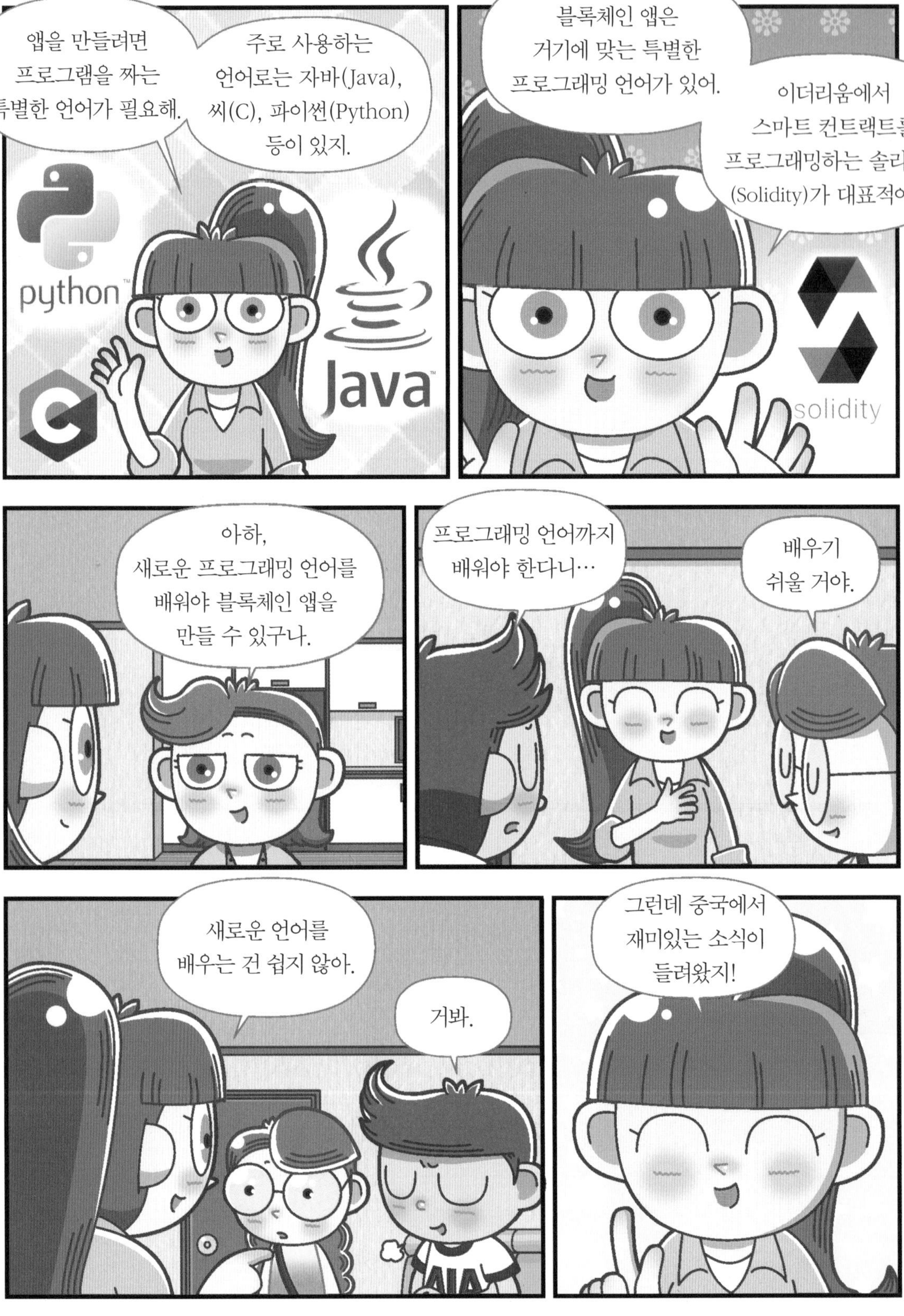
앱을 만들려면
프로그램을 짜는
특별한 언어가 필요해.
주로 사용하는
언어로는 자바(Java),
씨(C), 파이썬(Python)
등이 있지.
python
Java
블록체인 앱은
거기에 맞는 특별한
프로그래밍 언어가 있어.
이더리움에서
스마트 컨트랙트를
프로그래밍하는 솔리디티
(Solidity)가 대표적이지.
solidity
아하,
새로운 프로그래밍 언어를
배워야 블록체인 앱을
만들 수 있구나.
프로그래밍 언어까지
배워야 한다니…
배우기
쉬울 거야.
새로운 언어를
배우는 건 쉽지 않아.
거봐.
그런데 중국에서
재미있는 소식이
들려왔지!

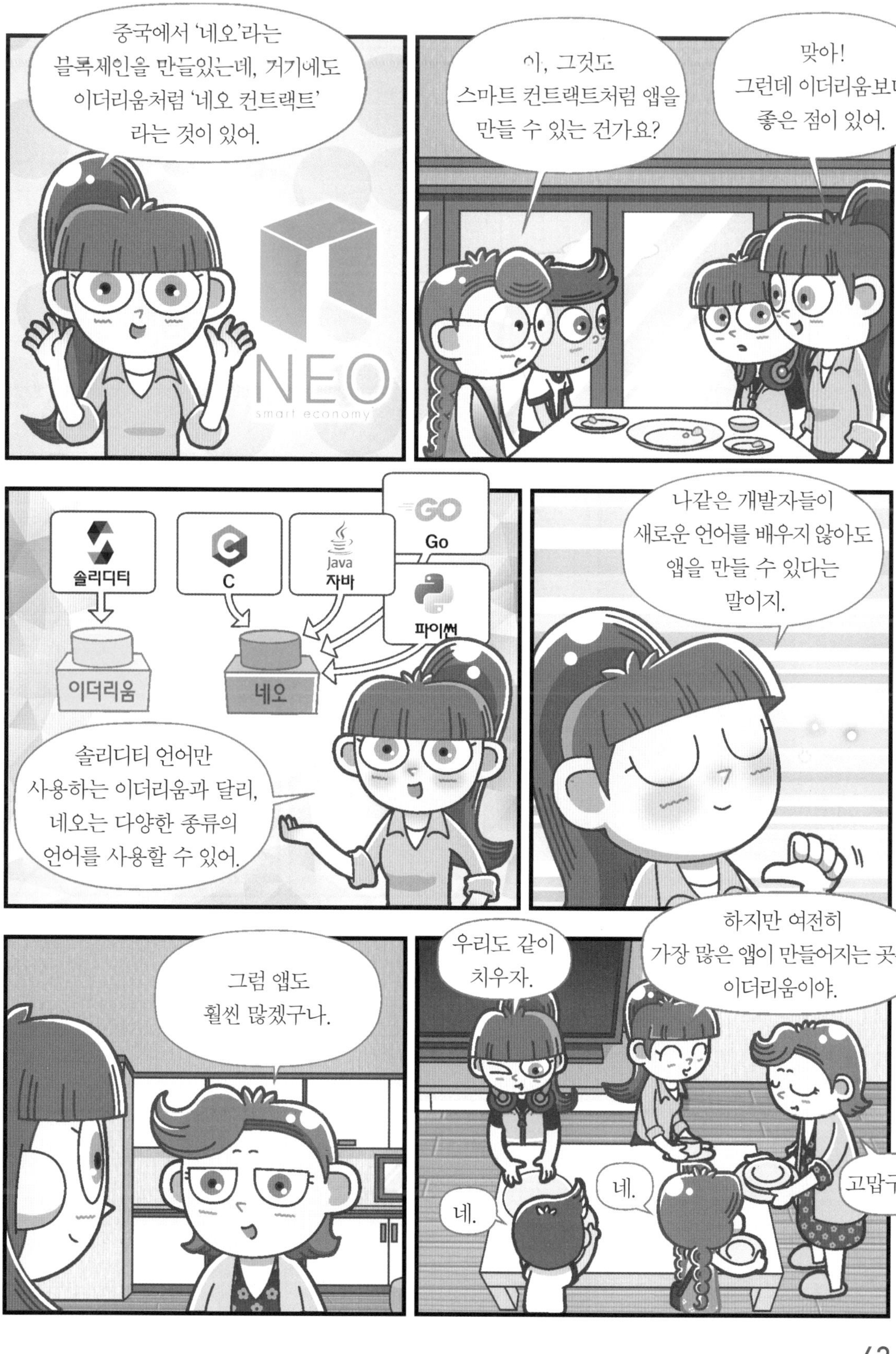
중국에서 '네오'라는 블록체인을 만들었는데, 거기에도 이더리움처럼 '네오 컨트랙트'라는 것이 있어.
NEO
smart economy
아, 그것도 스마트 컨트랙트처럼 앱을 만들 수 있는 건가요?
맞아! 그런데 이더리움보다 좋은 점이 있어.
솔리디티
C
Java
자바
GO
Go
파이썬
이더리움
네오
솔리디티 언어만 사용하는 이더리움과 달리, 네오는 다양한 종류의 언어를 사용할 수 있어.
나같은 개발자들이 새로운 언어를 배우지 않아도 앱을 만들 수 있다는 말이지.
그럼 앱도 훨씬 많겠구나.
우리도 같이 치우자.
하지만 여전히 가장 많은 앱이 만들어지는 곳은 이더리움이야.
네.
네.
고맙구나.

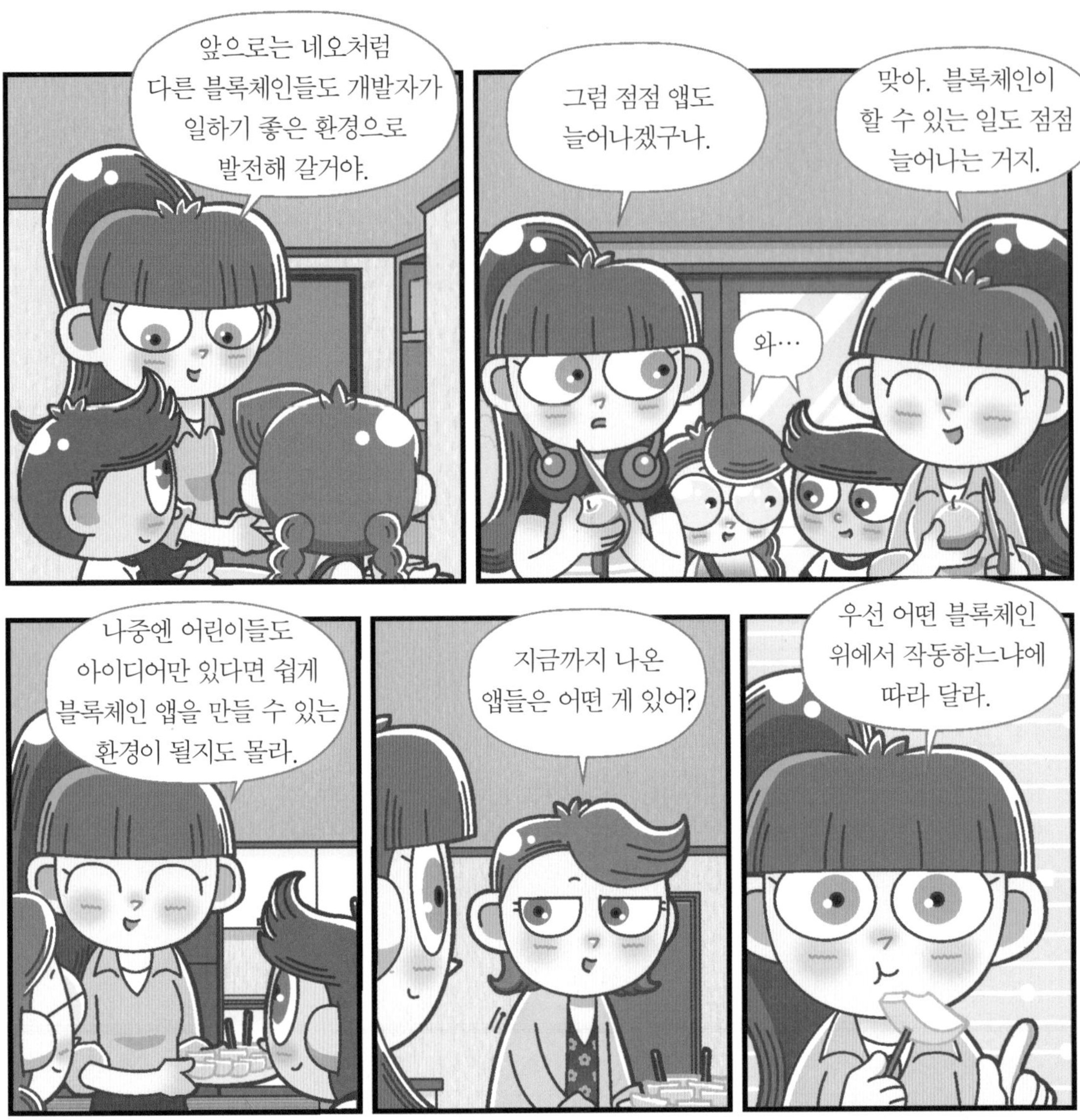
앞으로는 네오처럼 다른 블록체인들도 개발자가 일하기 좋은 환경으로 발전해 갈거야.
그럼 점점 앱도 늘어나겠구나.
맞아. 블록체인이 할 수 있는 일도 점점 늘어나는 거지.
와…
나중엔 어린이들도 아이디어만 있다면 쉽게 블록체인 앱을 만들 수 있는 환경이 될지도 몰라.
지금까지 나온 앱들은 어떤 게 있어?
우선 어떤 블록체인 위에서 작동하느냐에 따라 달라.

다양한 블록체인

블록체인도 여러 가지 종류가 있어요.
가장 많이 알려진 비트코인 외에도 라이트코인, 도지코인, 대시, 모네로, 제트케시 같은 전통적인 블록체인, 즉 암호화폐를 주고 받는 것을 주된 목적으로 하는 블록체인이 있어요. 그리고 스마트 컨트랙트가 더해져 앱을 만들어 사용할 수 있는 블록체인도 여러 가지 종류가 있어요. 원조격인 이더리움 외에도 네오, 이오스, 퀀텀, 스트라티스, 라이즈 등 다양한 종류의 블록체인이 있으며, 각자 개성있는 앱이 개발되고 있어요.

이더리움 블록체인에서 사용하는 앱들을 살펴볼까?
어거, 오미세고, 카이버 같은 암호화폐 관련 앱도 있고
또 SNT 같은 메신저나 BAT같은 광고 앱도 있어.
augur
어거
시장 예측
카이버
암호화폐 분산 거래
BAT
광고
오미세고
암호화폐 결제 시스템
SNT
메신저
이더리움 최고!
퀀텀 블록체인에서 사용하는 앱들은
메디블록, 에너고, 잉크, 보디 등이 있지.
우린 퀀텀이다!
에너고
에너지 거래 시스템
메디블록
의료 정보 공유
잉크
저작권 보호와 판매
Bodhi 菩提
보디
시장 예측
그리고 블록체인에서 공인인증서의 역할을 하는 '시빅'이라는 앱도 있고, 가상으로 부동산 거래를 해보는 게임인 '모스랜드'같은 앱도 있지.
시빅
블록체인 인증 시스템
쏙
모스랜드
가상 부동산 거래 게임
생각보다 다양한 앱이 있구나.
게임도 있대.
와!

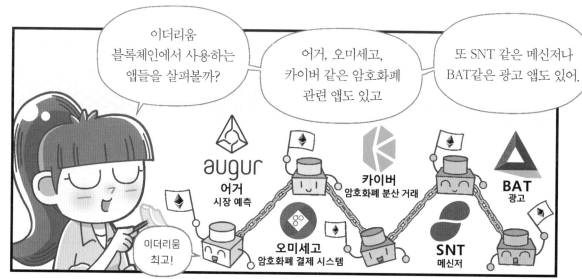

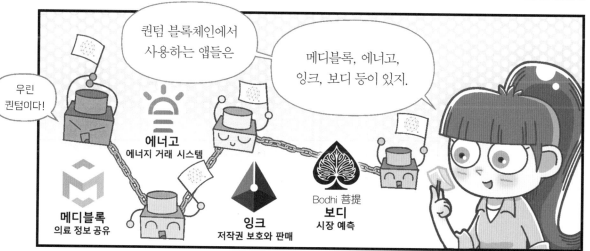

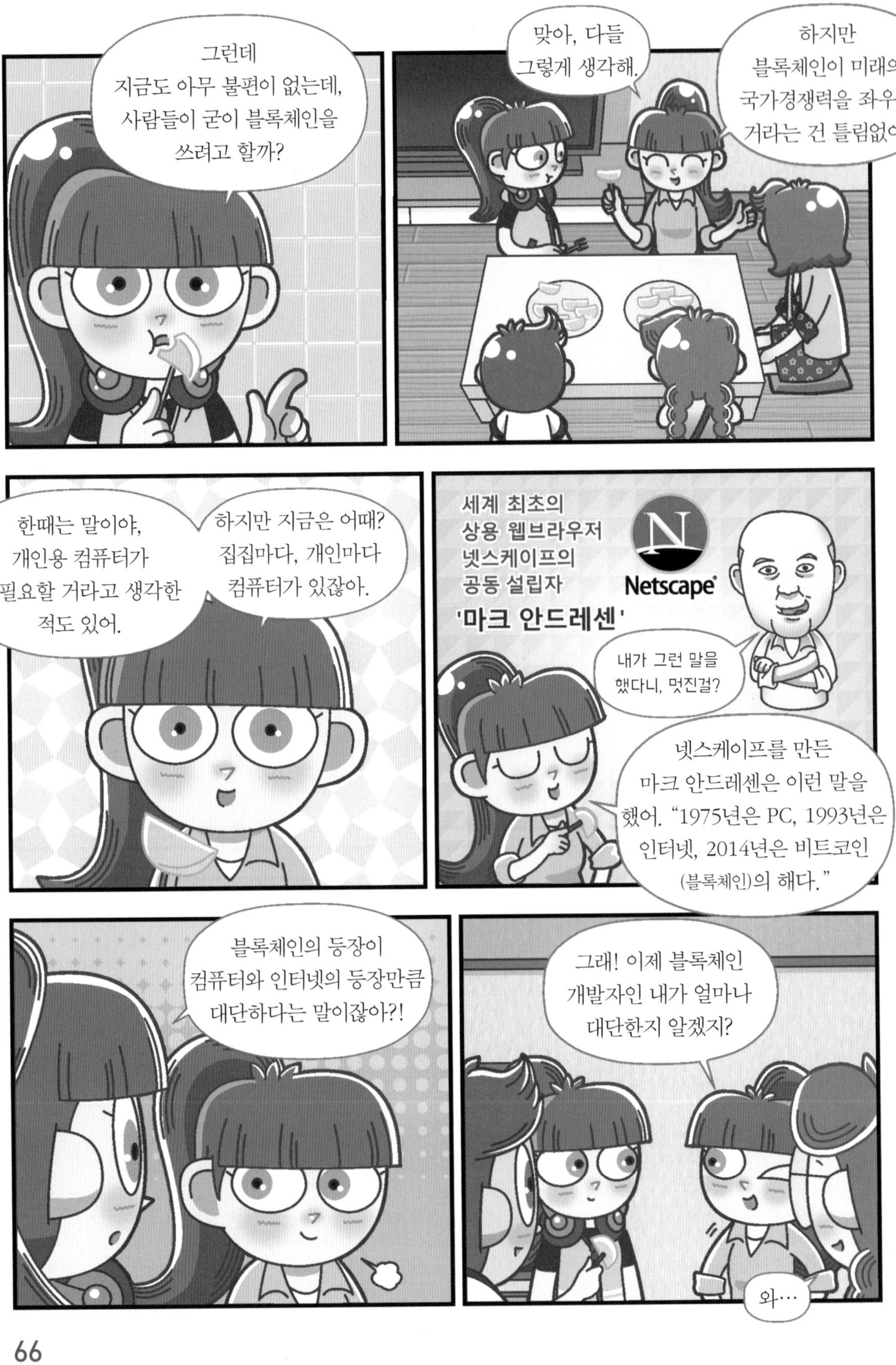
그런데 지금도 아무 불편이 없는데, 사람들이 굳이 블록체인을 쓰려고 할까?
맞아, 다들 그렇게 생각해.
하지만 블록체인이 미래의 국가경쟁력을 좌우할 거라는 건 틀림없어.
한때는 말이야, 개인용 컴퓨터가 불필요할 거라고 생각한 적도 있어.
하지만 지금은 어때? 집집마다, 개인마다 컴퓨터가 있잖아.
세계 최초의 상용 웹브라우저 넷스케이프의 공동 설립자 '마크 안드레센'
Netscape
내가 그런 말을 했다니, 멋진걸?
넷스케이프를 만든 마크 안드레센은 이런 말을 했어. "1975년은 PC, 1993년은 인터넷, 2014년은 비트코인(블록체인)의 해다."
블록체인의 등장이 컴퓨터와 인터넷의 등장만큼 대단하다는 말이잖아?!
그래! 이제 블록체인 개발자인 내가 얼마나 대단한지 알겠지?
와…

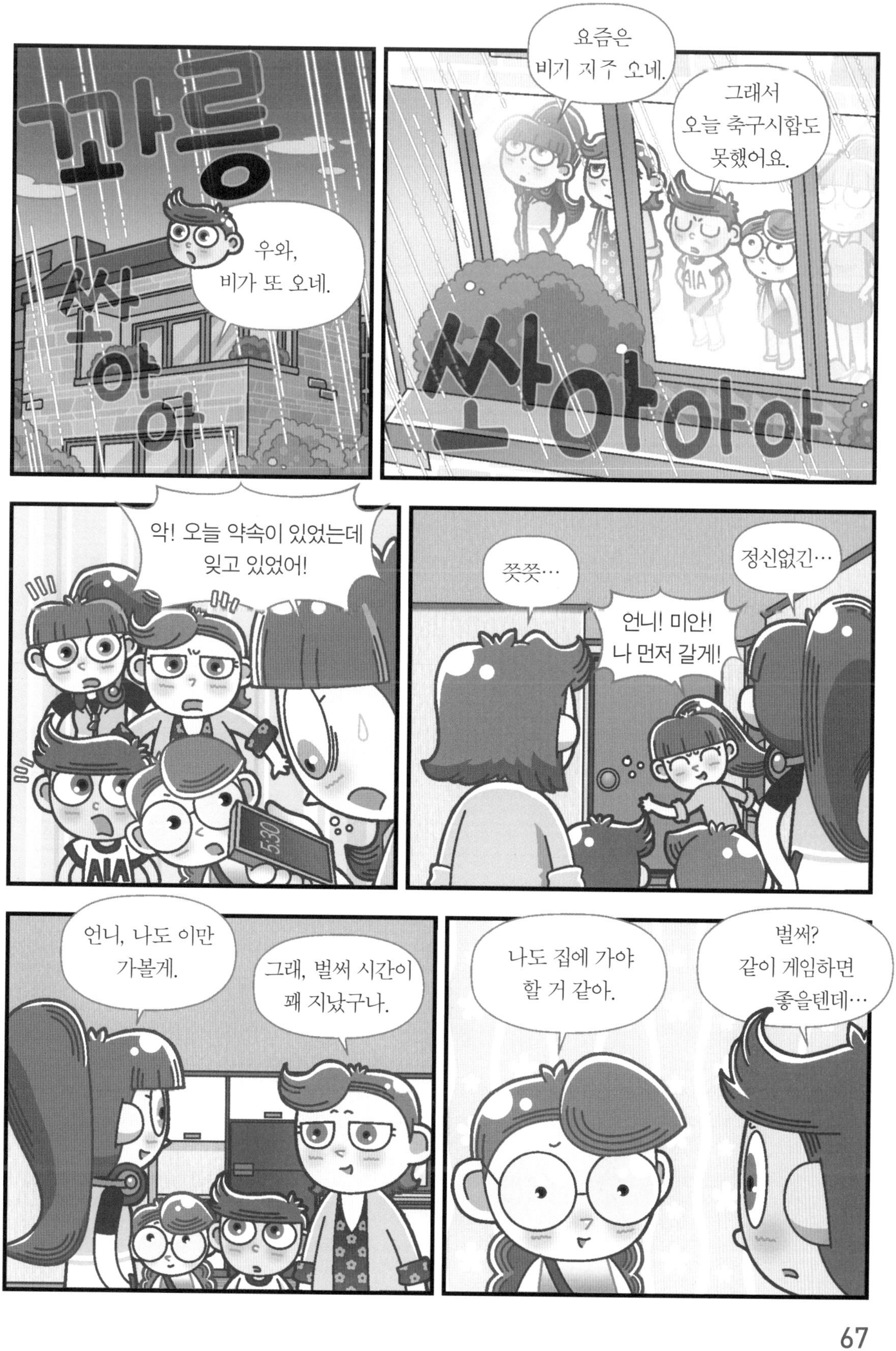
꽈르릉
쏴아아
우와, 비가 또 오네.
쏴아아아
요즘은 비가 자주 오네.
그래서 오늘 축구시합도 못했어요.
악! 오늘 약속이 있었는데 잊고 있었어!
5:30
쯧쯧…
정신없긴…
언니! 미안! 나 먼저 갈게!
언니, 나도 이만 가볼게.
그래, 벌써 시간이 꽤 지났구나.
나도 집에 가야 할 거 같아.
벌써? 같이 게임하면 좋을텐데…

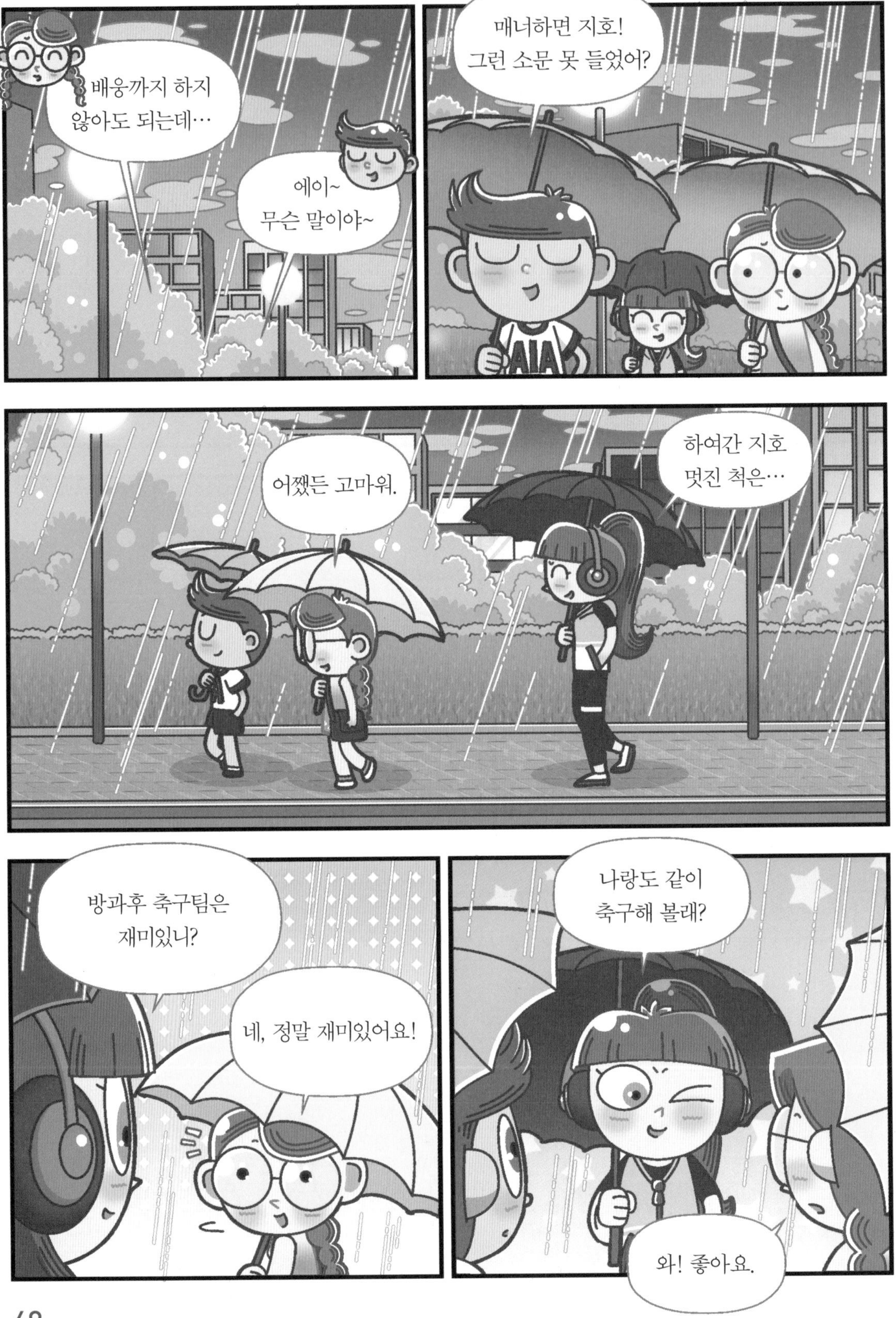
배웅까지 하지 않아도 되는데…
에이~ 무슨 말이야~
매너하면 지호! 그런 소문 못 들었어?
어쨌든 고마워.
하여간 지호 멋진 척은…
방과후 축구팀은 재미있니?
네, 정말 재미있어요!
나랑도 같이 축구해 볼래?
와! 좋아요.

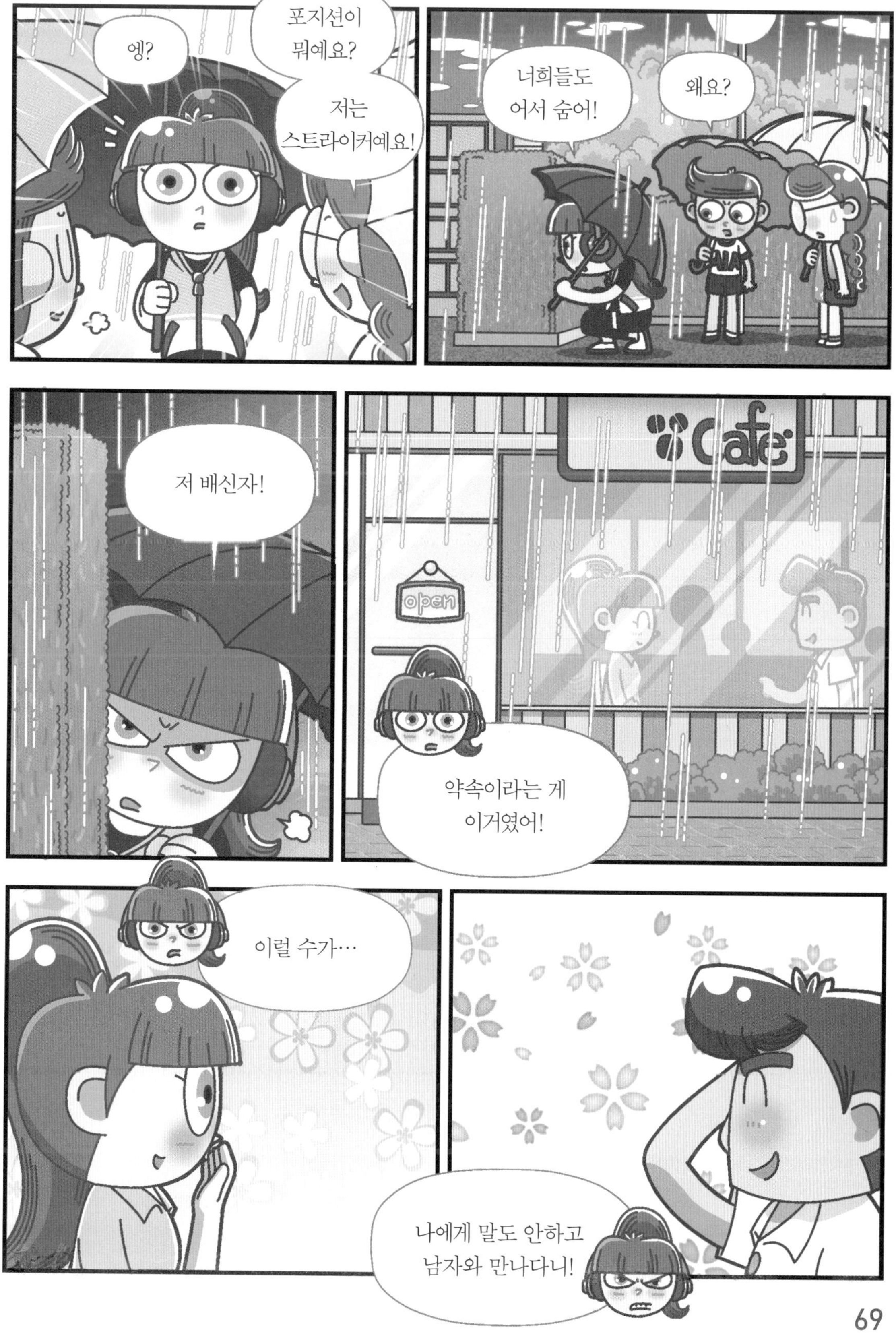

엥?
포지션이 뭐예요?
저는 스트라이커예요!
너희들도 어서 숨어!
왜요?
저 배신자!
Cafe
open
약속이라는 게 이거였어!
이럴 수가…
나에게 말도 안하고 남자와 만나다니!

블록체인의 특징

세계경제포럼은 "전 세계 은행 가운데 80%가 블록체인 기술을 도입할 것이고, 2025년에는 전 세계 GDP(국내총생산)의 10%가 블록체인을 통해 이뤄질 것"이라는 보고서를 내놓았어요. 이는 스마트폰의 모바일 기술에 버금가는 규모로, 은행은 이제 블록체인으로 완전히 탈바꿈된다는 뜻이기도 해요. 그렇다면 블록체인의 어떤 특징 때문에 세계 은행의 80%가 블록체인 기술을 도입할 수밖에 없는지 알아볼까요?

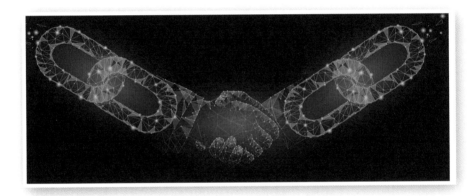

● 탈중앙성

중앙 관리자의 역할을 블록체인 참여자들이 분담하는 것을 탈중앙성이라고 해요. 외부의 접근을 막아 정보를 보호하고 관리하는 기존 시스템과 달리 참여자 모두에게 거래 내역을 공개하기 때문에 은행같은 중앙 관리자가 없어도 안전하게 거래가 이루어질 수 있어요.

● 투명성

블록체인 참여자들은 모든 정보를 공유해요. 이것이 바로 블록체인의 특징인 투명성이에요. 참여자들이 장부를 공유하기 때문에 모든 거래 기록이 투명하게 공개되는 구조인거죠. 그러나 본인이 참여하지 않은 거래 이력도 받아볼 수 있기 때문에 개인 정보 침해가 발생할 수 있다는 양면성을 갖고 있어요.

● 보안성

블록체인에 데이터가 기록되면 그 내용을 삭제하거나 수정할 수가 없어요. 여기에 암호화된 데이터와 키값으로만 거래가 진행되므로 보안성이 향상된답니다. 블록은 최초 블록과 연결되어 있고 참여 노드가 분산되어 해킹도 할 수 없기 때문에 블록 안의 데이터 변조와 탈취, 정보조작이 불가능해요. 이런 보안성 덕분에 블록체인 기술은 전자결제, 디지털 인증, 의료기록 관리, 예술품의 진품 감정 등 신뢰성이 요구되는 다양한 분야에서 사용할 수 있어요.

● 가용성

가용성은 사용자가 데이터를 사용하고자 할 때 언제든지 사용할 수 있는 것을 말해요. 블록체인은 365일 24시간 운행을 계속하는 무중단 서비스 시스템이에요. 만약 몇 대의 사용자 계정을 해킹하여 특정 데이터를 지워도 블록체인의 다른 사용자 PC에 저장된 데이터를 복사해 올 수 있기 때문에 모든 참여자 PC에 있는 블록체인 정보를 지우지 않는 이상 시스템을 멈출 수 없어요.

● 확장성

소스가 공개되어 있어서 네트워크에 참여하는 누구나 구축, 연결, 확장이 가능해요. 그러나 누구든지 참여하여 더 많은 거래 기록이 계속해서 생겨난다면 처리 속도가 느려질 수 밖에 없어요. 즉각 처리해주는 중앙 관리자도 없기 때문에 블록체인 개발자에게 블록체인의 확장성은 해결해야 할 중요한 사안이에요.

수상한 아저씨 등장

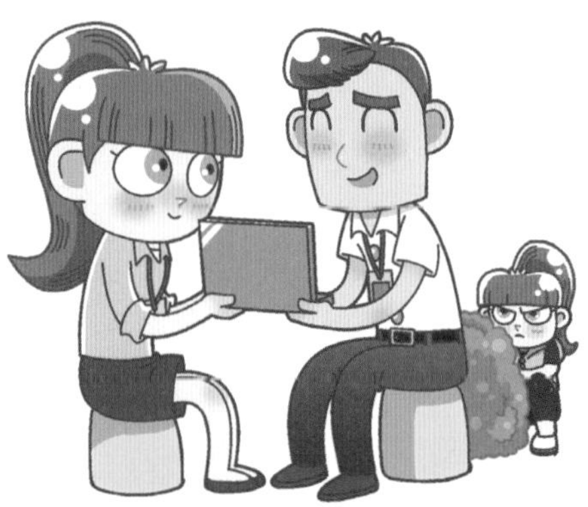

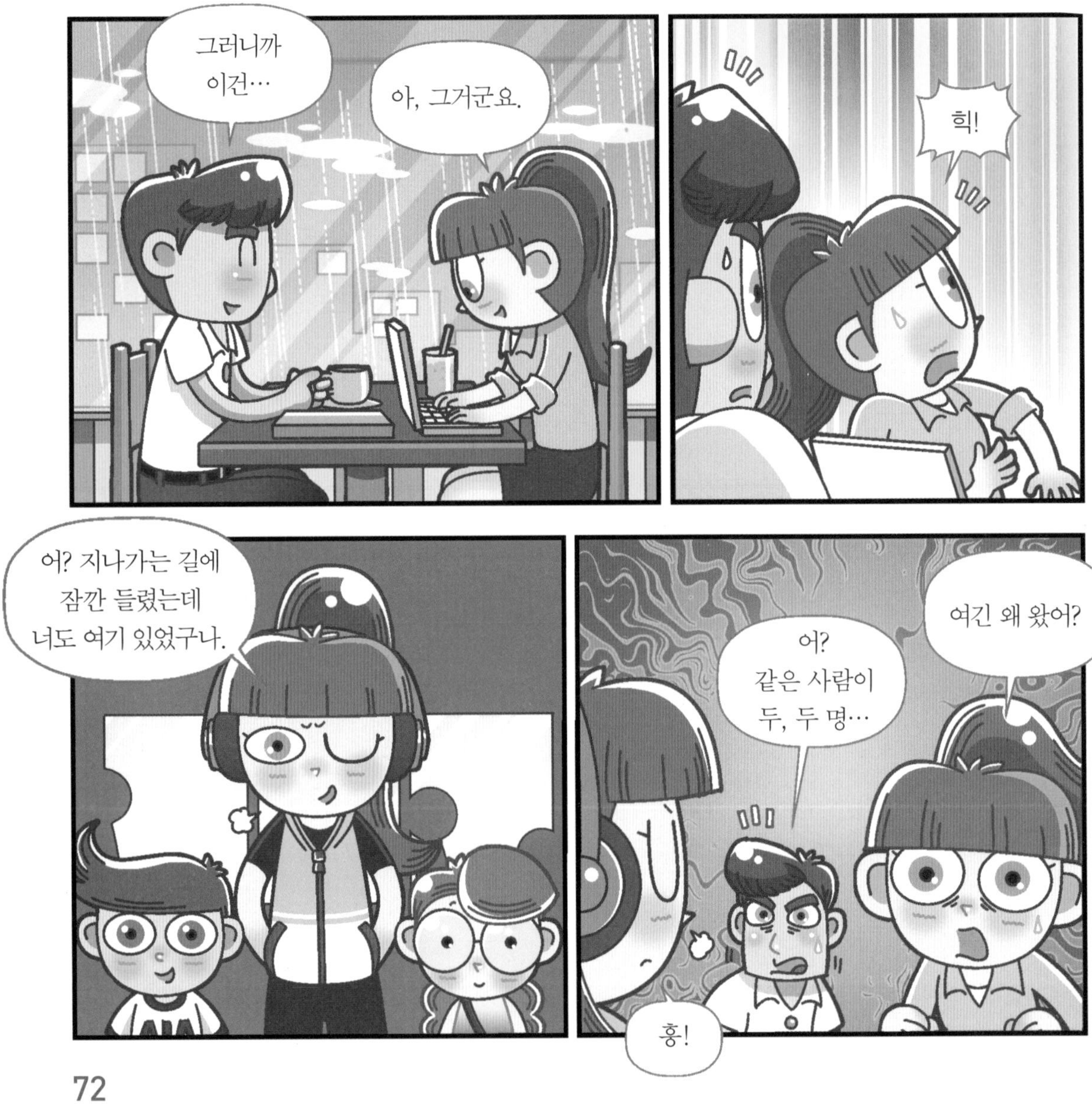

그러니까 이건…
아, 그거군요.
헉!
어? 지나가는 길에 잠깐 들렀는데 너도 여기 있었구나.
여긴 왜 왔어?
어? 같은 사람이 두, 두 명…
흥!

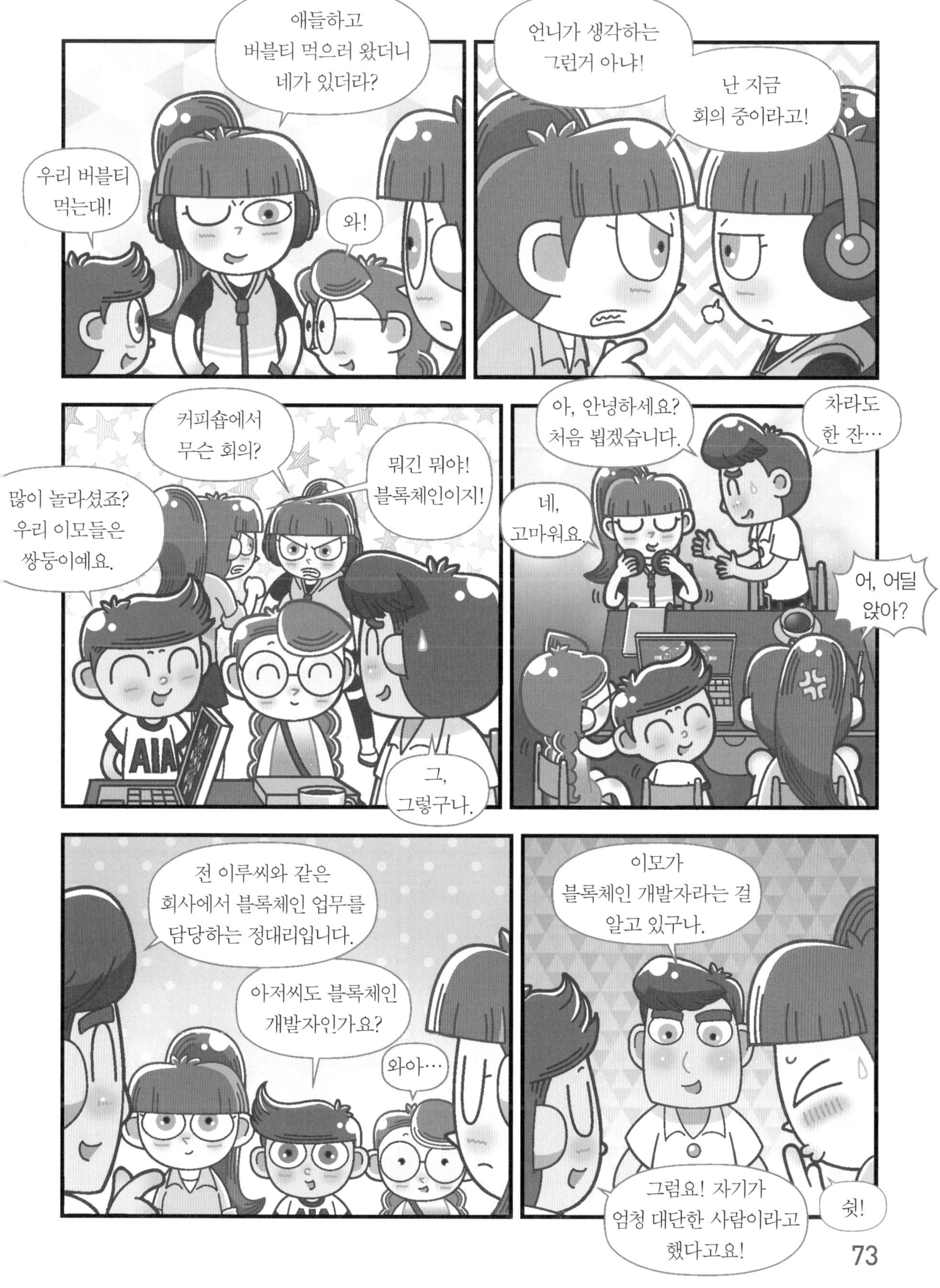
애들하고
버블티 먹으러 왔더니
네가 있더라?
우리 버블티
먹는대!
와!
언니가 생각하는
그런거 아냐!
난 지금
회의 중이라고!
커피숍에서
무슨 회의?
뭐긴 뭐야!
블록체인이지!
많이 놀라셨죠?
우리 이모들은
쌍둥이예요.
그,
그렇구나.
아, 안녕하세요?
처음 뵙겠습니다.
차라도
한 잔…
네,
고마워요.
어, 어딜
앉아?
전 이루씨와 같은
회사에서 블록체인 업무를
담당하는 정대리입니다.
아저씨도 블록체인
개발자인가요?
와아…
이모가
블록체인 개발자라는 걸
알고 있구나.
그럼요! 자기가
엄청 대단한 사람이라고
했다고요!
쉿!

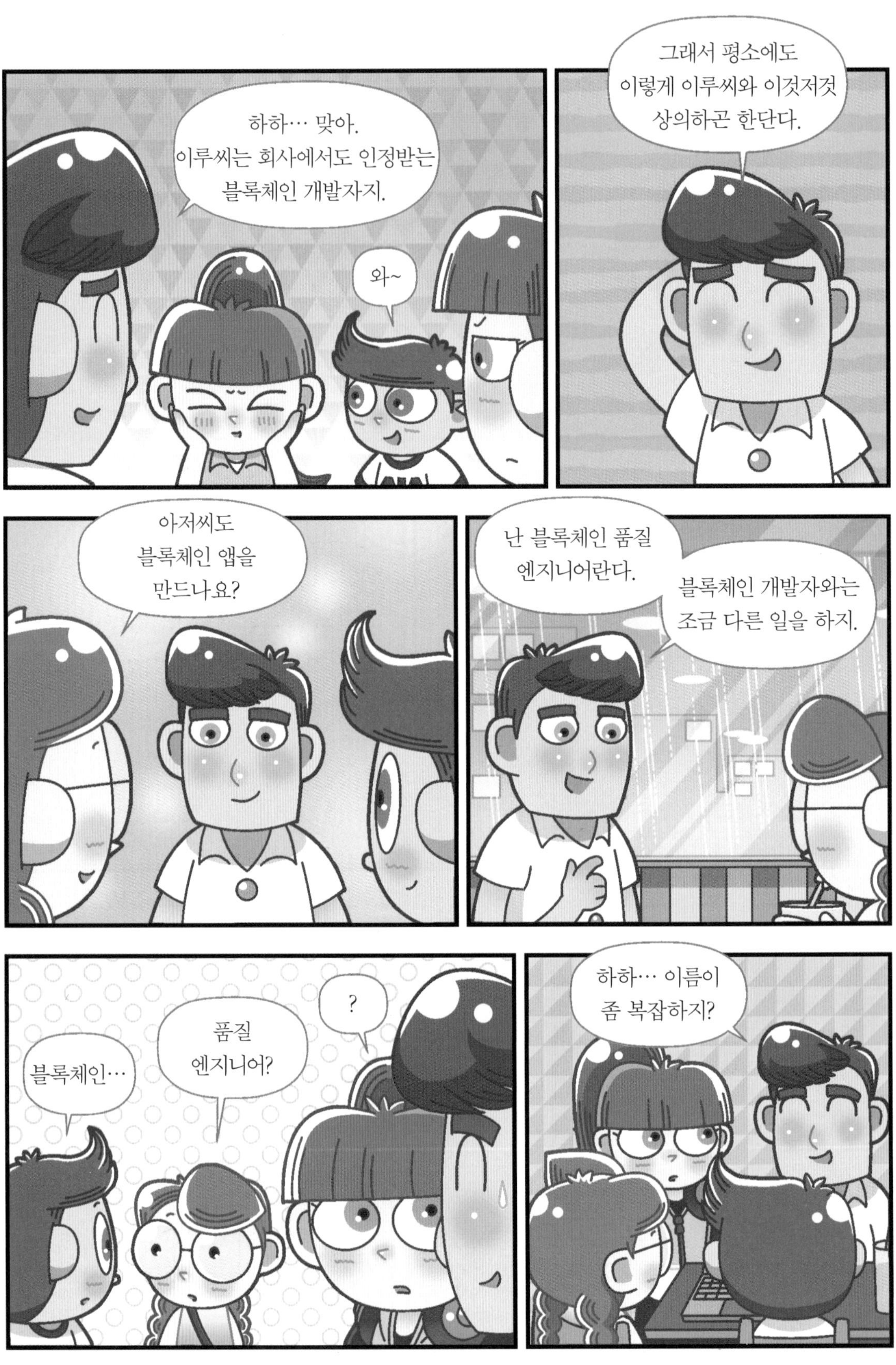

하하… 맞아.
이루씨는 회사에서도 인정받는
블록체인 개발자지.
와~
그래서 평소에도
이렇게 이루씨와 이것저것
상의하곤 한단다.
아저씨도
블록체인 앱을
만드나요?
난 블록체인 품질
엔지니어란다.
블록체인 개발자와는
조금 다른 일을 하지.
블록체인…
품질
엔지니어?
?
하하… 이름이
좀 복잡하지?

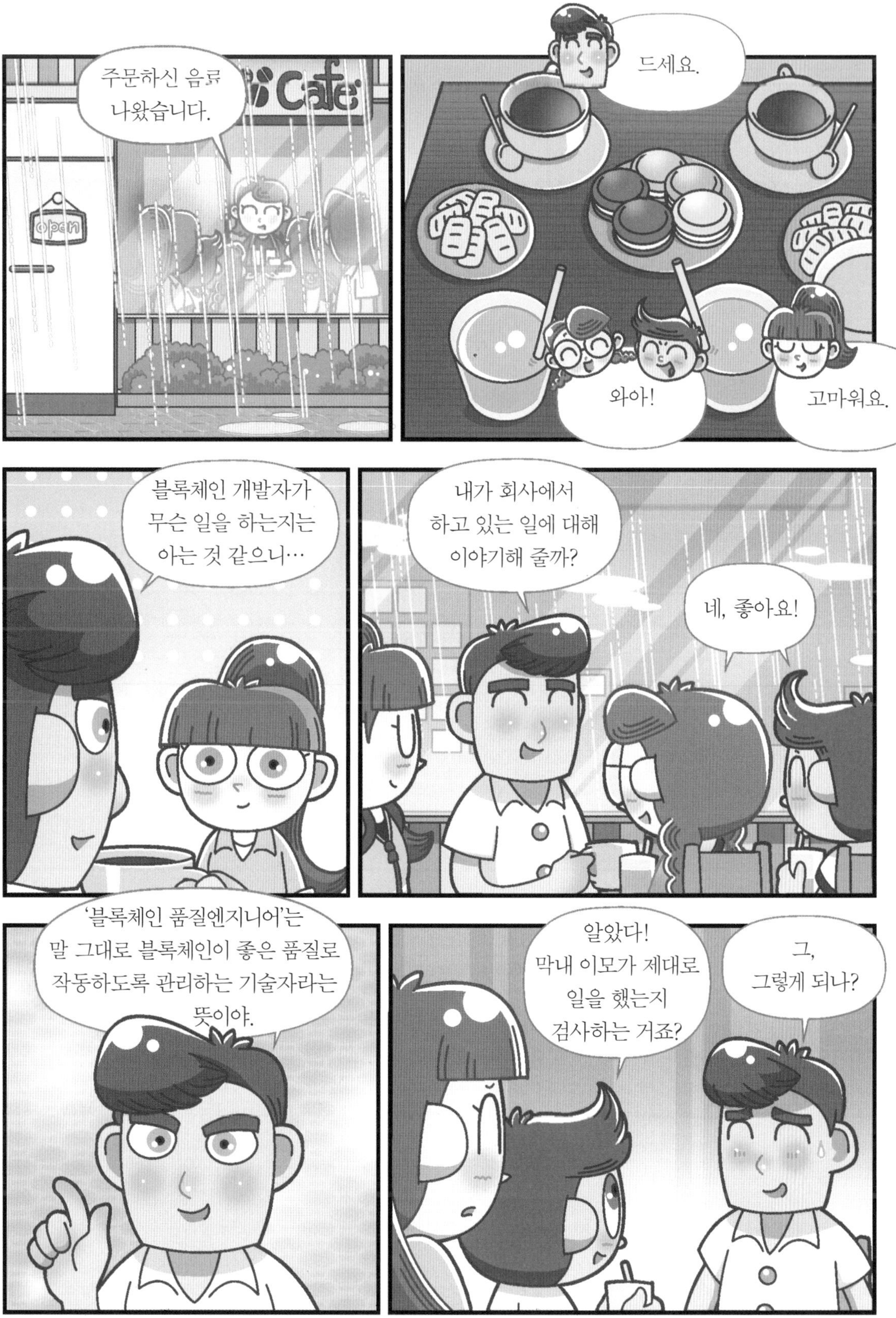
주문하신 음료 나왔습니다.
Cafe
open
드세요.
와아!
고마워요.
블록체인 개발자가 무슨 일을 하는지는 아는 것 같으니…
내가 회사에서 하고 있는 일에 대해 이야기해 줄까?
네, 좋아요!
'블록체인 품질엔지니어'는 말 그대로 블록체인이 좋은 품질로 작동하도록 관리하는 기술자라는 뜻이야.
알았다! 막내 이모가 제대로 일을 했는지 검사하는 거죠?
그, 그렇게 되나?

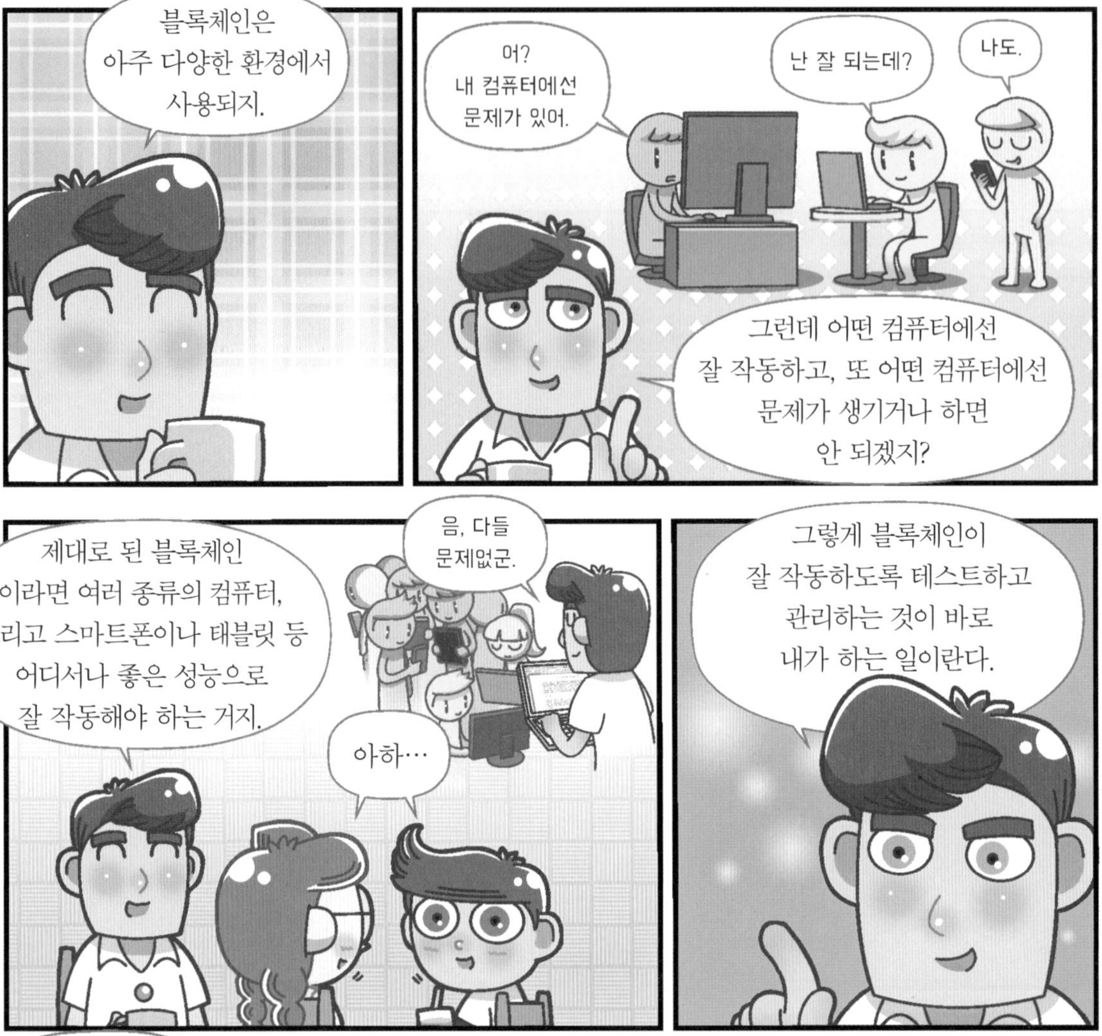

블록체인은 아주 다양한 환경에서 사용되지.
어? 내 컴퓨터에선 문제가 있어.
난 잘 되는데?
나도.
그런데 어떤 컴퓨터에선 잘 작동하고, 또 어떤 컴퓨터에선 문제가 생기거나 하면 안 되겠지?
제대로 된 블록체인이라면 여러 종류의 컴퓨터, 그리고 스마트폰이나 태블릿 등 어디서나 좋은 성능으로 잘 작동해야 하는 거지.
음, 다들 문제없군.
아하…
그렇게 블록체인이 잘 작동하도록 테스트하고 관리하는 것이 바로 내가 하는 일이란다.

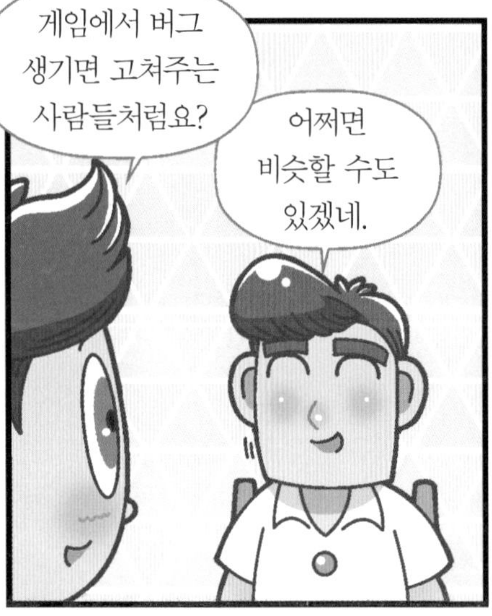

게임에서 버그 생기면 고쳐주는 사람들처럼요?
어쩌면 비슷할 수도 있겠네.

블록체인 품질엔지니어

블록체인 품질엔지니어는 블록체인이 좋은 품질로 개발되도록 관리하는 역할을 해요. 블록체인이 스스로 잘 작동하는지 테스트하고, 또 컴퓨터나 스마트폰, 태블릿 등 다양한 환경과 사양에서 작동하는 데 문제가 없는지 확인하는 일도 하죠. 그리고 블록체인이 스스로 자신의 성능과 품질을 테스트할 수 있도록 만드는 일도 해요. 블록체인이 멈추지 않고 작동하려면, 스스로의 문제점을 파악할 수 있는 기능이 필요하거든요.

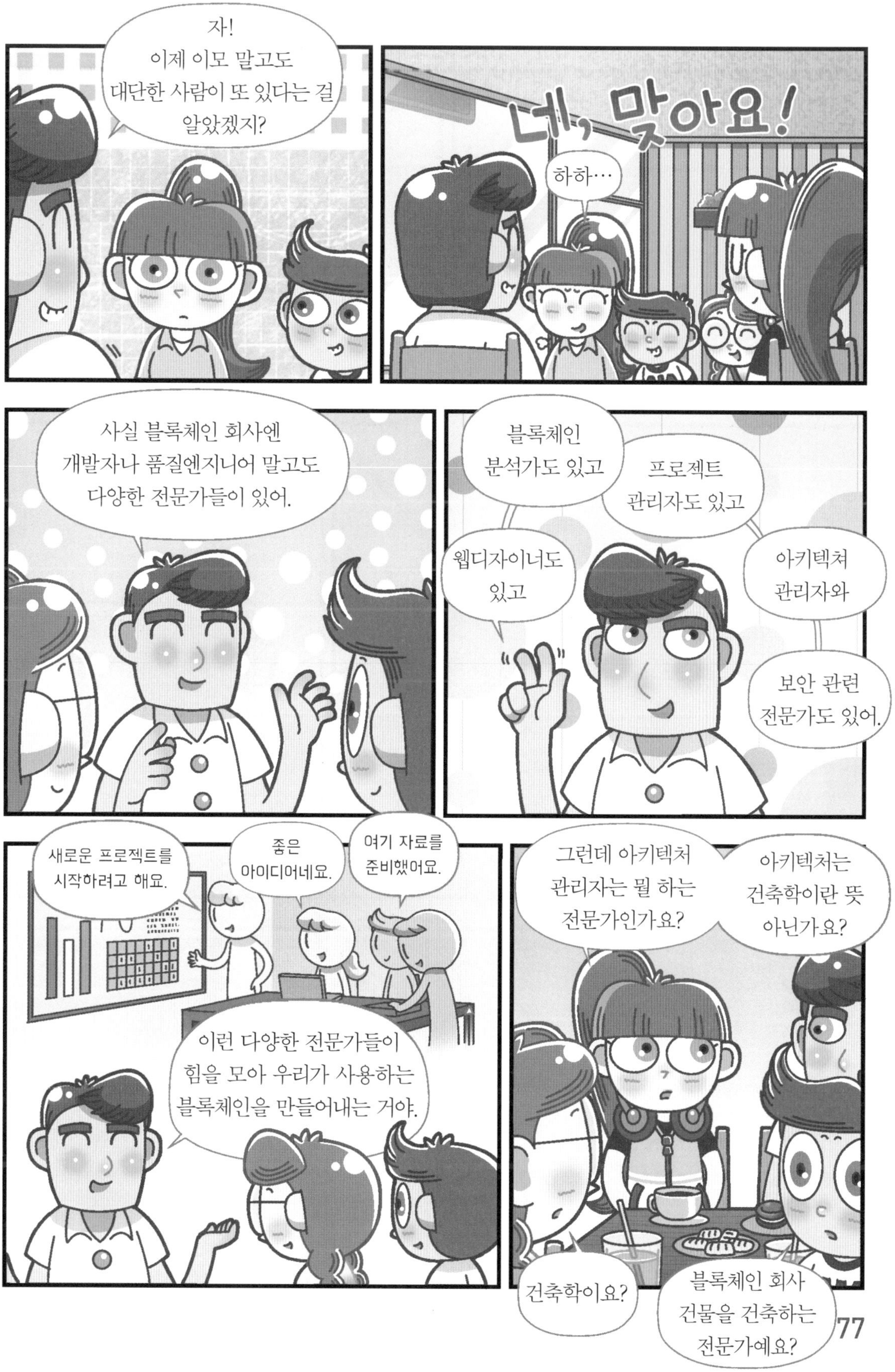
자!
이제 이모 말고도
대단한 사람이 또 있다는 걸
알았겠지?
네, 맞아요!
하하…
사실 블록체인 회사엔
개발자나 품질엔지니어 말고도
다양한 전문가들이 있어.
블록체인
분석가도 있고
프로젝트
관리자도 있고
웹디자이너도
있고
아키텍쳐
관리자와
보안 관련
전문가도 있어.
새로운 프로젝트를
시작하려고 해요.
좋은
아이디어네요.
여기 자료를
준비했어요.
이런 다양한 전문가들이
힘을 모아 우리가 사용하는
블록체인을 만들어내는 거야.
그런데 아키텍처
관리자는 뭘 하는
전문가인가요?
아키텍처는
건축학이란 뜻
아닌가요?
건축학이요?
블록체인 회사
건물을 건축하는
전문가예요?

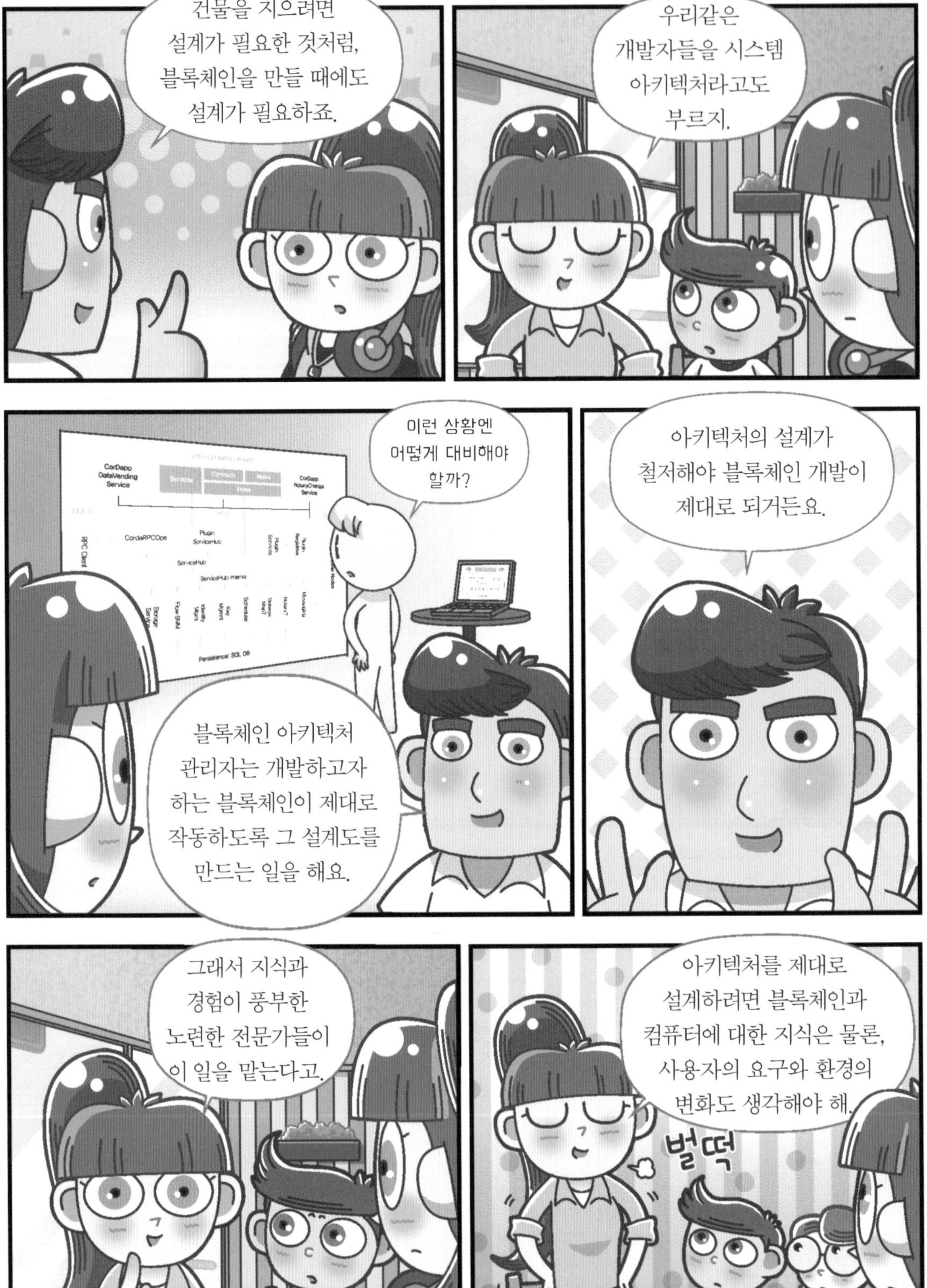

건물을 지으려면 설계가 필요한 것처럼, 블록체인을 만들 때에도 설계가 필요하죠.
우리같은 개발자들을 시스템 아키텍처라고도 부르지.
이런 상황엔 어떻게 대비해야 할까?
블록체인 아키텍처 관리자는 개발하고자 하는 블록체인이 제대로 작동하도록 그 설계도를 만드는 일을 해요.
아키텍처의 설계가 철저해야 블록체인 개발이 제대로 되거든요.
그래서 지식과 경험이 풍부한 노련한 전문가들이 이 일을 맡는다고.
아키텍처를 제대로 설계하려면 블록체인과 컴퓨터에 대한 지식은 물론, 사용자의 요구와 환경의 변화도 생각해야 해.
벌떡

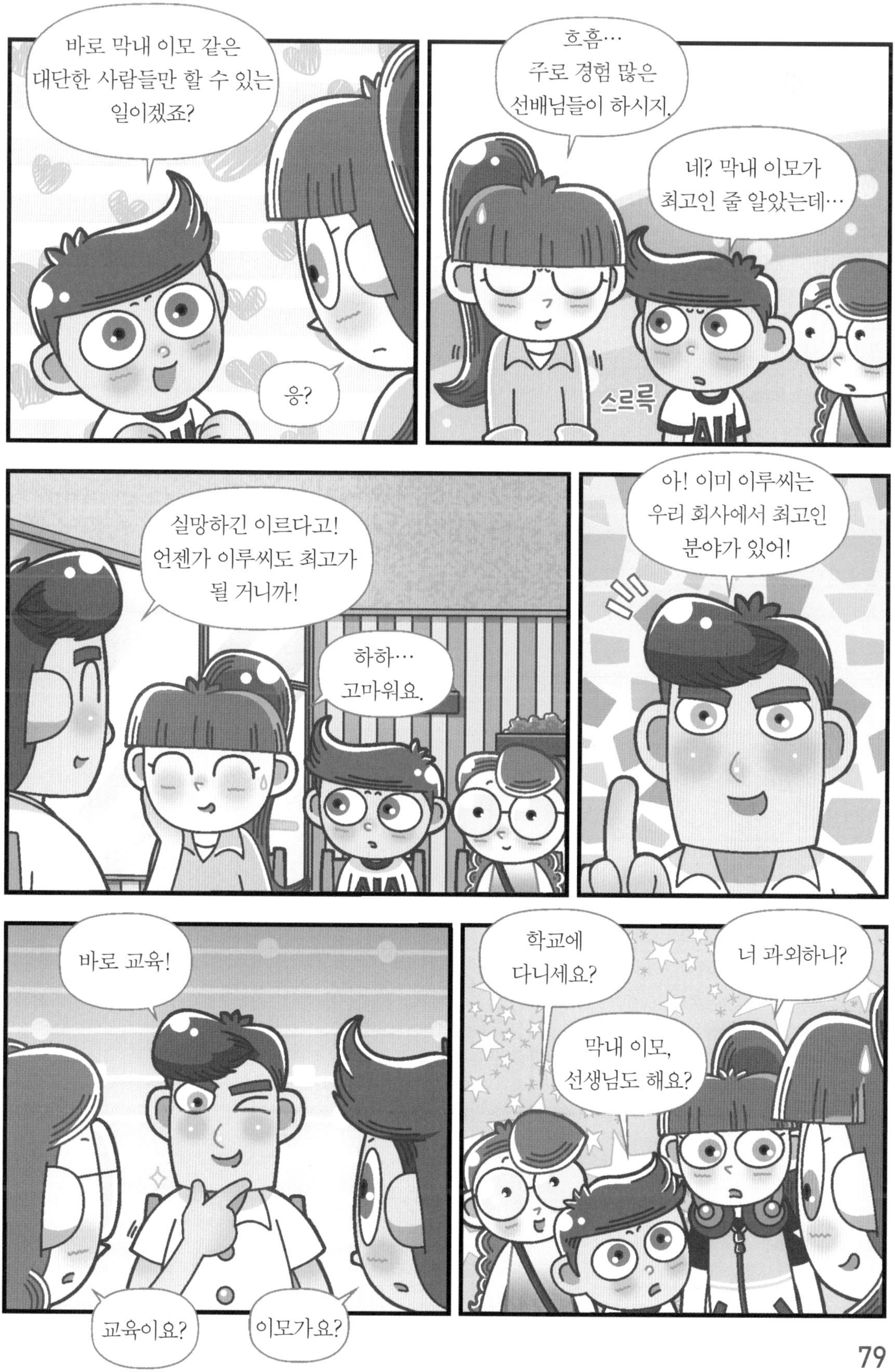
바로 막내 이모 같은 대단한 사람들만 할 수 있는 일이겠죠?
응?
흐흠… 주로 경험 많은 선배님들이 하시지.
네? 막내 이모가 최고인 줄 알았는데…
스르륵
실망하긴 이르다고! 언젠가 이루씨도 최고가 될 거니까!
하하… 고마워요.
아! 이미 이루씨는 우리 회사에서 최고인 분야가 있어!
바로 교육!
교육이요?
이모가요?
학교에 다니세요?
너 과외하니?
막내 이모, 선생님도 해요?

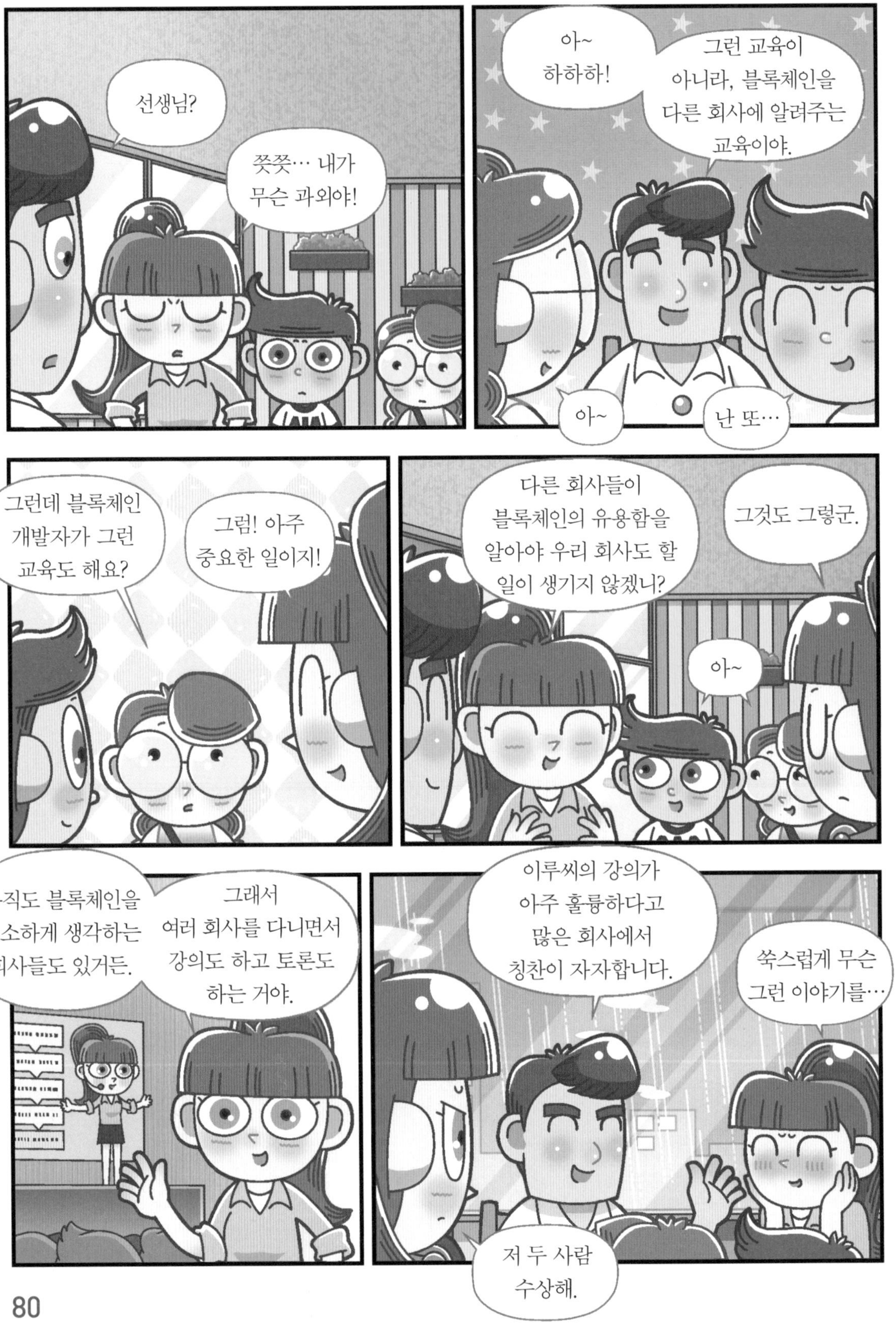

선생님?
쯧쯧… 내가 무슨 과외야!
아~ 하하하!
그런 교육이 아니라, 블록체인을 다른 회사에 알려주는 교육이야.
아~
난 또…
그런데 블록체인 개발자가 그런 교육도 해요?
그럼! 아주 중요한 일이지!
다른 회사들이 블록체인의 유용함을 알아야 우리 회사도 할 일이 생기지 않겠니?
그것도 그렇군.
아~
아직도 블록체인을 생소하게 생각하는 회사들도 있거든.
그래서 여러 회사를 다니면서 강의도 하고 토론도 하는 거야.
이루씨의 강의가 아주 훌륭하다고 많은 회사에서 칭찬이 자자합니다.
쑥스럽게 무슨 그런 이야기를…
저 두 사람 수상해.

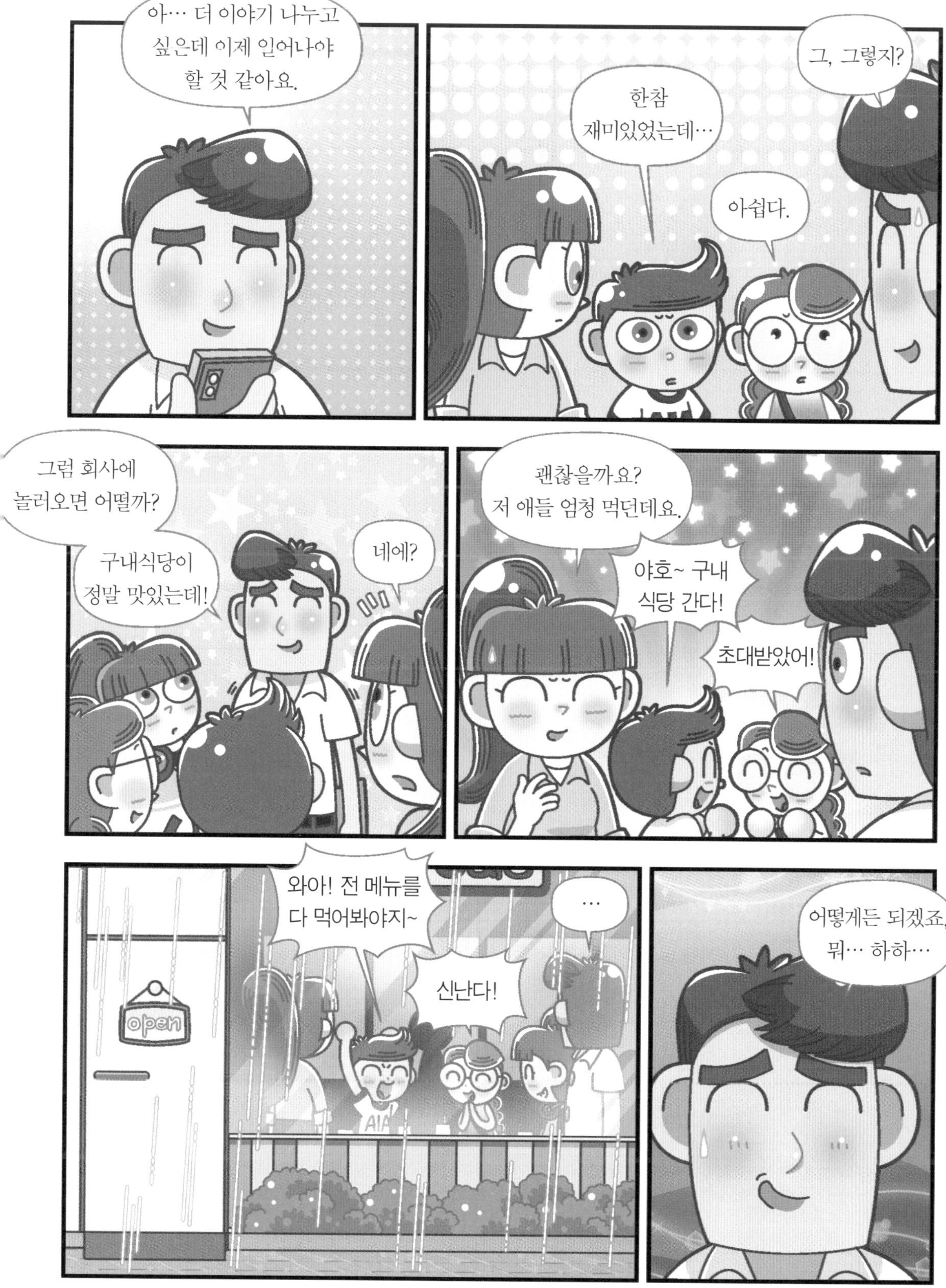
아… 더 이야기 나누고 싶은데 이제 일어나야 할 것 같아요.
한참 재미있었는데…
그, 그렇지?
아쉽다.
그럼 회사에 놀러오면 어떨까?
구내식당이 정말 맛있는데!
네에?
괜찮을까요? 저 애들 엄청 먹던데요.
야호~ 구내 식당 간다!
초대받았어!
와아! 전 메뉴를 다 먹어봐야지~
…
신난다!
open
어떻게든 되겠죠, 뭐… 하하…

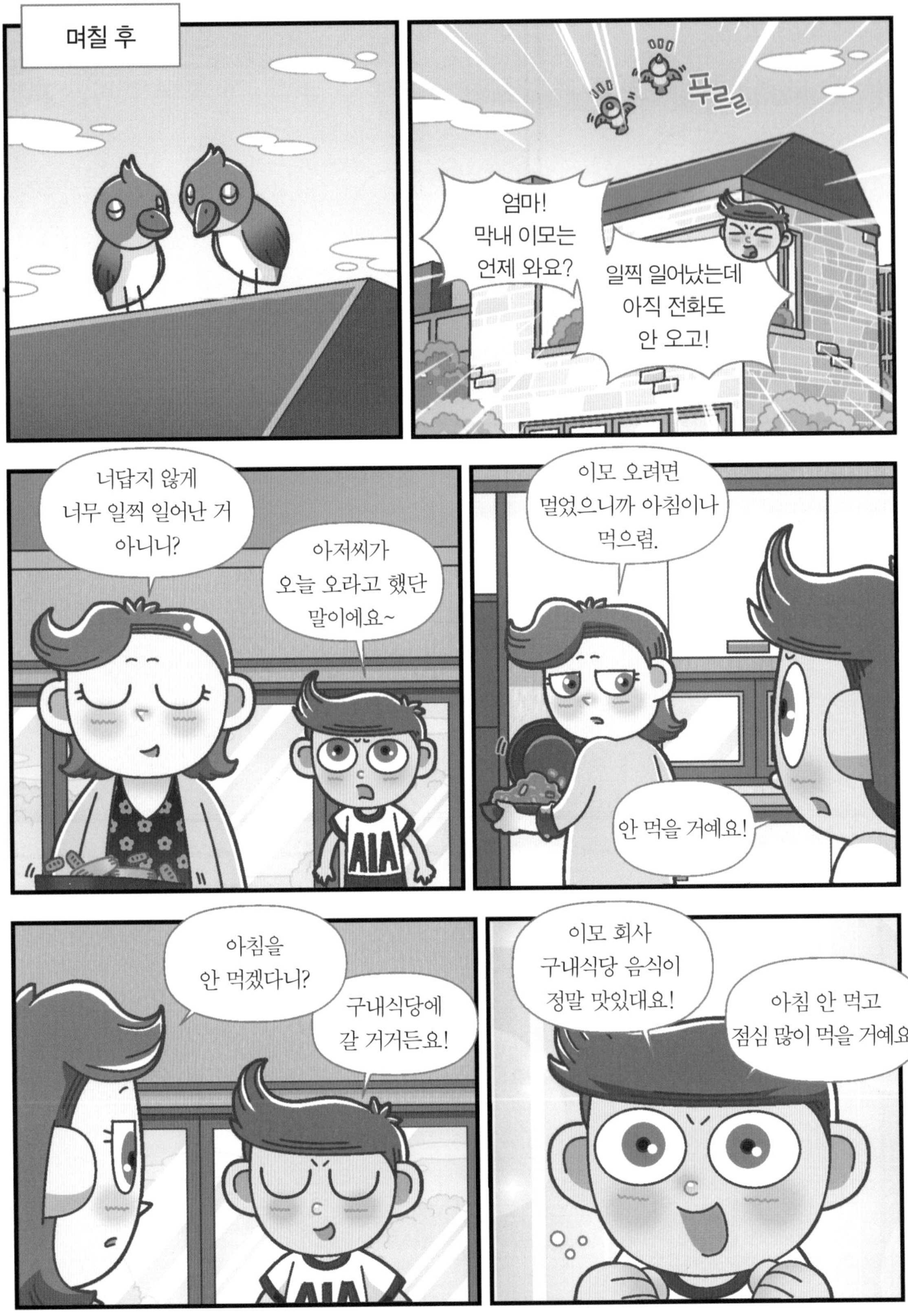
며칠 후
푸르르
엄마! 막내 이모는 언제 와요?
일찍 일어났는데 아직 전화도 안 오고!
너답지 않게 너무 일찍 일어난 거 아니니?
아저씨가 오늘 오라고 했단 말이에요~
이모 오려면 멀었으니까 아침이나 먹으렴.
안 먹을 거예요!
아침을 안 먹겠다니?
구내식당에 갈 거거든요!
이모 회사 구내식당 음식이 정말 맛있대요!
아침 안 먹고 점심 많이 먹을 거예요.

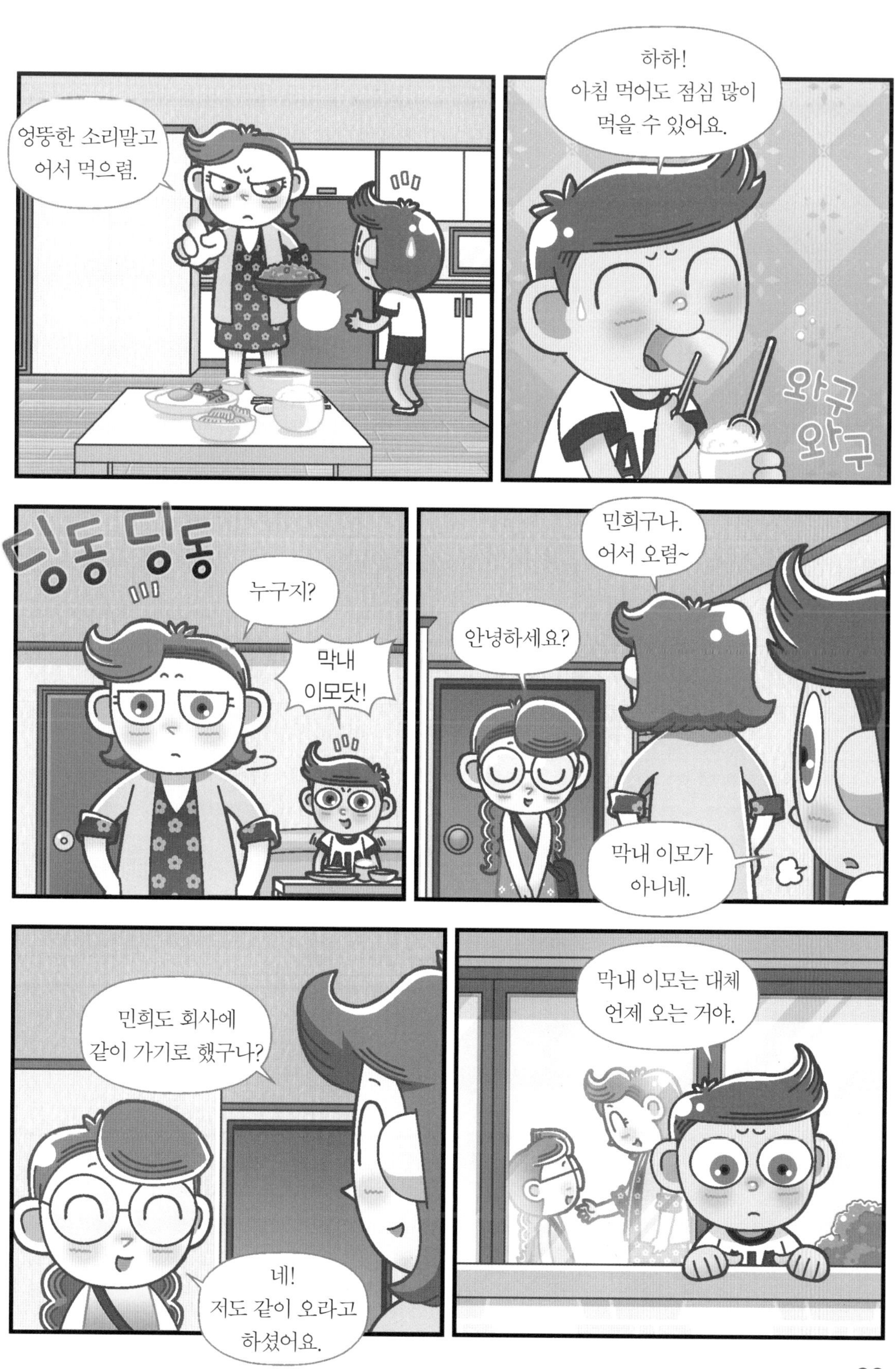
엉뚱한 소리말고
어서 먹으렴.
하하!
아침 먹어도 점심 많이
먹을 수 있어요.
와구
와구
딩동 딩동
누구지?
막내
이모닷!
민희구나.
어서 오렴~
안녕하세요?
막내 이모가
아니네.
민희도 회사에
같이 가기로 했구나?
네!
저도 같이 오라고
하셨어요.
막내 이모는 대체
언제 오는 거야.

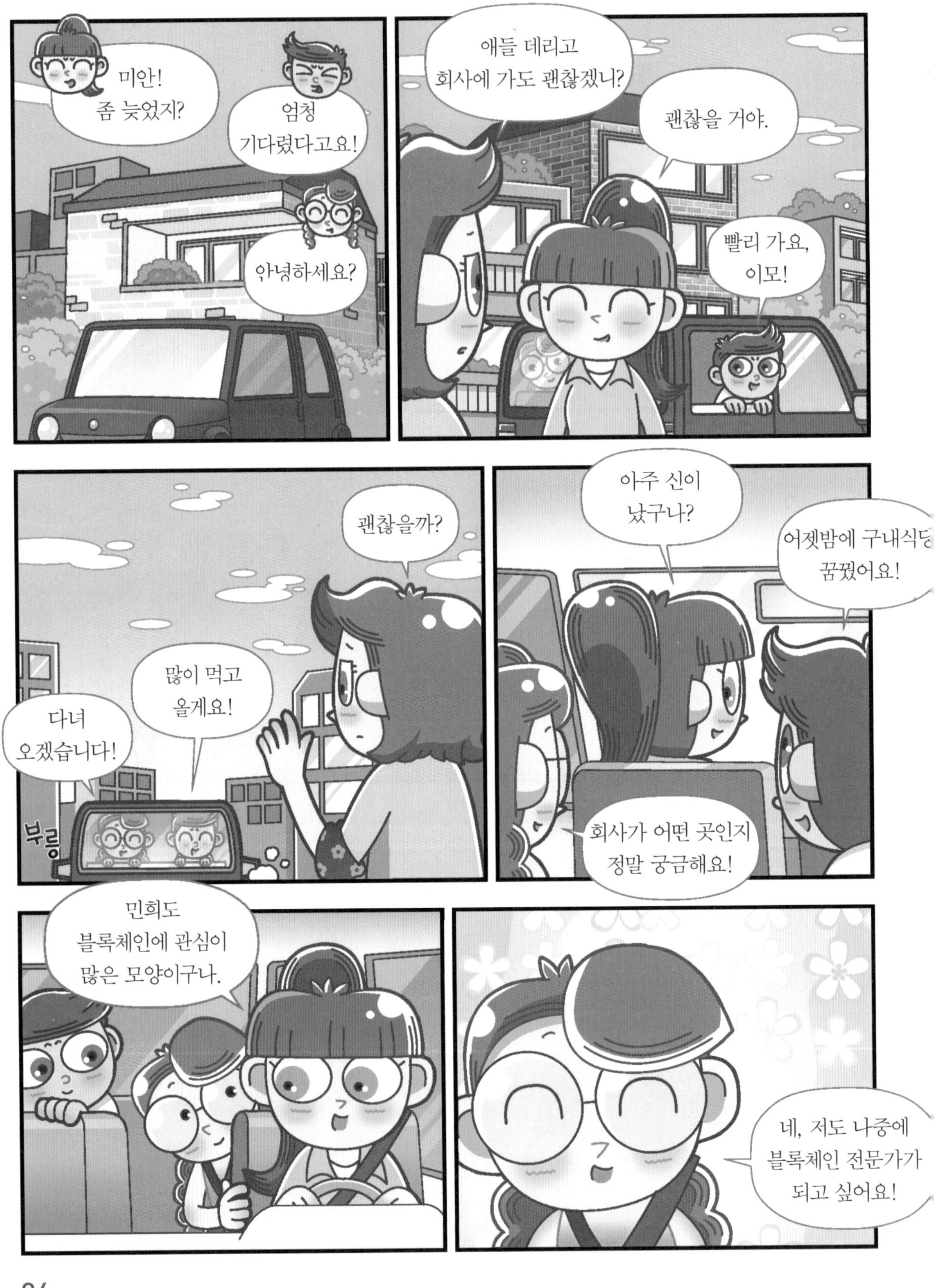
미안!
좀 늦었지?
엄청
기다렸다고요!
안녕하세요?
애들 데리고
회사에 가도 괜찮겠니?
괜찮을 거야.
빨리 가요,
이모!
괜찮을까?
많이 먹고
올게요!
다녀
오겠습니다!
부릉
아주 신이
났구나?
어젯밤에 구내식당
꿈꿨어요!
회사가 어떤 곳인지
정말 궁금해요!
민희도
블록체인에 관심이
많은 모양이구나.
네, 저도 나중에
블록체인 전문가가
되고 싶어요!

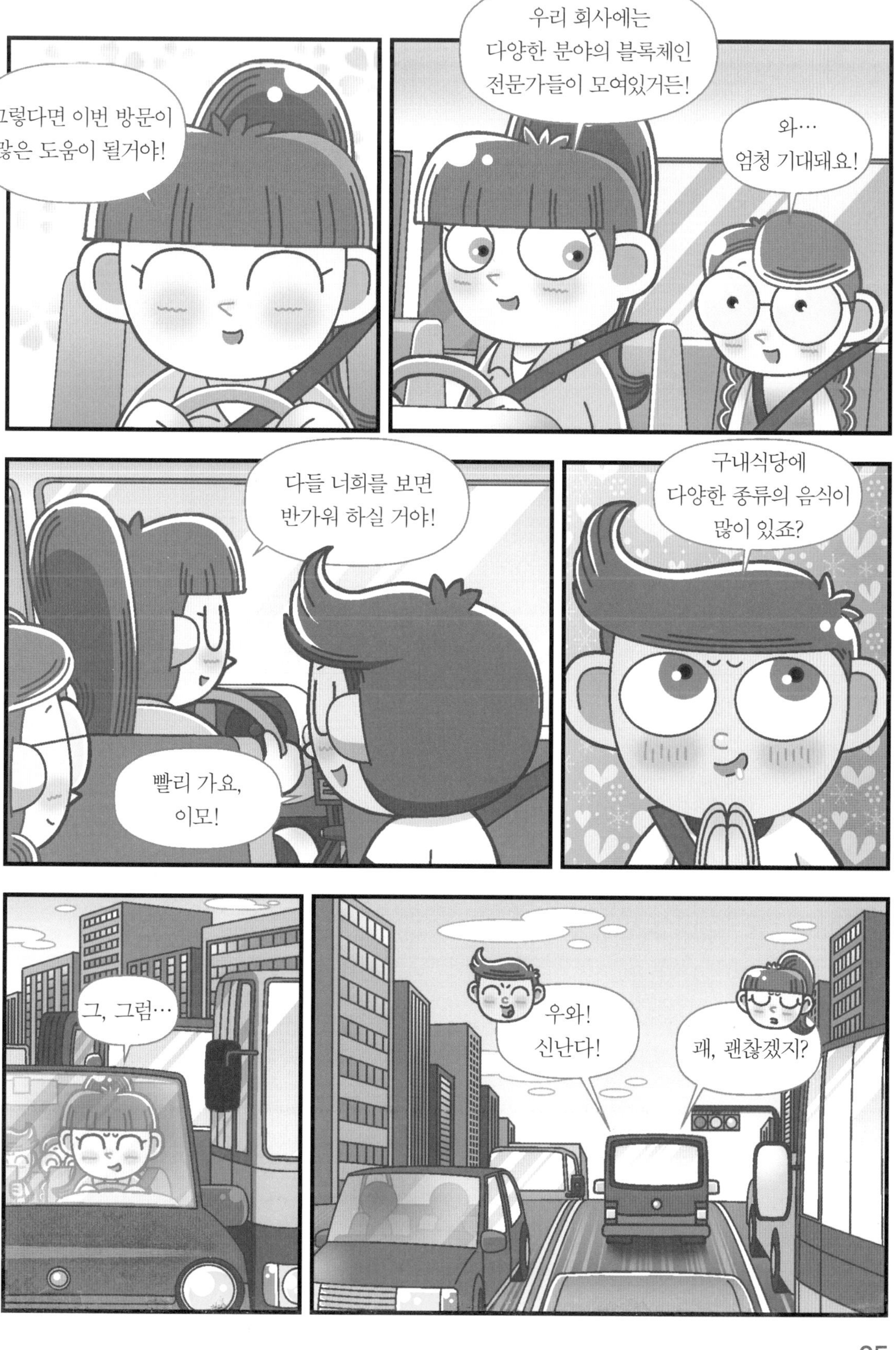
그렇다면 이번 방문이 많은 도움이 될거야!
우리 회사에는 다양한 분야의 블록체인 전문가들이 모여있거든!
와… 엄청 기대돼요!
다들 너희를 보면 반가워 하실 거야!
빨리 가요, 이모!
구내식당에 다양한 종류의 음식이 많이 있죠?
그, 그럼…
우와! 신난다!
괘, 괜찮겠지?

블록체인의 장점과 단점

블록체인은 4차 산업 혁명을 이끌어가는 기술 중 비교적 빠르게 대중적으로 적용되는 기술이에요. 블록체인은 많은 장점을 갖고 있지만, 단점 보완도 시급한 문제예요. 블록체인의 장점과 단점은 어떤 것이 있는지 살펴볼까요?

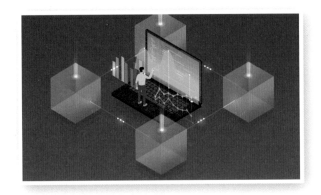

1. 블록체인의 장점

① 개인정보 필요 없이 익명으로 거래를 할 수 있어 편리해요. 은행계좌, 신용카드 등 기존 지급수단보다 더 높은 익명성이 보장돼요.

② 거래를 할 때 비용을 절감할 수 있어요. 참여자들이 거래를 직접 하기 때문에 중개기관 수수료를 아낄 수 있어요.

③ 거래가 안전하게 이루어져요. 거래 내역이 모두에게 공개되는 특징 때문에 사기 거래가 일어나지 않아요.

④ 해커가 침입해도 블록체인 시스템은 크게 영향을 받지 않아요. 기존의 중앙 서버가 해킹당하면 서비스가 중단될 수 있어요. 하지만 블록체인 시스템은 분산형 네트워크 구조이기 때문에 한 곳이 해킹당했다고 서비스가 중단되지는 않아요.

2. 블록체인의 단점

① 불법 거래의 대금 결제나 탈세를 위한 수단이 될 가능성이 있어요. 그래서 불법 행위를 검열하는 관리자가 필요해요.

② 중간 관리자가 없기 때문에 문제가 생겼을 경우, 책임 소재가 불분명해요. 은행에서 거래를 할 땐 공인된 제3자인 은행이 책임을 졌다면, 블록체인 거래를 할 땐 당사자들만의 거래로 이루어지기 때문이에요.

③ 거래 내역을 모든 참여자가 알 수 있기 때문에 특정한 정보가 노출될 수 있어요. 특히 기업의 내부정보나 영업기밀 등이 공유되는 것은 치명적일 수 있어요.

④ 사용자의 개인키가 해킹당하거나 분실되면 해결할 수 있는 방법이 없어요.

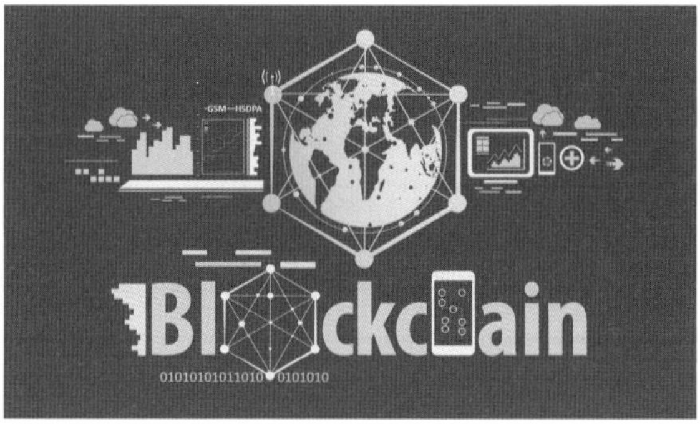
GSM—HSDPA
Blockchain
0101010101101010 0101010

블록체인의 중심지를 방문하다

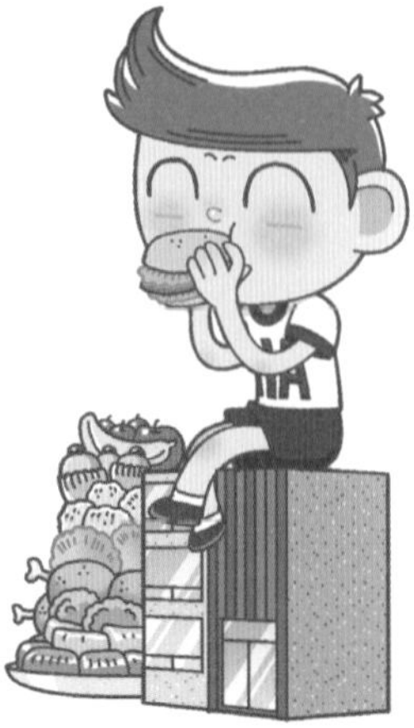

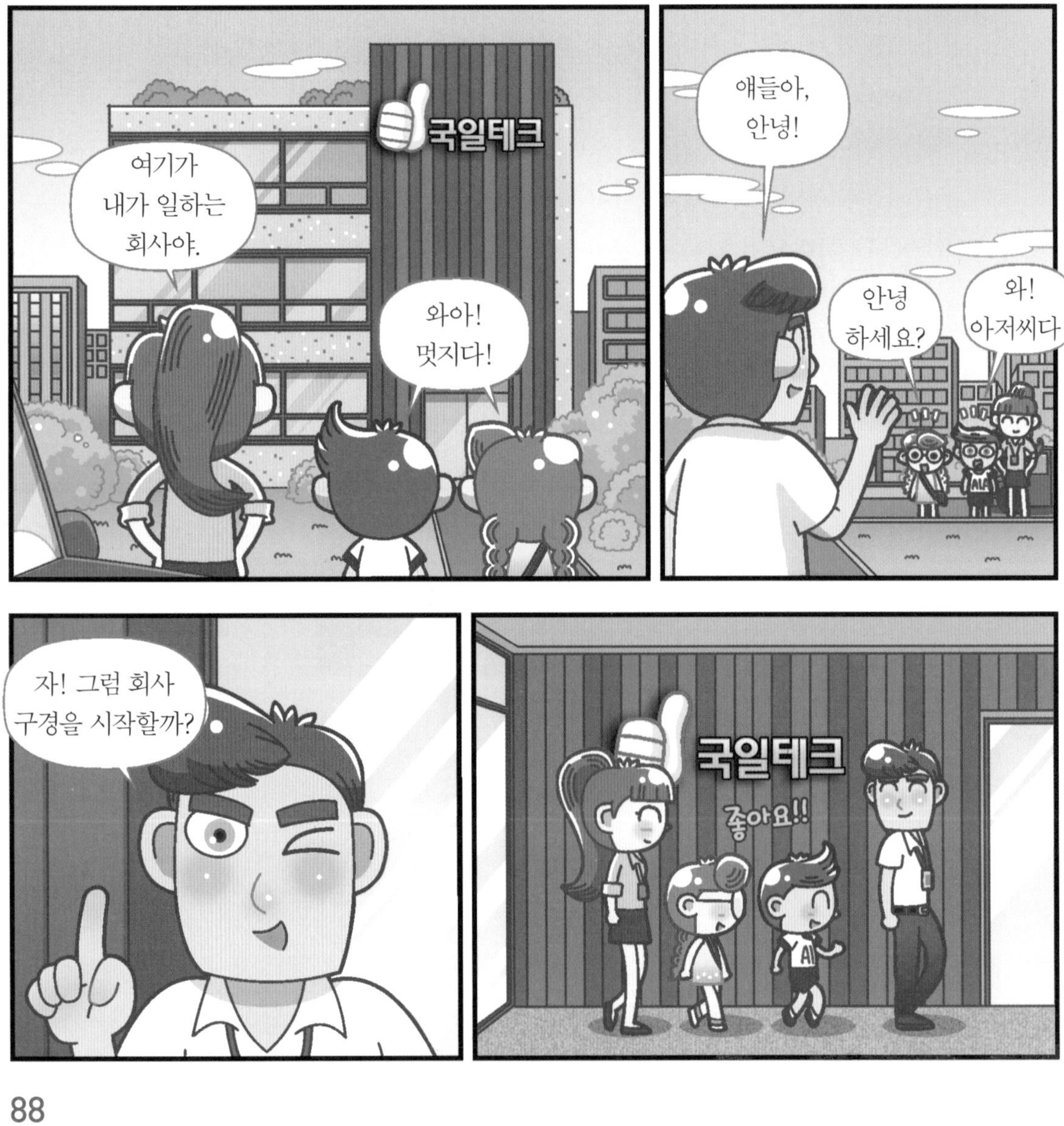
국일테크
여기가 내가 일하는 회사야.
와아! 멋지다!
애들아, 안녕!
안녕 하세요?
와! 아저씨다!
자! 그럼 회사 구경을 시작할까?
국일테크
좋아요!!

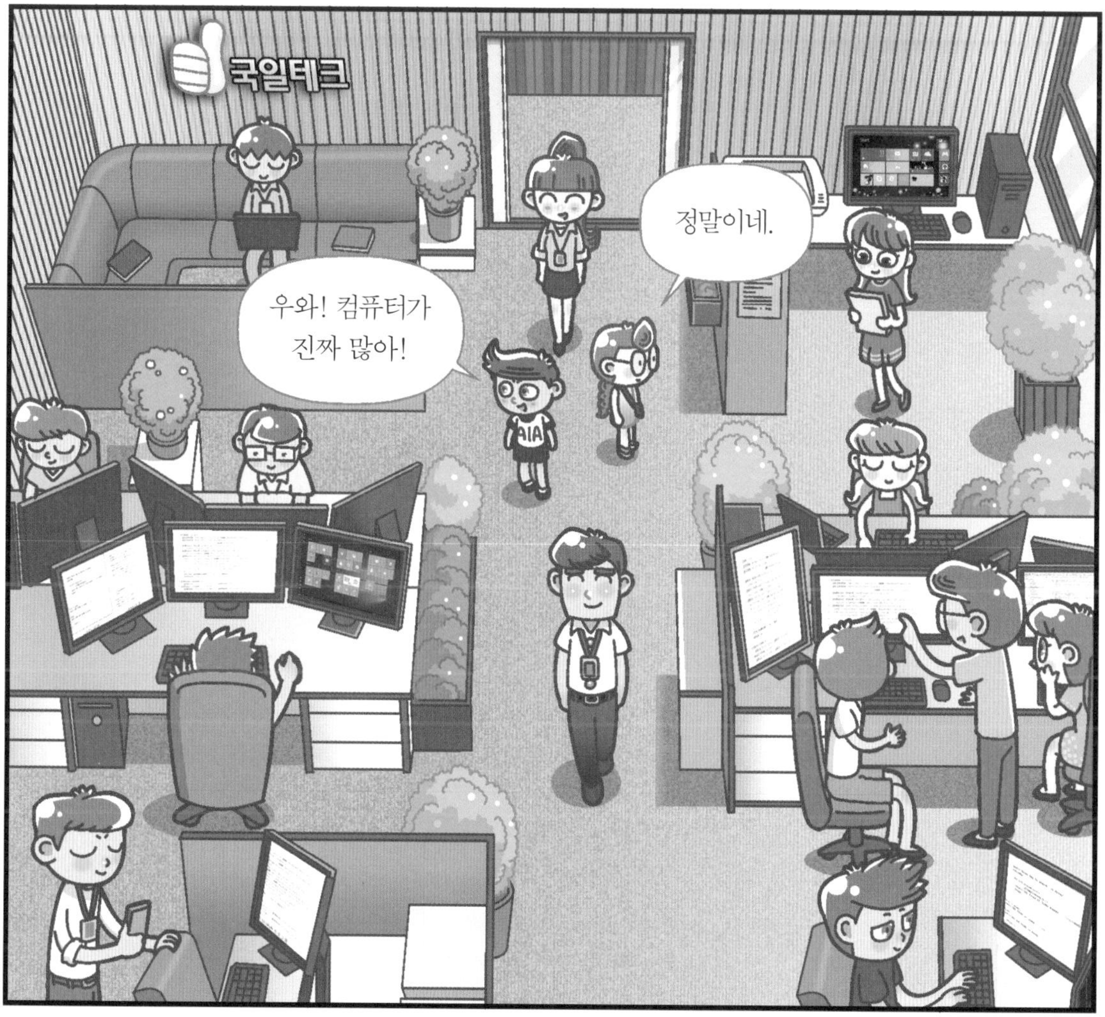
국일테크
우와! 컴퓨터가 진짜 많아!
정말이네.

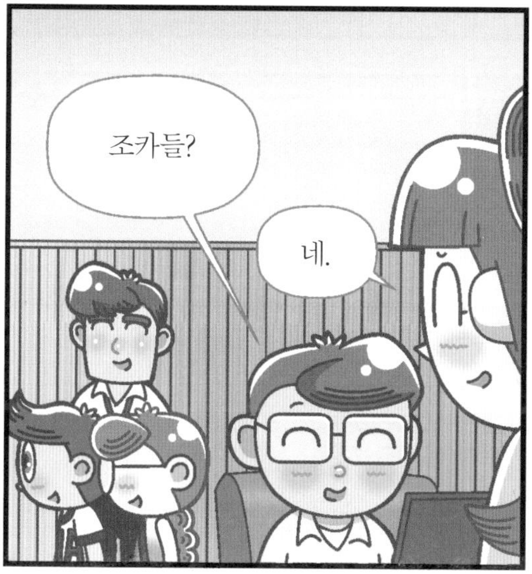
조카들?
네.

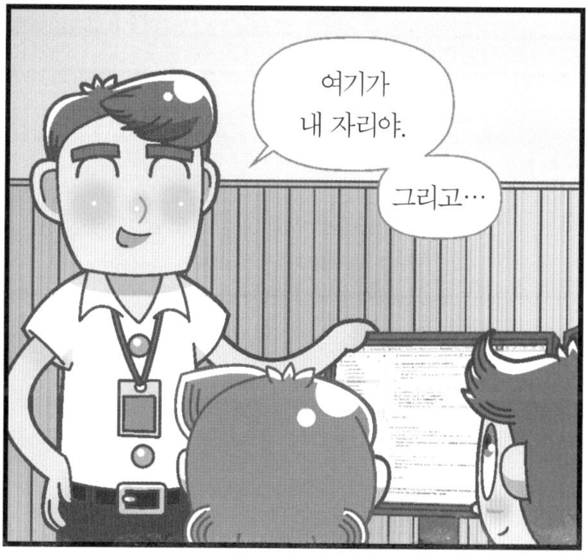
여기가 내 자리야.
그리고…

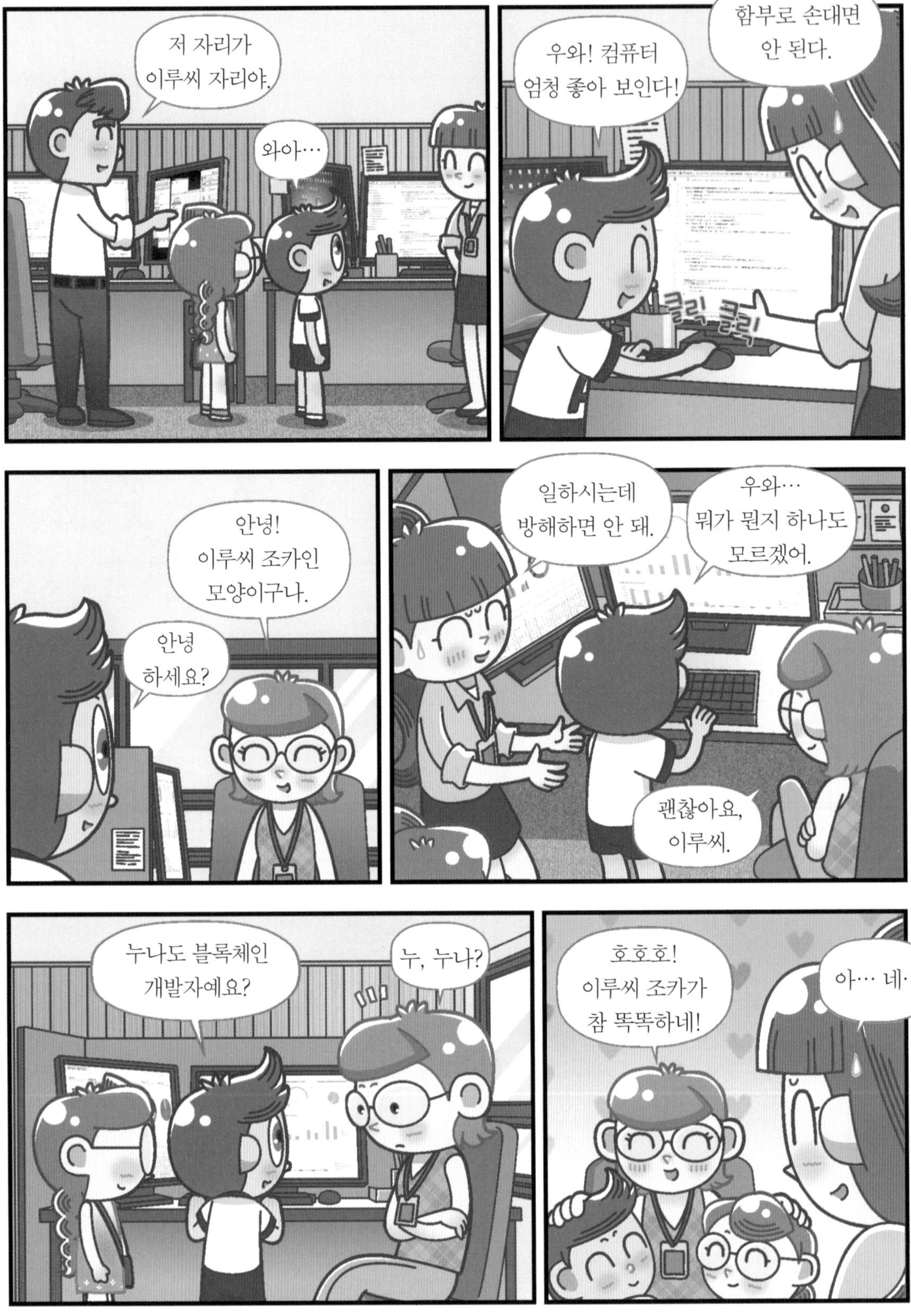
저 자리가 이루씨 자리야.
와아…
우와! 컴퓨터 엄청 좋아 보인다!
함부로 손대면 안 된다.
클릭 클릭
안녕! 이루씨 조카인 모양이구나.
안녕 하세요?
일하시는데 방해하면 안 돼.
우와… 뭐가 뭔지 하나도 모르겠어.
괜찮아요, 이루씨.
누나도 블록체인 개발자예요?
누, 누나?
호호호! 이루씨 조카가 참 똑똑하네!
아… 네…

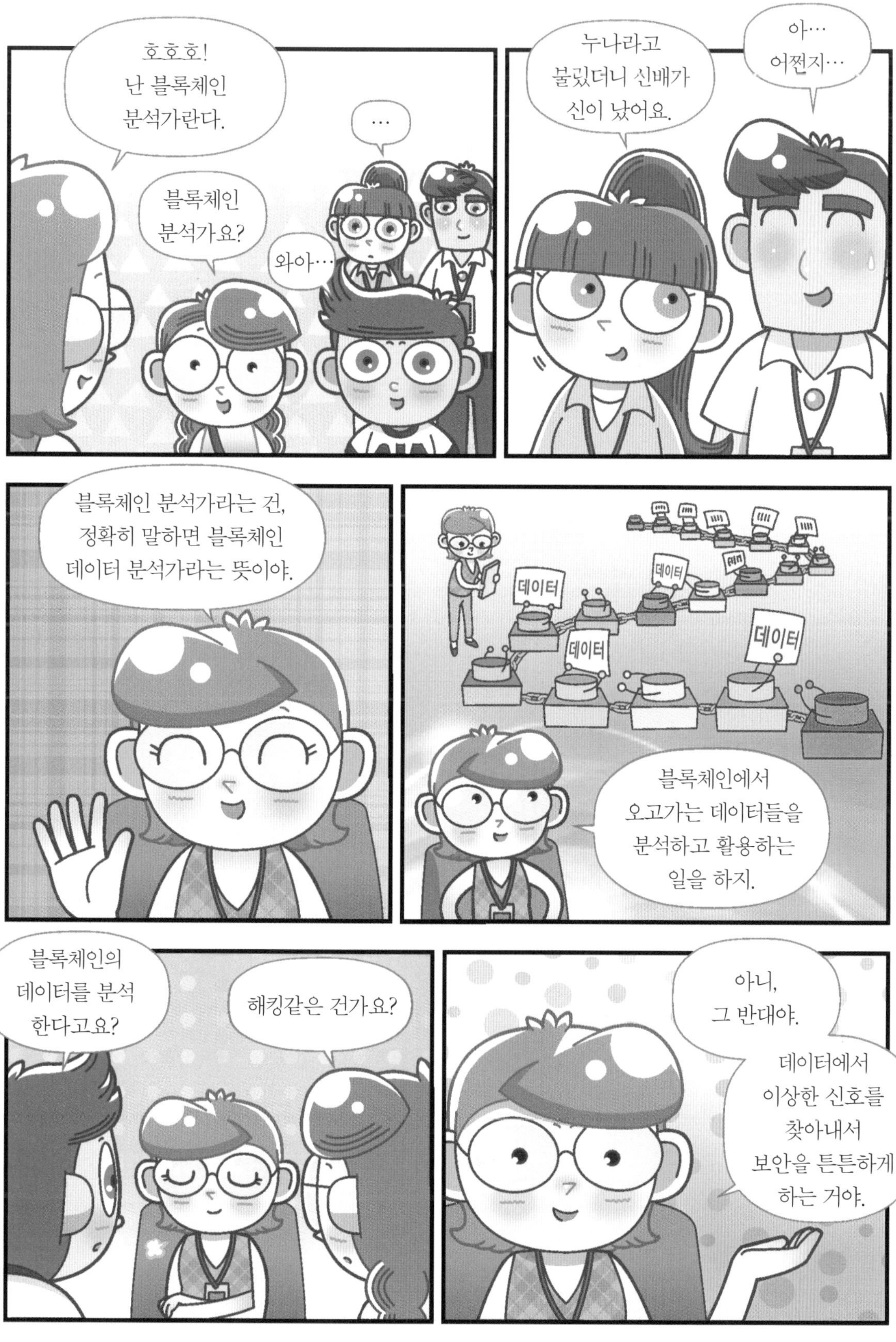
호호호!
난 블록체인
분석가란다.
…
블록체인
분석가요?
와아…
누나라고
불렀더니 신배가
신이 났어요.
아…
어쩐지…
블록체인 분석가라는 건,
정확히 말하면 블록체인
데이터 분석가라는 뜻이야.
데이터
데이터
데이터
데이터
블록체인에서
오고가는 데이터들을
분석하고 활용하는
일을 하지.
블록체인의
데이터를 분석
한다고요?
해킹같은 건가요?
아니,
그 반대야.
데이터에서
이상한 신호를
찾아내서
보안을 튼튼하게
하는 거야.

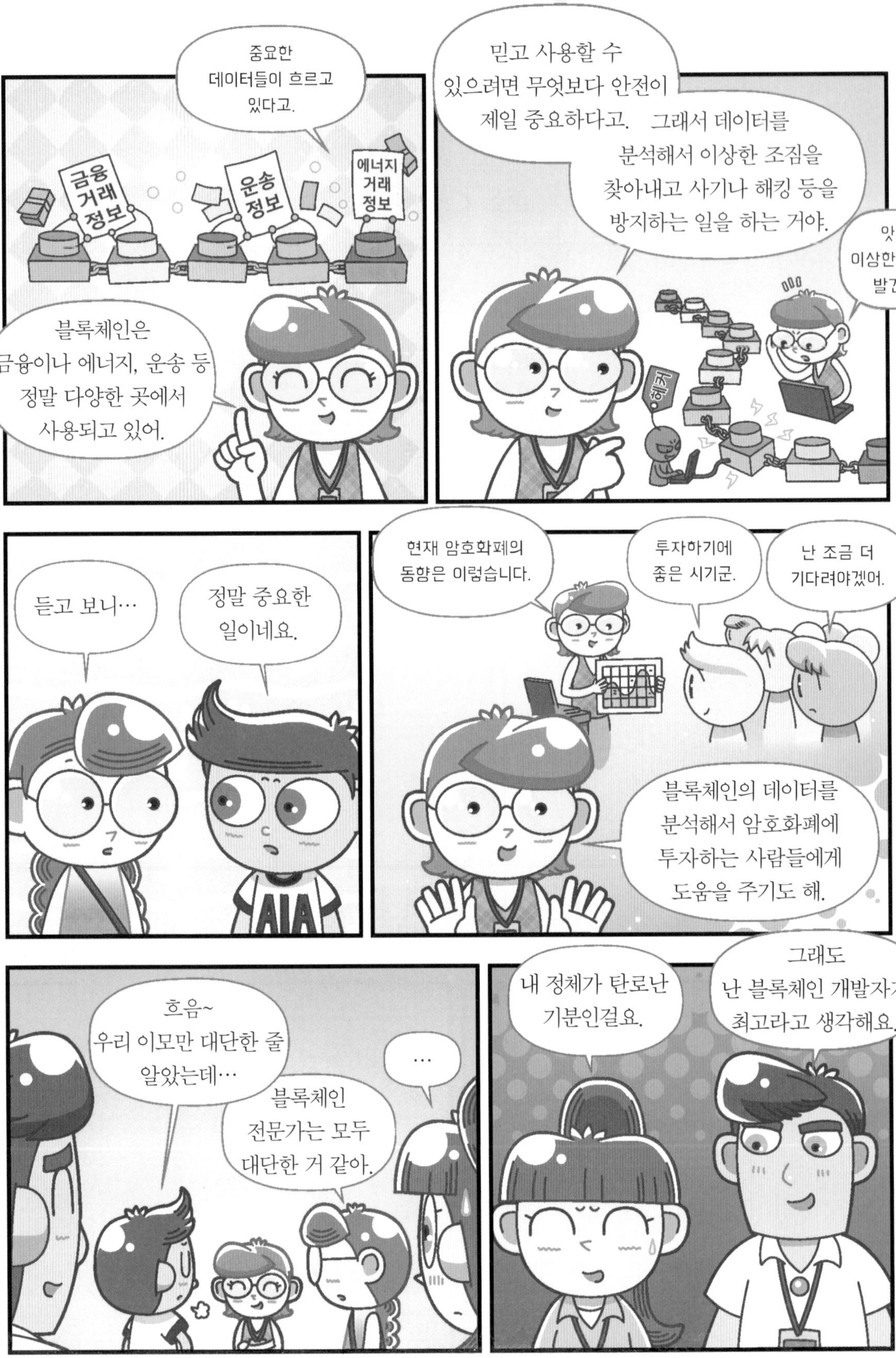
중요한 데이터들이 흐르고 있다고.
금융 거래 정보
운송 정보
에너지 거래 정보
블록체인은 금융이나 에너지, 운송 등 정말 다양한 곳에서 사용되고 있어.
믿고 사용할 수 있으려면 무엇보다 안전이 제일 중요하다고. 그래서 데이터를 분석해서 이상한 조짐을 찾아내고 사기나 해킹 등을 방지하는 일을 하는 거야.
앗! 이상한 신호 발견!
듣고 보니…
정말 중요한 일이네요.
현재 암호화폐의 동향은 이렇습니다.
투자하기에 좋은 시기군.
난 조금 더 기다려야겠어.
블록체인의 데이터를 분석해서 암호화폐에 투자하는 사람들에게 도움을 주기도 해.
흐음~ 우리 이모만 대단한 줄 알았는데…
블록체인 전문가는 모두 대단한 거 같아.
…
내 정체가 탄로난 기분인걸요.
그래도 난 블록체인 개발자가 최고라고 생각해요.

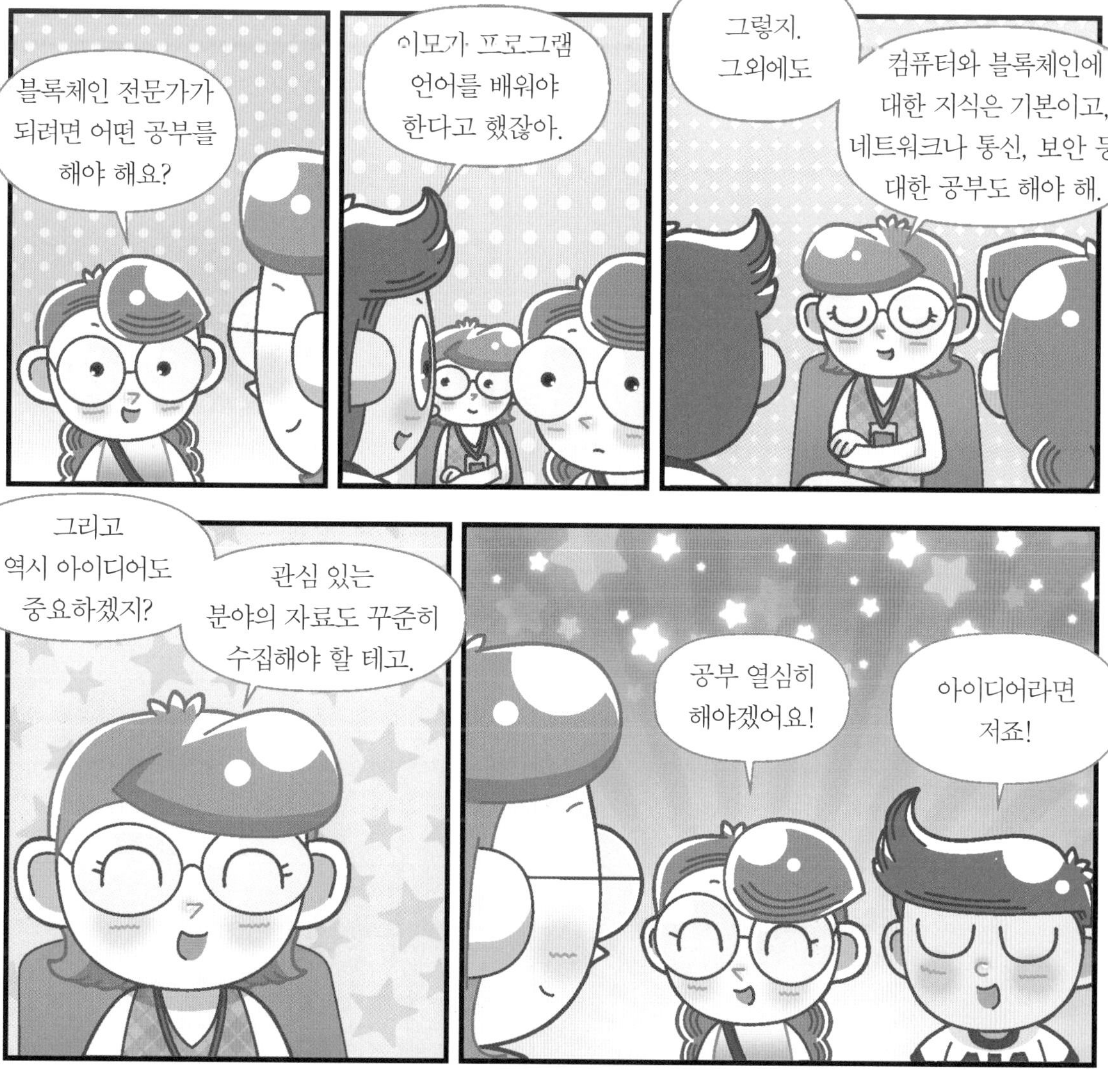

블록체인 전문가가 되려면 어떤 공부를 해야 해요?
이모가 프로그램 언어를 배워야 한다고 했잖아.
그렇지. 그외에도
컴퓨터와 블록체인에 대한 지식은 기본이고, 네트워크나 통신, 보안 등에 대한 공부도 해야 해.
그리고 역시 아이디어도 중요하겠지?
관심 있는 분야의 자료도 꾸준히 수집해야 할 테고.
공부 열심히 해야겠어요!
아이디어라면 저죠!

블록체인 전문가가 되기 위해 해야 할 공부는?

컴퓨터의 기본 지식은 물론, 네트워크와 통신, 보안, 프로그래밍 지식들도 필요해요. 또 블록체인을 적용할 분야를 개척하기 위해 늘 변화에 민감하게 관심을 가지며, 새롭게 생각할 수 있는 창의력이 필요해요. 무엇보다 새로운 것을 끊임없이 배우고 노력하는 자세가 필요해요.

블록체인 전문가에게 필요한 지식

- 정보 통신 관련 지식
- 소포트웨어 공학
- 보안 전문 기술
- 네트워킹과 데이터베이스 디자인
- 암호학 기술
- 수학, 통계학, 경영학 등

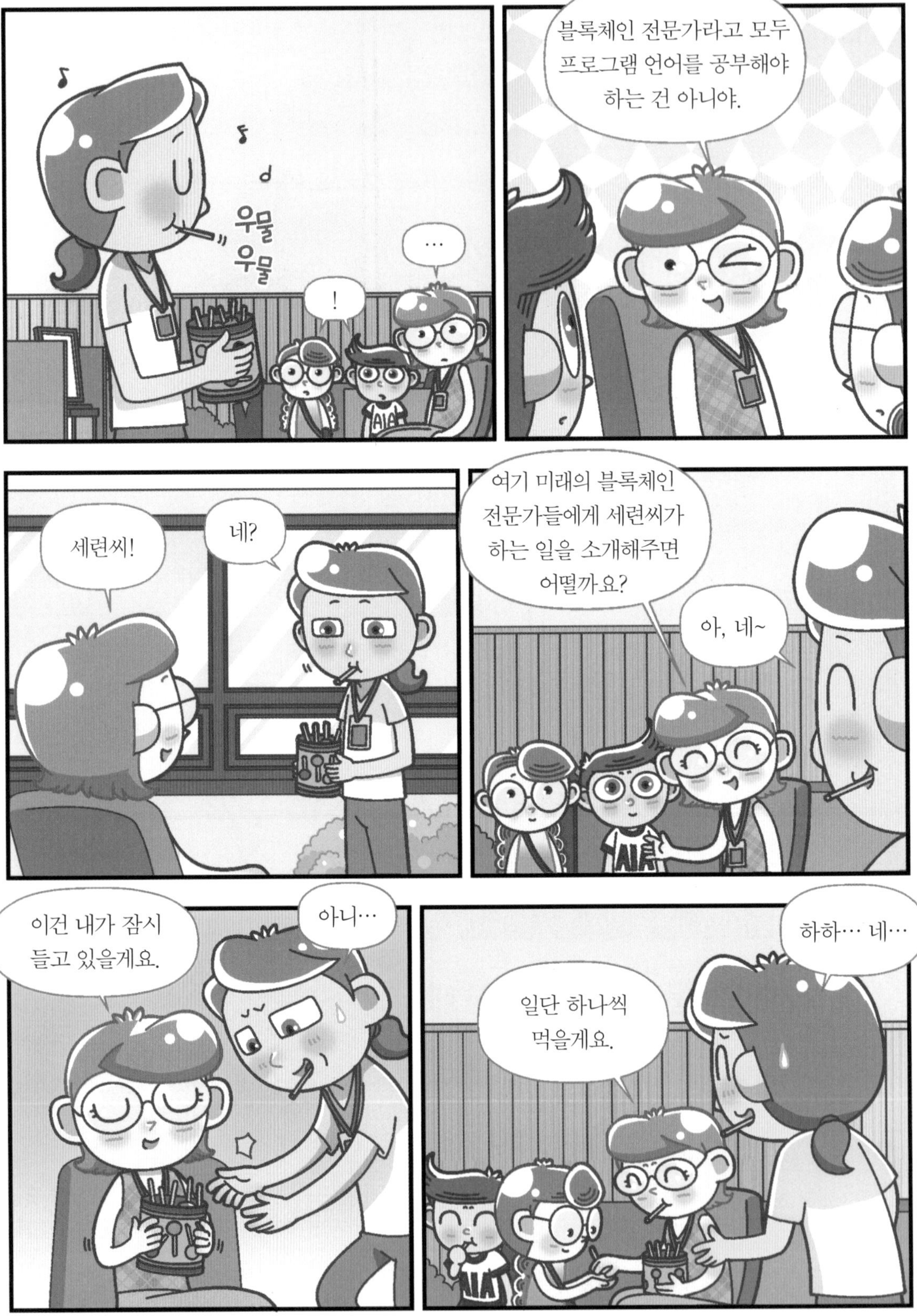
우물
우물
!
…
블록체인 전문가라고 모두 프로그램 언어를 공부해야 하는 건 아니야.
세련씨!
네?
여기 미래의 블록체인 전문가들에게 세련씨가 하는 일을 소개해주면 어떨까요?
아, 네~
이건 내가 잠시 들고 있을게요.
아니…
하하… 네…
일단 하나씩 먹을게요.

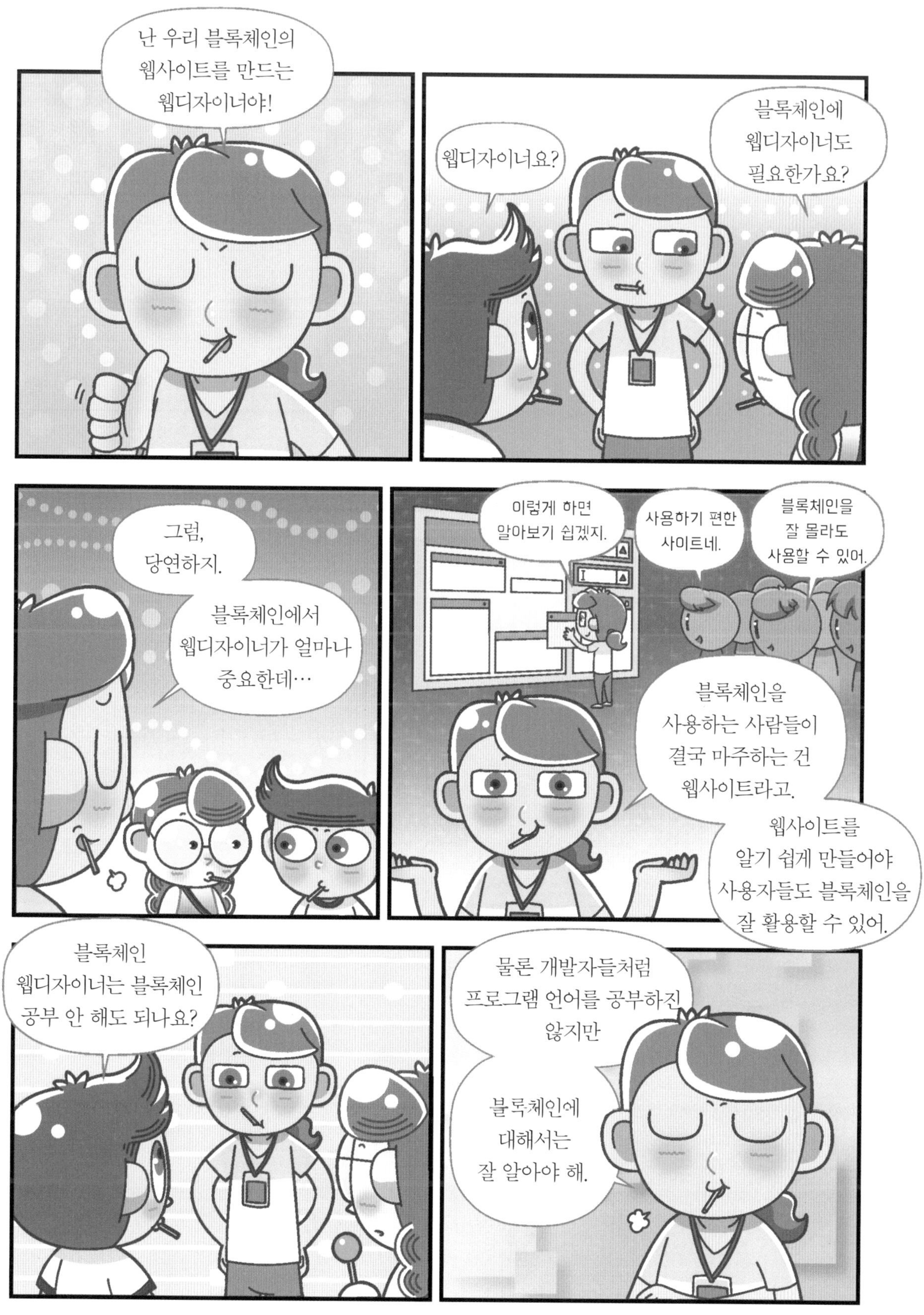
난 우리 블록체인의 웹사이트를 만드는 웹디자이너야!
웹디자이너요?
블록체인에 웹디자이너도 필요한가요?
그럼, 당연하지.
블록체인에서 웹디자이너가 얼마나 중요한데…
이렇게 하면 알아보기 쉽겠지.
사용하기 편한 사이트네.
블록체인을 잘 몰라도 사용할 수 있어.
블록체인을 사용하는 사람들이 결국 마주하는 건 웹사이트라고.
웹사이트를 알기 쉽게 만들어야 사용자들도 블록체인을 잘 활용할 수 있어.
블록체인 웹디자이너는 블록체인 공부 안 해도 되나요?
물론 개발자들처럼 프로그램 언어를 공부하진 않지만
블록체인에 대해서는 잘 알아야 해.

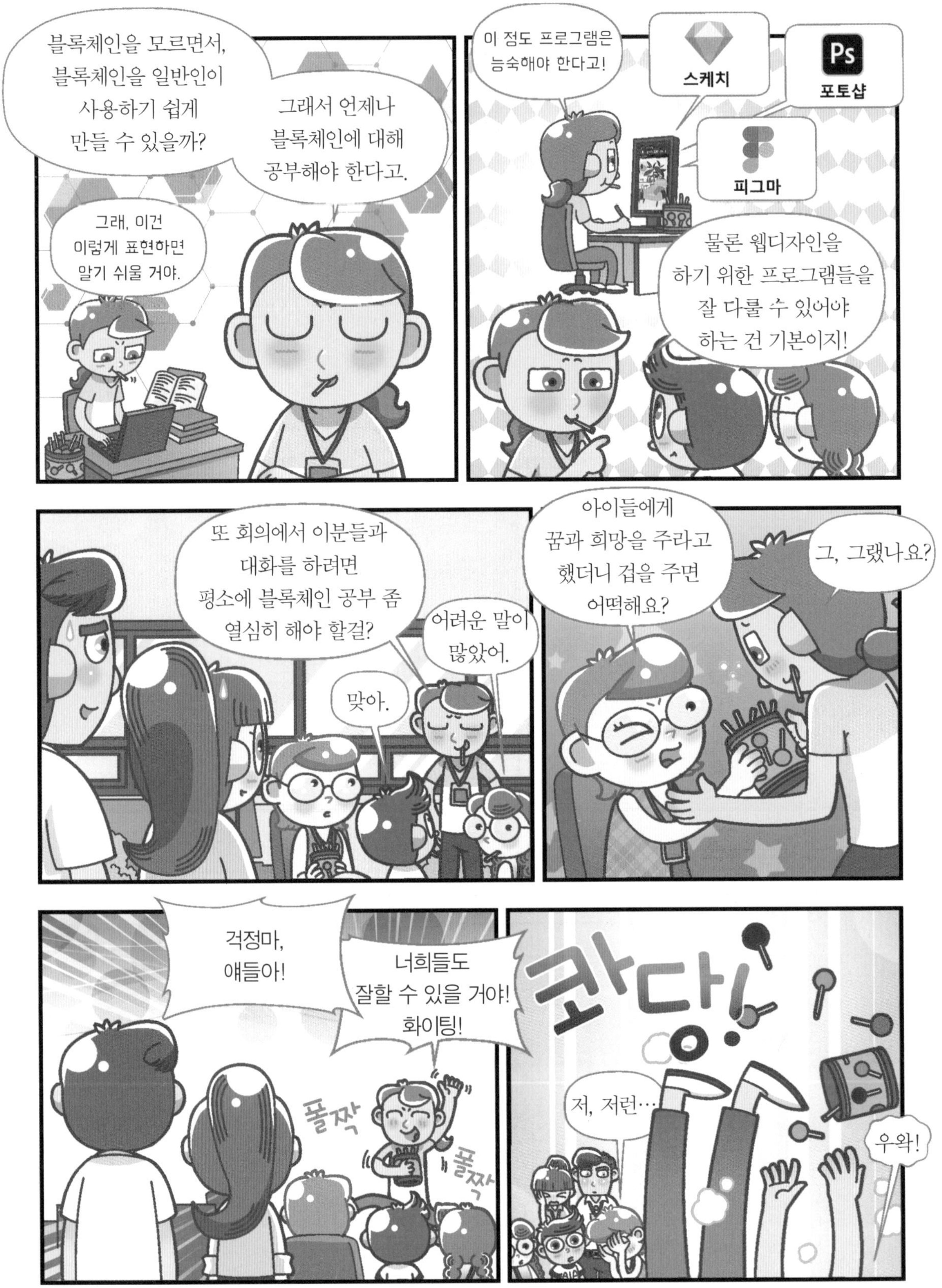
블록체인을 모르면서,
블록체인을 일반인이
사용하기 쉽게
만들 수 있을까?
그래서 언제나
블록체인에 대해
공부해야 한다고.
그래, 이건
이렇게 표현하면
알기 쉬울 거야.
이 정도 프로그램은
능숙해야 한다고!
스케치
포토샵
피그마
물론 웹디자인을
하기 위한 프로그램들을
잘 다룰 수 있어야
하는 건 기본이지!
또 회의에서 이분들과
대화를 하려면
평소에 블록체인 공부 좀
열심히 해야 할걸?
어려운 말이
많았어.
맞아.
아이들에게
꿈과 희망을 주라고
했더니 겁을 주면
어떡해요?
그, 그랬나요?
걱정마,
얘들아!
너희들도
잘할 수 있을 거야!
화이팅!
폴짝
폴짝
콰당!
저, 저런…
우와!

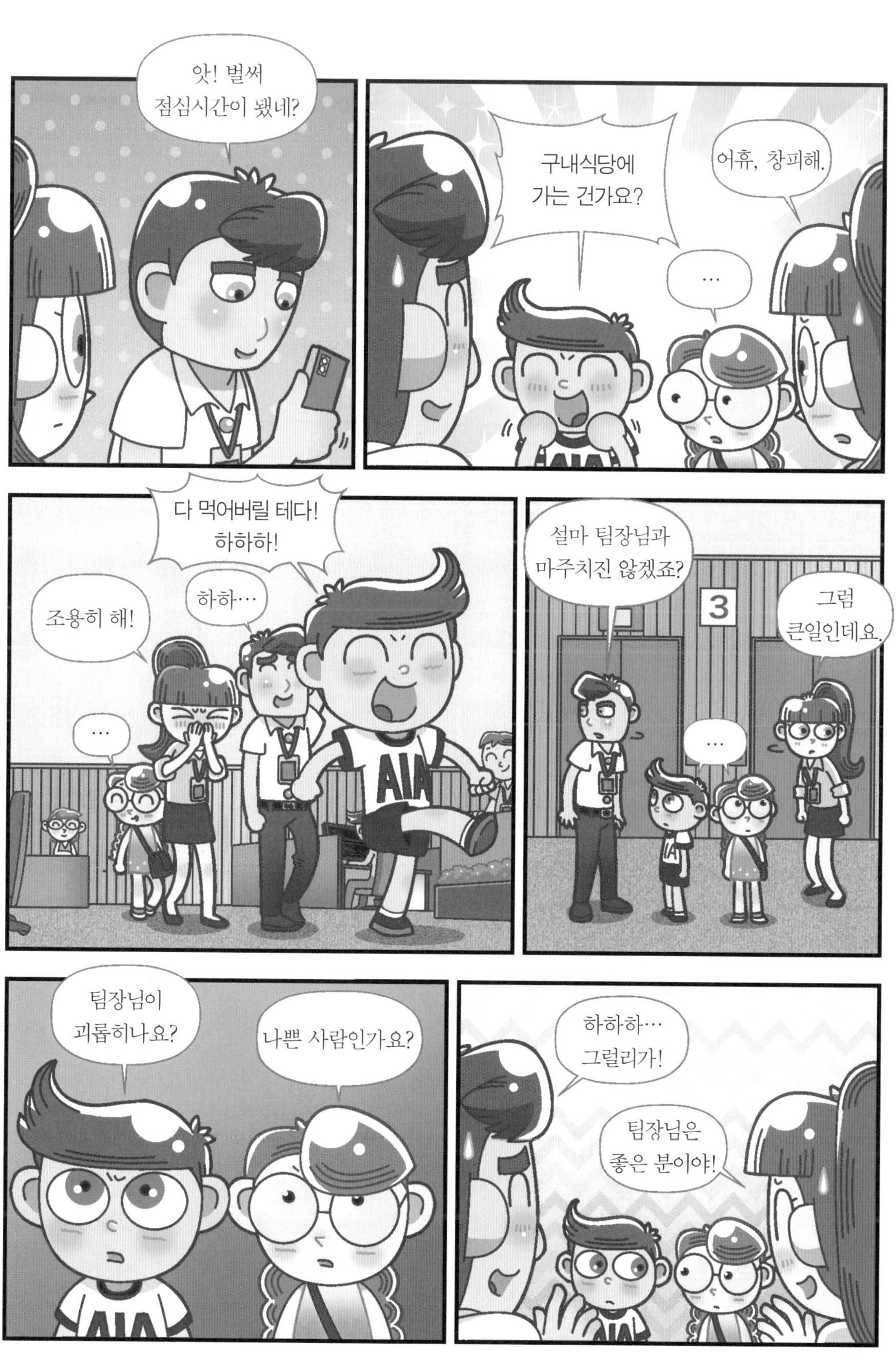
앗! 벌써
점심시간이 됐네?
구내식당에
가는 건가요?
어휴, 창피해.
…
다 먹어버릴 테다!
하하하!
조용히 해!
하하…
…
설마 팀장님과
마주치진 않겠죠?
그럼
큰일인데요.
…
팀장님이
괴롭히나요?
나쁜 사람인가요?
하하하…
그럴리가!
팀장님은
좋은 분이야!

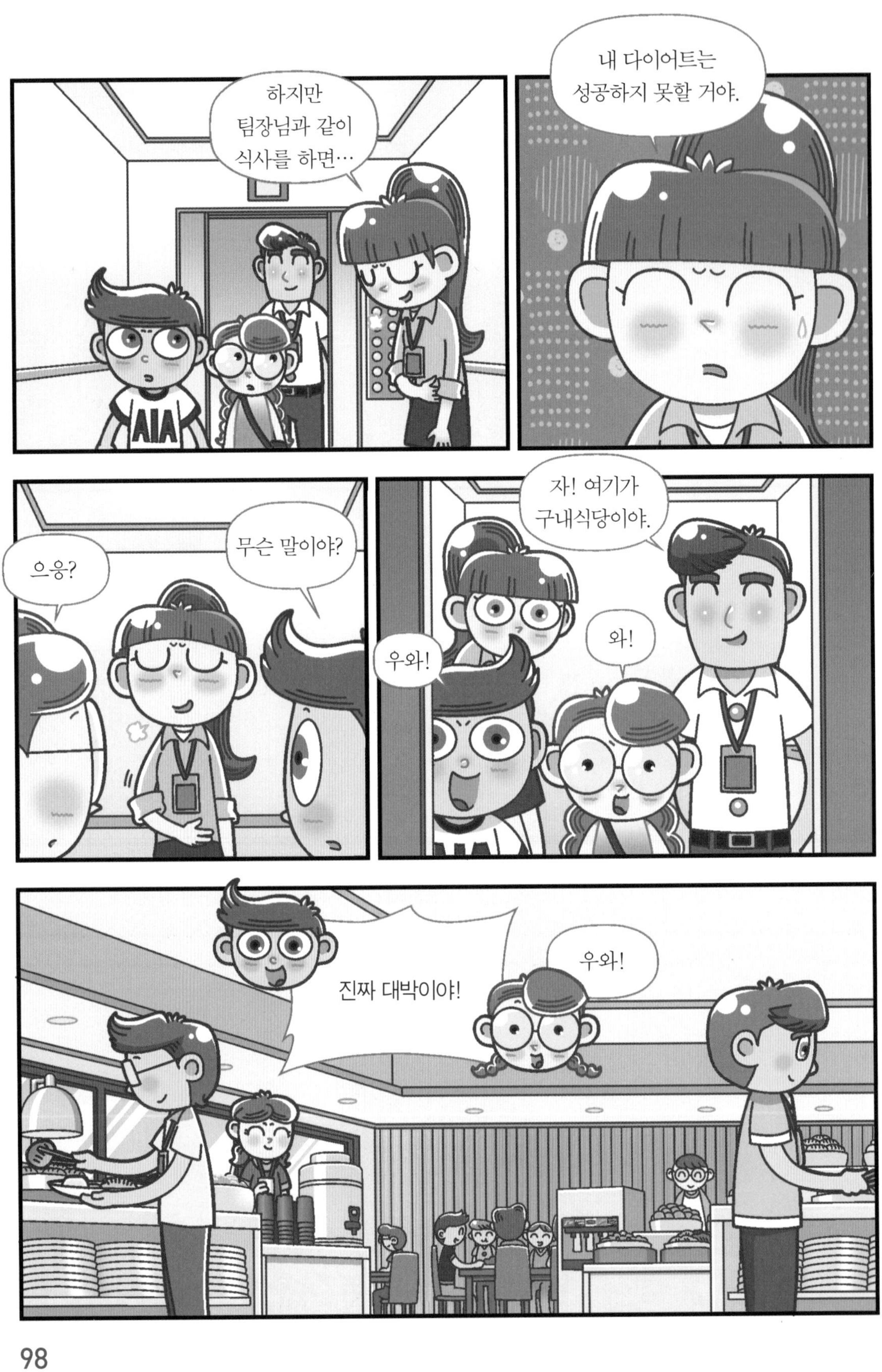
하지만
팀장님과 같이
식사를 하면…
내 다이어트는
성공하지 못할 거야.
으응?
무슨 말이야?
자! 여기가
구내식당이야.
우와!
와!
진짜 대박이야!
우와!

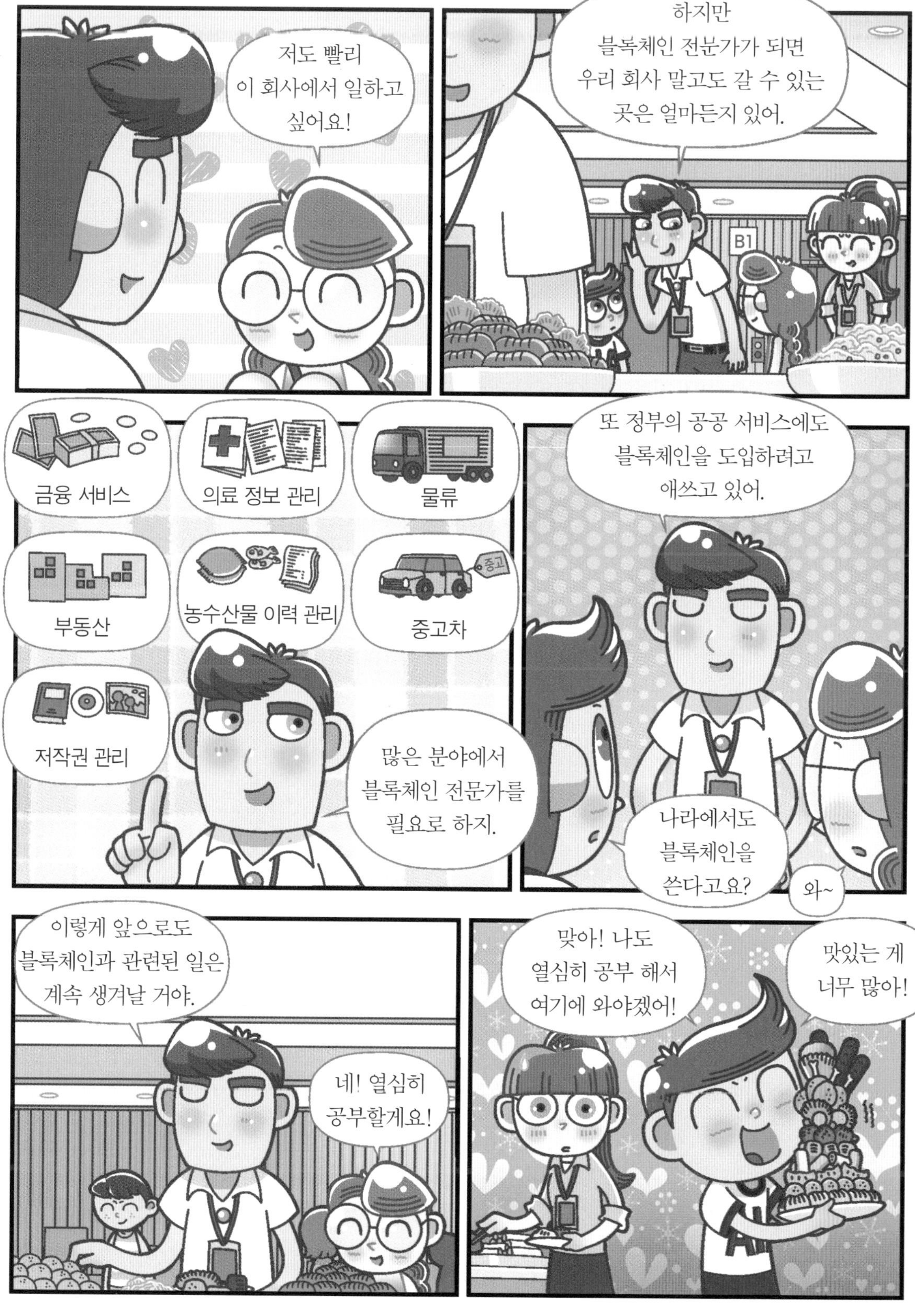
저도 빨리
이 회사에서 일하고
싶어요!
하지만
블록체인 전문가가 되면
우리 회사 말고도 갈 수 있는
곳은 얼마든지 있어.
B1
금융 서비스
의료 정보 관리
물류
부동산
농수산물 이력 관리
중고차
중고
저작권 관리
많은 분야에서
블록체인 전문가를
필요로 하지.
또 정부의 공공 서비스에도
블록체인을 도입하려고
애쓰고 있어.
나라에서도
블록체인을
쓴다고요?
와~
이렇게 앞으로도
블록체인과 관련된 일은
계속 생겨날 거야.
네! 열심히
공부할게요!
맞아! 나도
열심히 공부 해서
여기에 와야겠어!
맛있는 게
너무 많아!

정보 더하기

우리나라에서 진행되는 블록체인 시범사업

최근에 여러 가지 산업에서 블록체인 기술이 활발하게 도입되고 있어요. 정부에서도 블록체인 기술의 중요성을 알고 다양한 국가기관을 통해 블록체인 시범사업을 진행하고 있어요. 어떤 것들이 있는지 살펴보고 그 효과를 알아볼까요?

● 관세청

해외 배송을 하는 주문부터, 선적, 배송, 통관 등 전 과정을 블록체인에 실시간으로 기록하고 수입 신고를 할 수 있어요. 통관 시간이 줄어드는 것은 물론이고 물류비용도 절감할 수 있죠. 또한 더 저렴한 가격에 수입했다는 허위신고를 예방할 수 있어요.

● 농식품부

블록체인 기술로 축산물의 사육, 도축, 판매까지 전 과정의 정보를 공유할 수 있어요. 위생 관련 문제가 발생하면 해당 식품이 어떤 경로로, 얼마나 유통됐는지 블록체인에 기록된 정보를 통해 찾을 수 있어서 문제를 빠르게 해결할 수 있어요.

● 국토부

국토부는 오프라인으로 진행되는 부동산 거래 과정에 블록체인 기술을 활용하여 계약부터 등기 업무까지 한 번에 처리할 수 있는 부동산 전자계약시스템을 만들 예정이

100

에요. 민원인은 업무를 처리하기 위해 여러 기관을 방문해야 했지만, 블록체인이 도입되면 한 곳만 방문해도 모든 업무를 처리할 수 있게 된답니다.

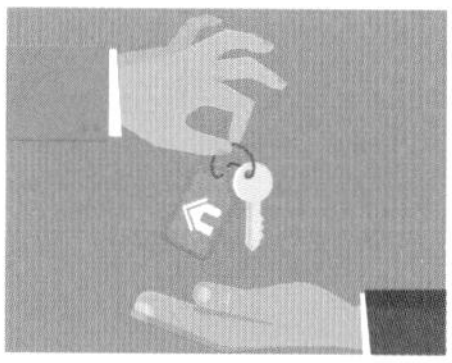

● 중앙선거관리위원회

중앙선거관리위원회는 온라인 투표 시스템인 '케이보팅'을 운영하고 있어요. 블록체인 기술을 활용하면 온라인 투표 시스템의 해킹과 조작 위험을 해결할 수 있어요. 그리고 쉽고 간편한 투표 참여로 투표율도 높이고 비용도 절감할 수 있을 것으로 기대를 모으고 있어요.

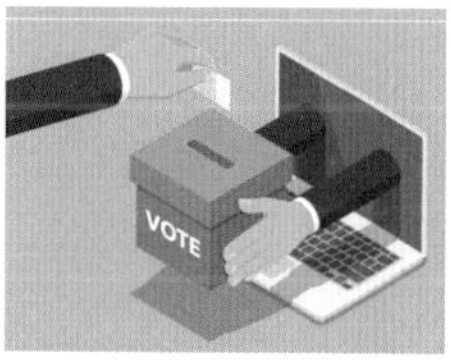
VOTE

● 외교부

공문서를 제출할 때 전자문서로 한 번에 낼 수 있어요. 기존에는 외국기관에 공문서를 보내려면 여러 기관을 거쳐야만 했어요. 하지만 블록체인 기술을 이용하여 전자문서의 형태로 국내기관, 외교부, 해외기관, 해외국가가 공문서를 공유하면서 더 간편하게 문서를 제출할 수 있게 돼요.

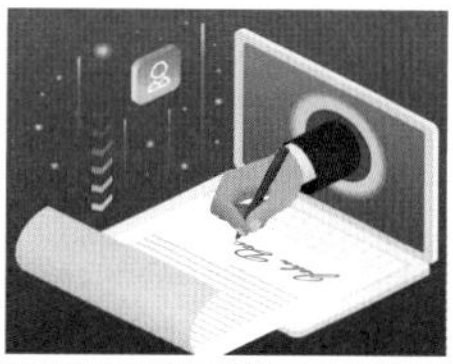

● 해양수산부

해양수산부는 블록체인 기반의 컨테이너 반출입증 통합발급 서비스를 선보일 거예요. 선박에 실린 화물을 다른 선박에 옮기는 환적 시 선사, 운송사, 터미널 간 유통되는 문서를 전자문서화하면 환적 과정을 실시간으로 투명하게 공유할 수 있어요.

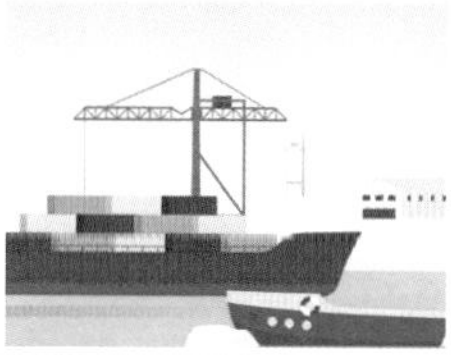

블록체인을 지배하는 자

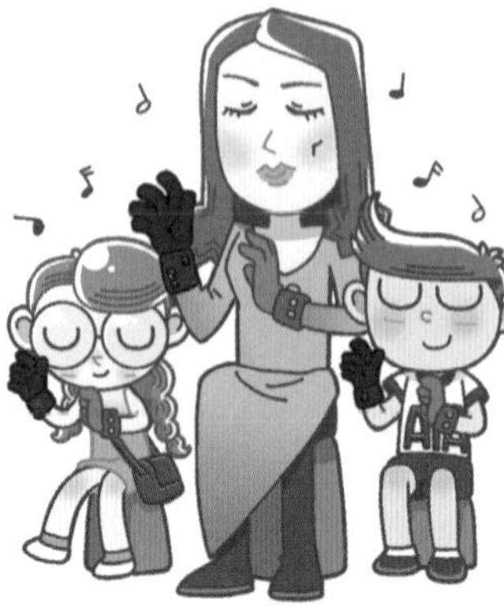

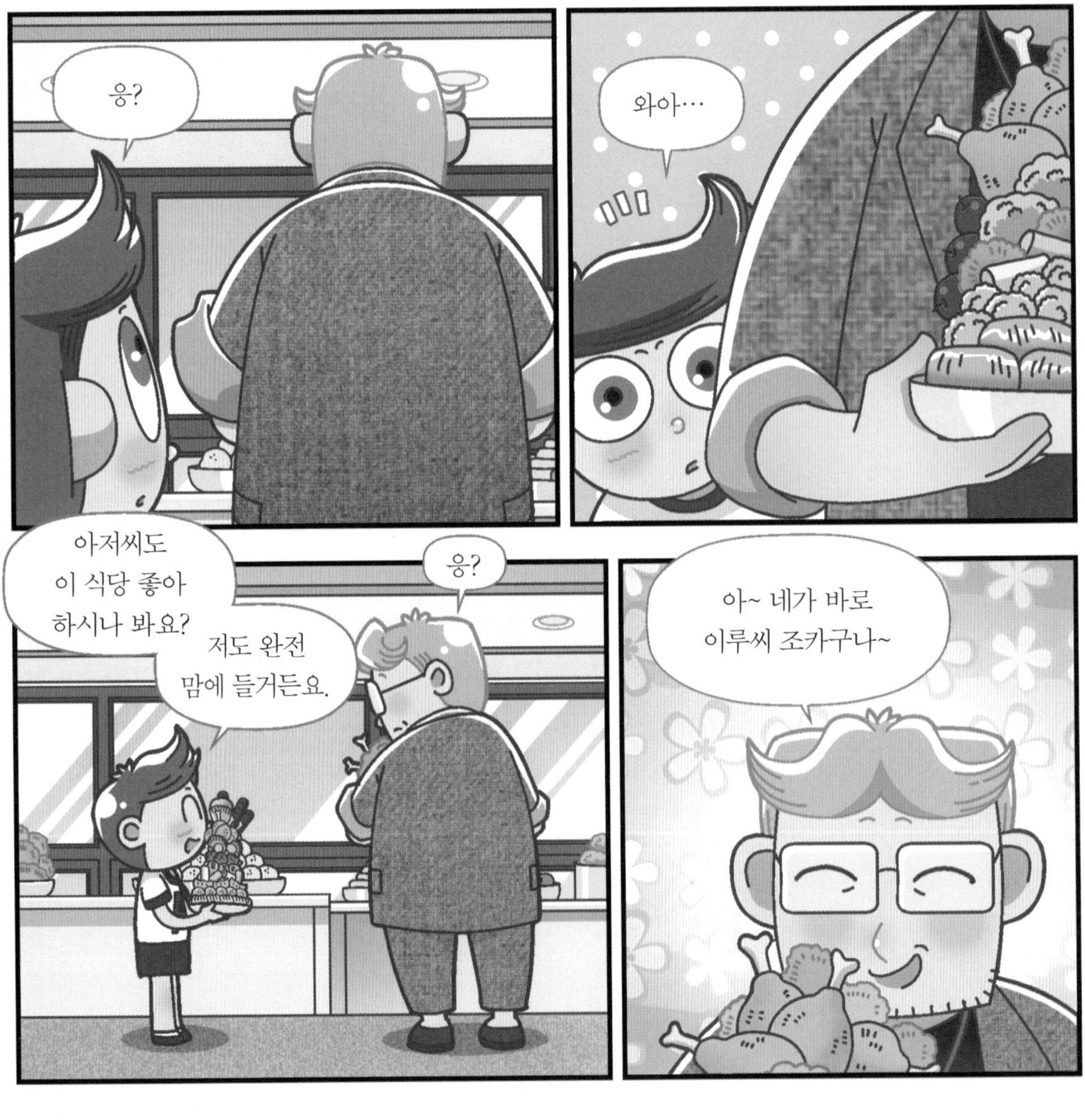

응?
와아…
아저씨도 이 식당 좋아 하시나 봐요?
저도 완전 맘에 들거든요.
응?
아~ 네가 바로 이루씨 조카구나~

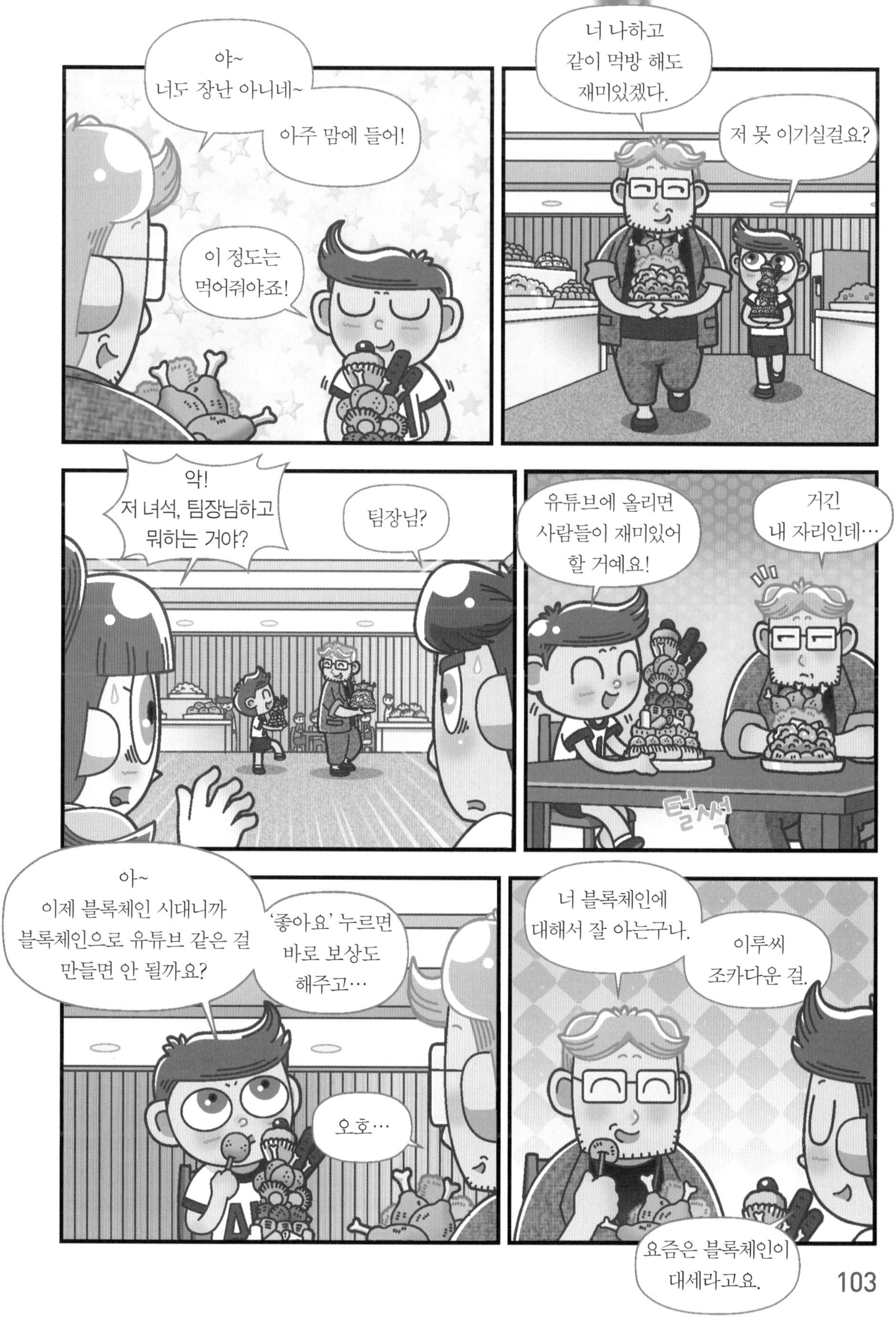
야~
너도 장난 아니네~
아주 맘에 들어!
이 정도는
먹어줘야죠!
너 나하고
같이 먹방 해도
재미있겠다.
저 못 이기실걸요?
악!
저 녀석, 팀장님하고
뭐하는 거야?
팀장님?
유튜브에 올리면
사람들이 재미있어
할 거예요!
거긴
내 자리인데…
털썩
아~
이제 블록체인 시대니까
블록체인으로 유튜브 같은 걸
만들면 안 될까요?
'좋아요' 누르면
바로 보상도
해주고…
오호…
너 블록체인에
대해서 잘 아는구나.
이루씨
조카다운 걸.
요즘은 블록체인이
대세라고요.

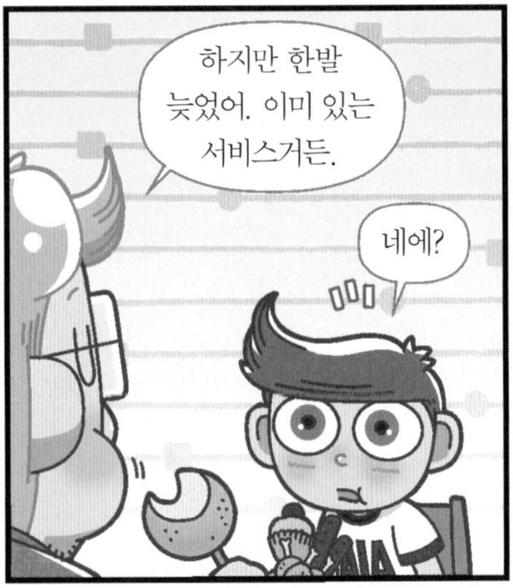
하지만 한발 늦었어. 이미 있는 서비스거든.
네에?

스팀 블록체인에 대하여

스팀은 블록체인 시스템을 미디어 플랫폼으로 활용하는 블록체인이에요.
유튜브같이 동영상을 서비스하는 디튜브(Dtube)와 라이브 방송을 서비스하는 디라이브(DLive), 그리고 SNS 서비스인 스팀잇을 운영하고 있어요. 특히 '좋아요'와 비슷한 '업보트'를 누르면 그 횟수만큼 콘텐츠를 만든 사람이 암호화폐로 보상을 받을 수 있어요. 웹툰 작가, 1인 출판사, 언론사 등 100만 명이 넘는 가입자들이 사용하고 있어요.

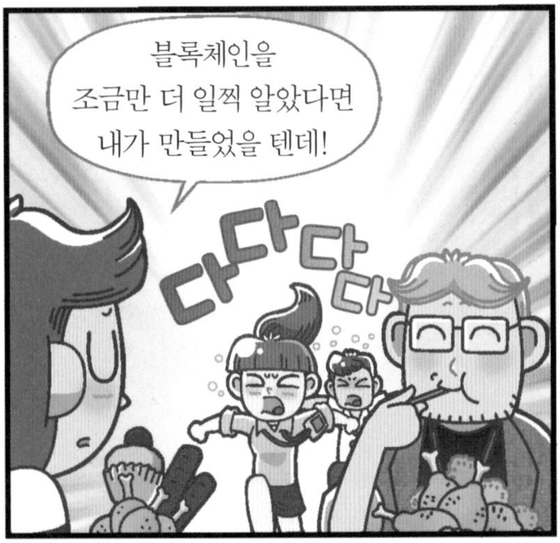
블록체인을 조금만 더 일찍 알았다면 내가 만들었을 텐데!
다다다다

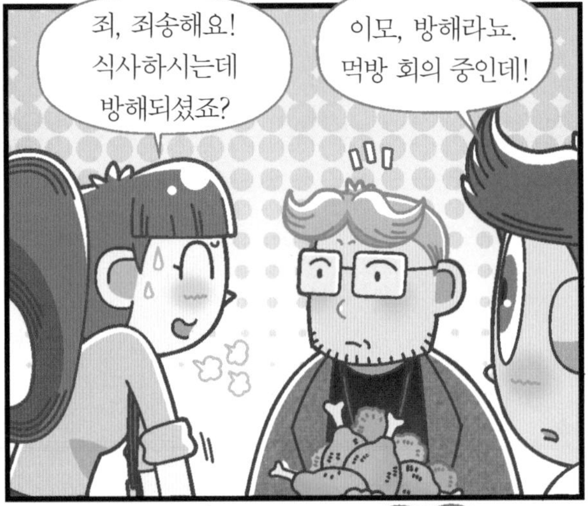
죄, 죄송해요! 식사하시는데 방해되셨죠?
이모, 방해라뇨. 먹방 회의 중인데!

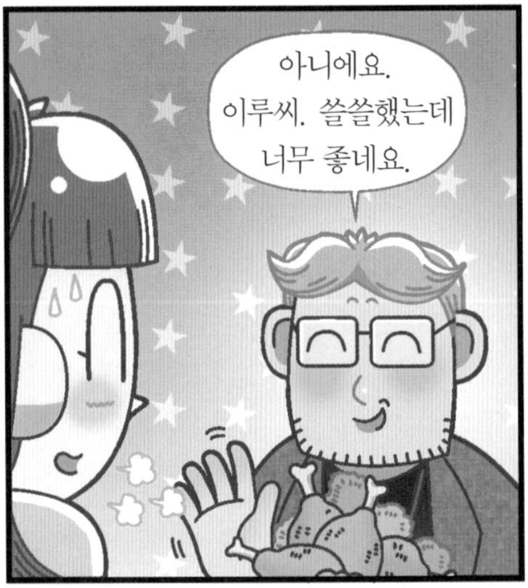
아니에요. 이루씨. 쓸쓸했는데 너무 좋네요.

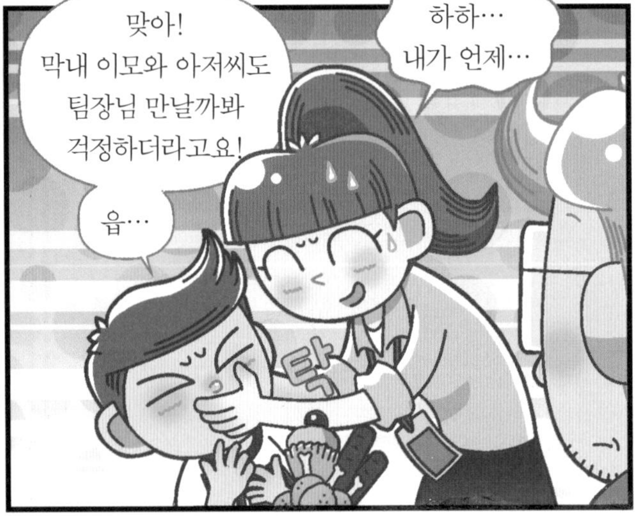
맞아! 막내 이모와 아저씨도 팀장님 만날까봐 걱정하더라고요!
하하… 내가 언제…
읍…
탁

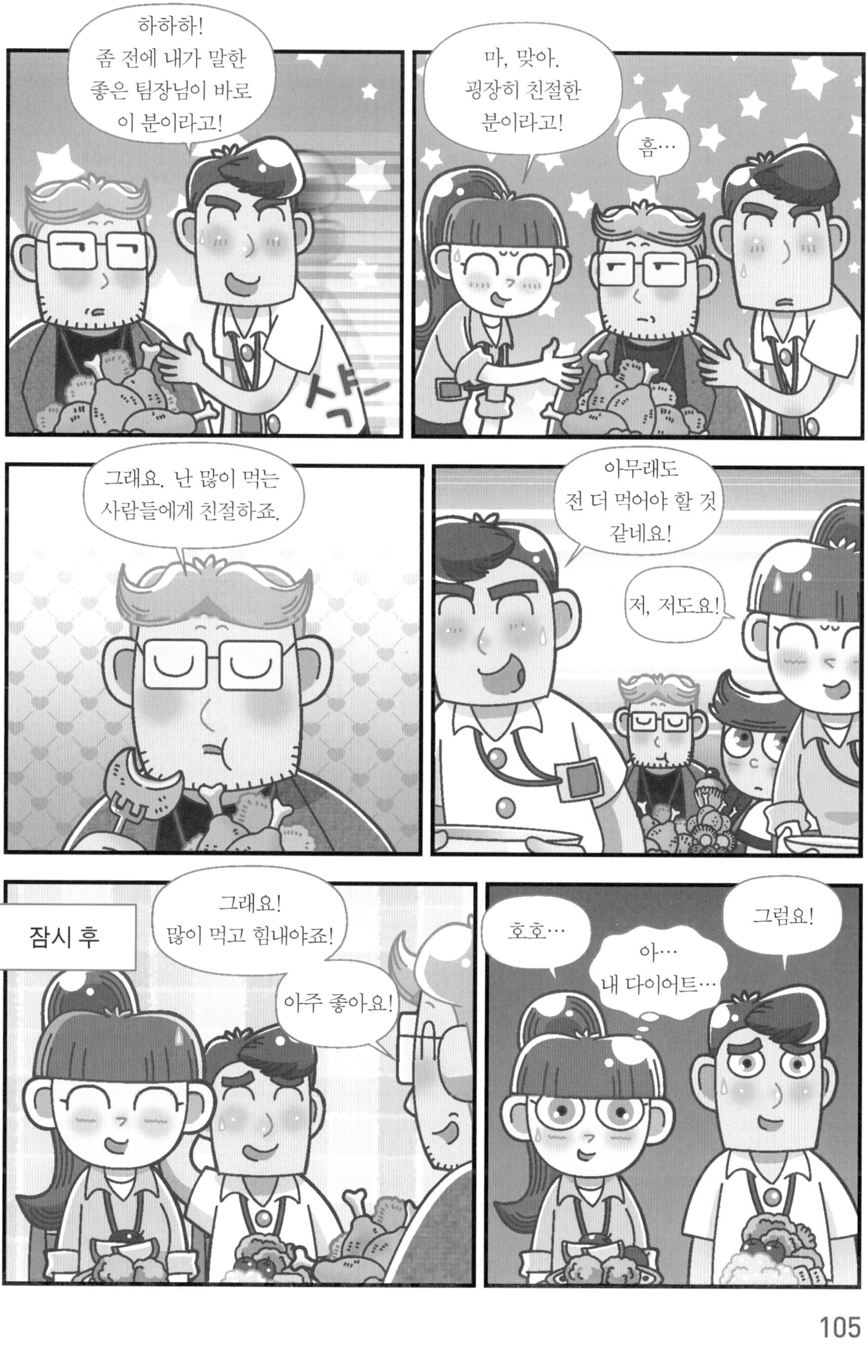
하하하! 좀 전에 내가 말한 좋은 팀장님이 바로 이 분이라고!
샥~
마, 맞아. 굉장히 친절한 분이라고!
흠…
그래요. 난 많이 먹는 사람들에게 친절하죠.
아무래도 전 더 먹어야 할 것 같네요!
저, 저도요!
잠시 후
그래요! 많이 먹고 힘내야죠!
아주 좋아요!
호호…
아… 내 다이어트…
그럼요!

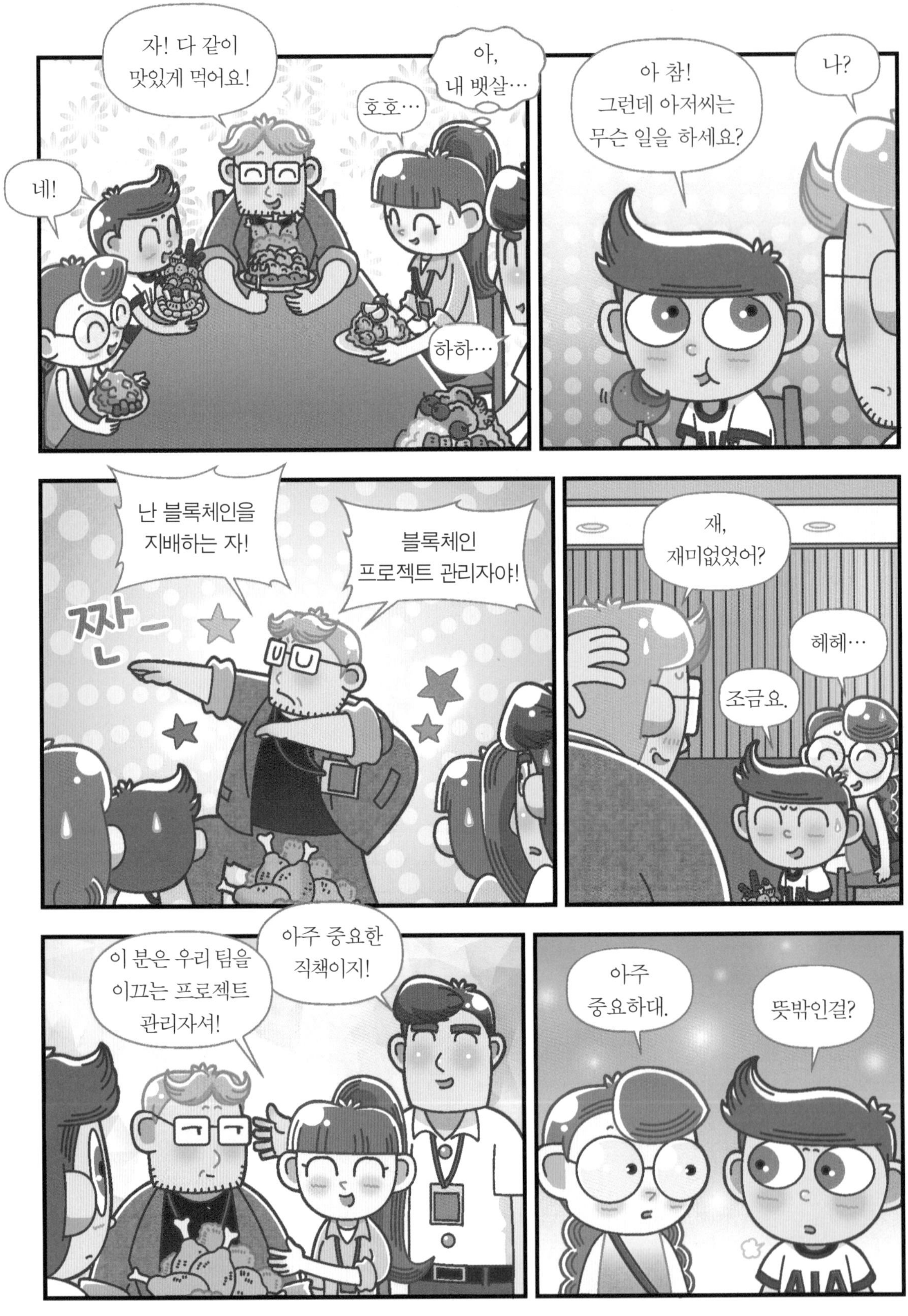
자! 다 같이 맛있게 먹어요!
네!
호호…
아, 내 뱃살…
하하…
아 참! 그런데 아저씨는 무슨 일을 하세요?
나?
난 블록체인을 지배하는 자!
블록체인 프로젝트 관리자야!
짠 -
재, 재미없었어?
헤헤…
조금요.
이 분은 우리 팀을 이끄는 프로젝트 관리자셔!
아주 중요한 직책이지!
아주 중요하대.
뜻밖인걸?

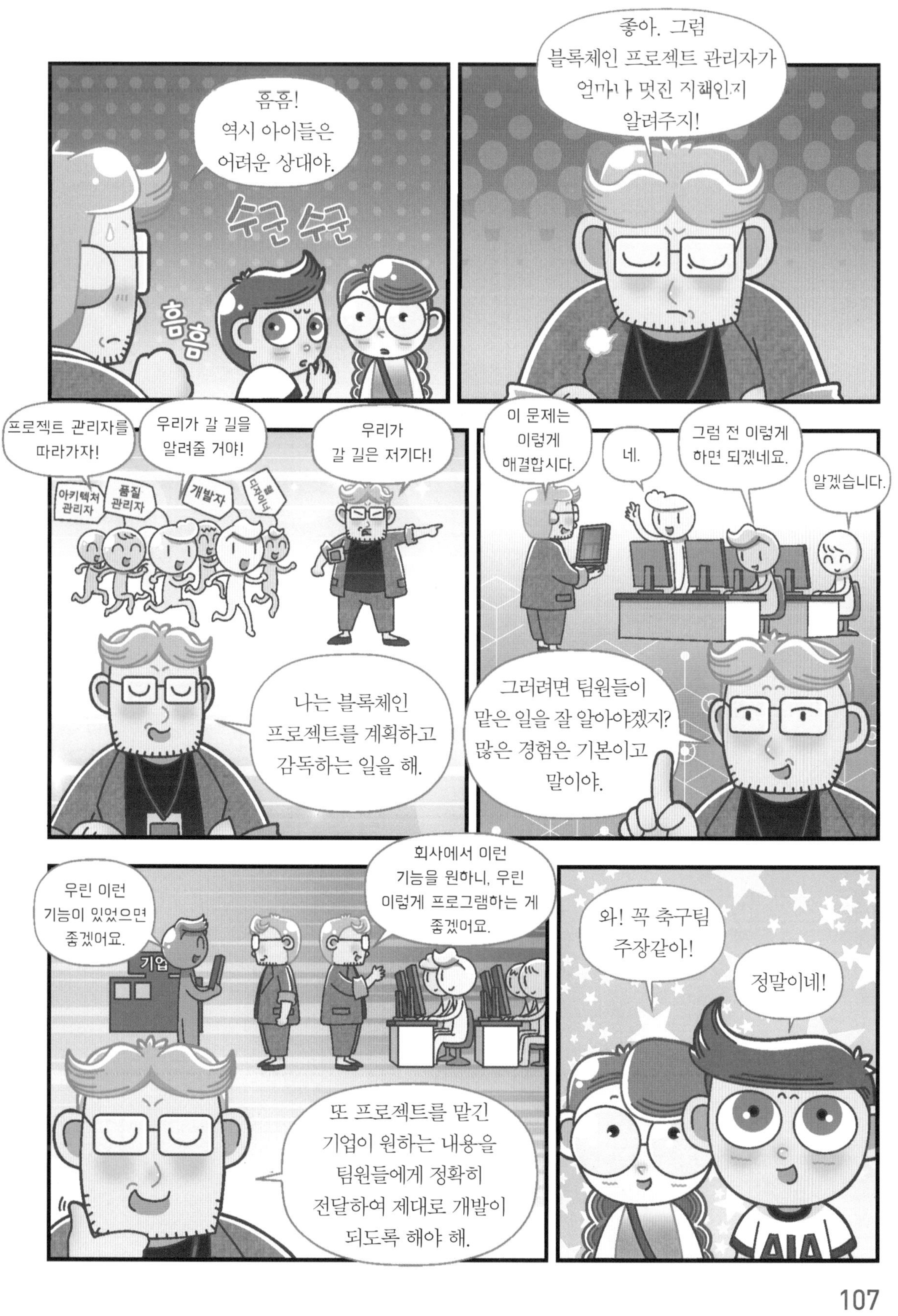
흠흠!
역시 아이들은
어려운 상대야.
수군 수군
흠흠
좋아. 그럼
블록체인 프로젝트 관리자가
얼마나 멋진 직책인지
알려주지!
프로젝트 관리자를 따라가자!
우리가 갈 길을 알려줄 거야!
아키텍처 관리자
품질 관리자
개발자
디자이너
우리가 갈 길은 저기다!
나는 블록체인
프로젝트를 계획하고
감독하는 일을 해.
이 문제는 이렇게 해결합시다.
네.
그럼 전 이렇게 하면 되겠네요.
알겠습니다.
그러려면 팀원들이
맡은 일을 잘 알아야겠지?
많은 경험은 기본이고
말이야.
우린 이런 기능이 있었으면 좋겠어요.
기업
회사에서 이런 기능을 원하니, 우린 이렇게 프로그램하는 게 좋겠어요.
또 프로젝트를 맡긴
기업이 원하는 내용을
팀원들에게 정확히
전달하여 제대로 개발이
되도록 해야 해.
와! 꼭 축구팀
주장같아!
정말이네!

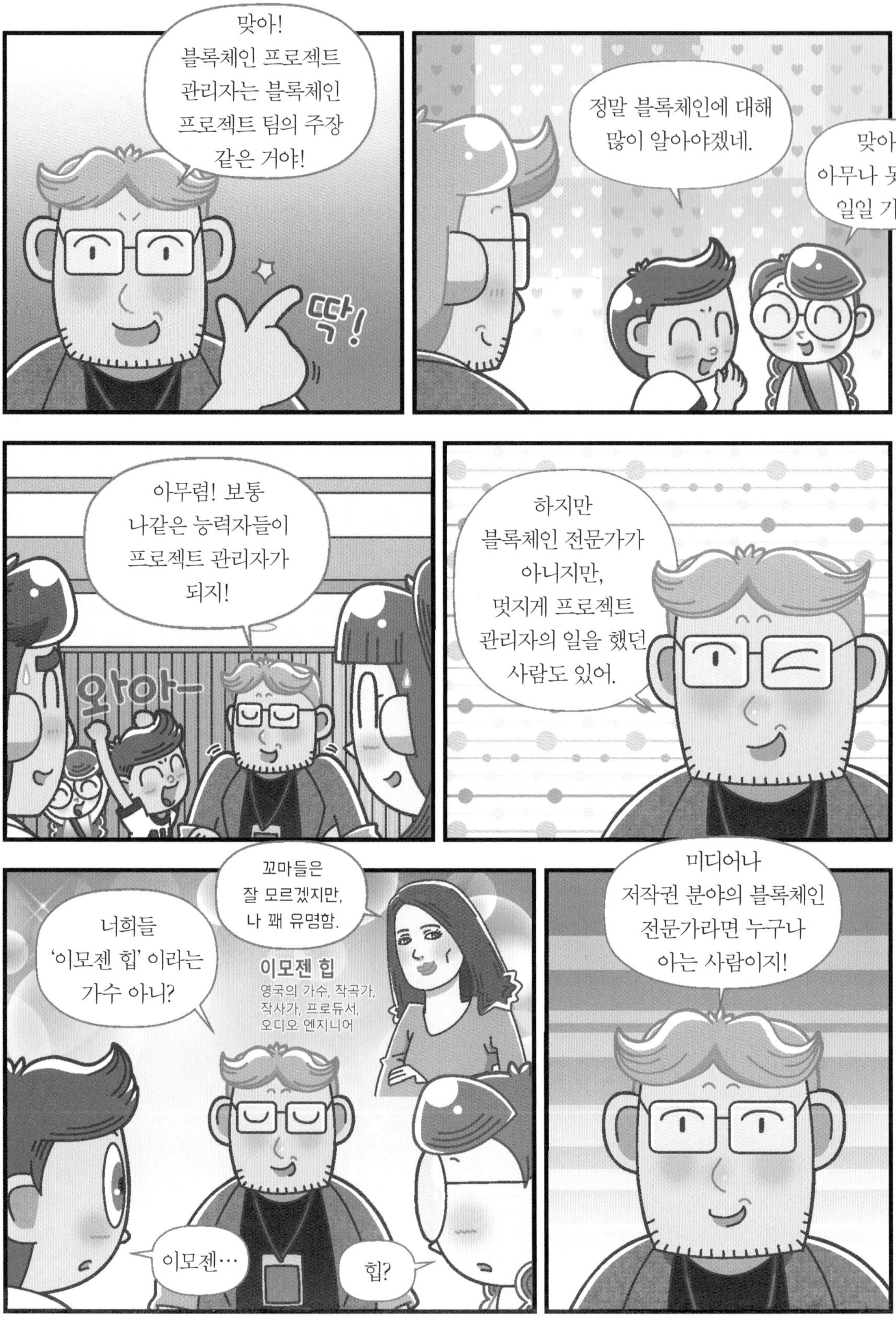

맞아! 블록체인 프로젝트 관리자는 블록체인 프로젝트 팀의 주장 같은 거야!
딱!
정말 블록체인에 대해 많이 알아야겠네.
맞아! 아무나 못하는 일일 거야.
아무렴! 보통 나같은 능력자들이 프로젝트 관리자가 되지!
와아-
하지만 블록체인 전문가가 아니지만, 멋지게 프로젝트 관리자의 일을 했던 사람도 있어.
너희들 '이모젠 힙' 이라는 가수 아니?
꼬마들은 잘 모르겠지만, 나 꽤 유명함.
이모젠 힙
영국의 가수, 작곡가, 작사가, 프로듀서, 오디오 엔지니어
이모젠…
힙?
미디어나 저작권 분야의 블록체인 전문가라면 누구나 아는 사람이지!

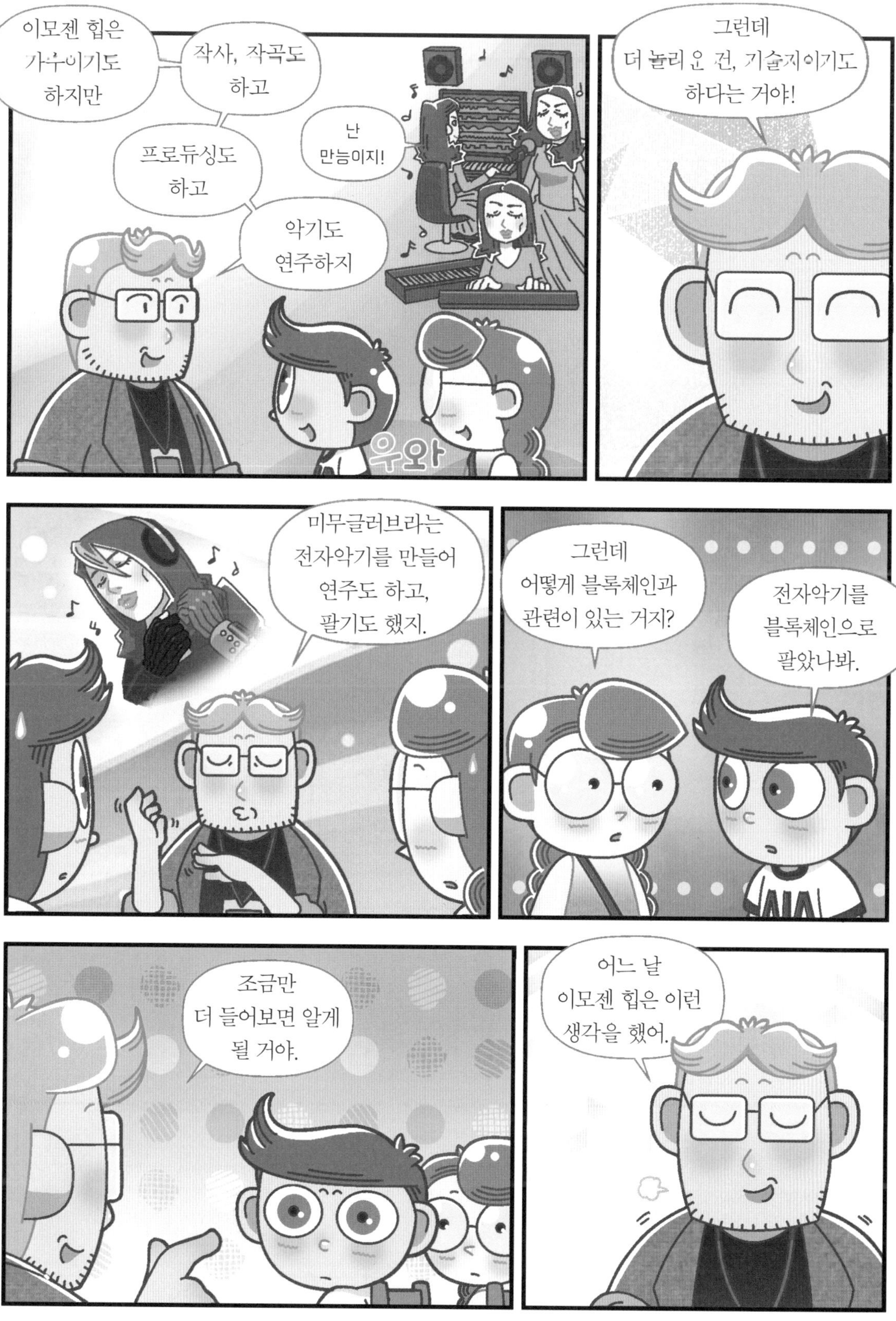

이모젠 힙은 가수이기도 하지만
작사, 작곡도 하고
프로듀싱도 하고
악기도 연주하지
난 만능이지!
우와
그런데 더 놀라운 건, 기술자이기도 하다는 거야!
미무글러브라는 전자악기를 만들어 연주도 하고, 팔기도 했지.
그런데 어떻게 블록체인과 관련이 있는 거지?
전자악기를 블록체인으로 팔았나봐.
조금만 더 들어보면 알게 될 거야.
어느 날 이모젠 힙은 이런 생각을 했어.

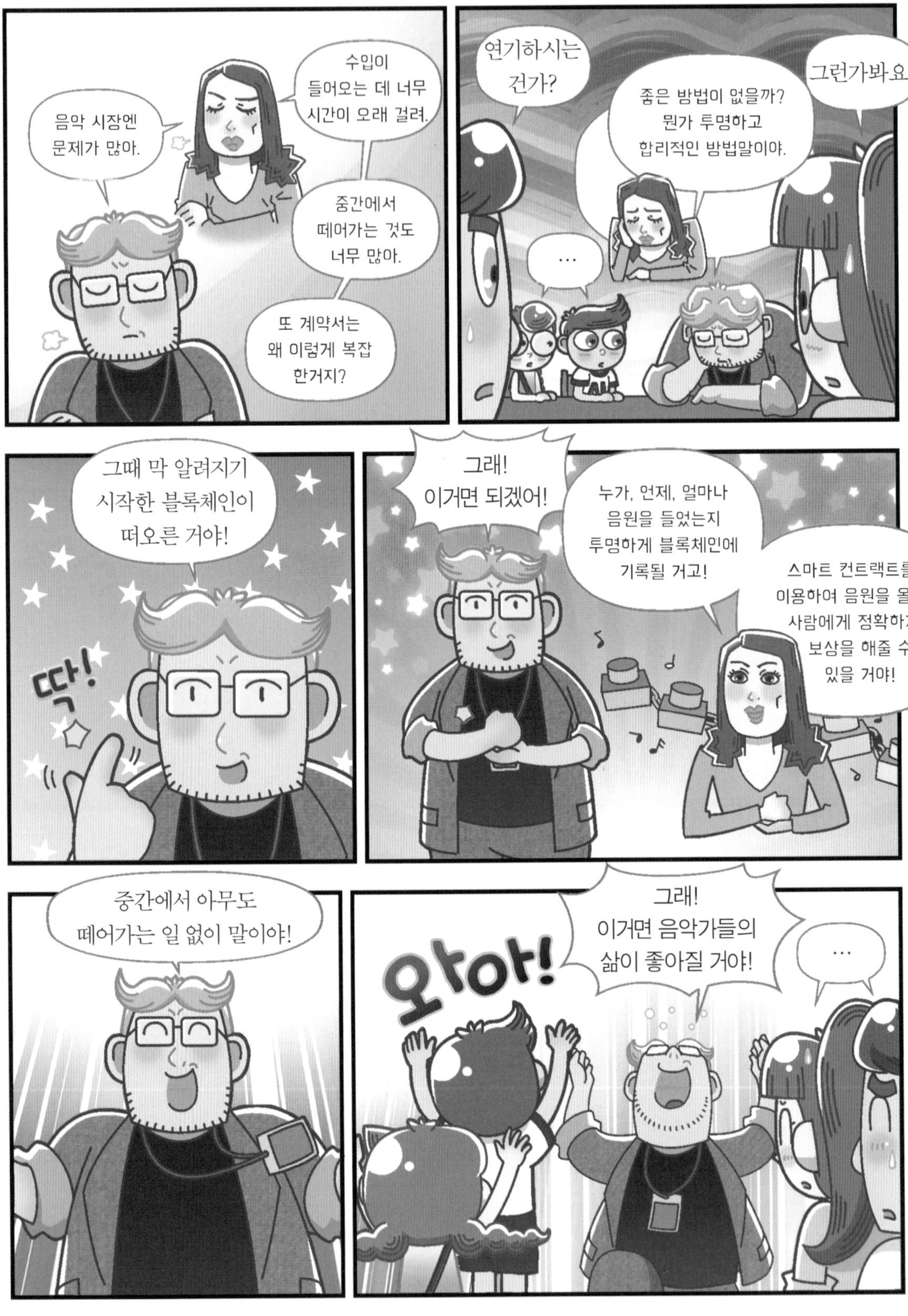
음악 시장엔 문제가 많아.
수입이 들어오는 데 너무 시간이 오래 걸려.
중간에서 떼어가는 것도 너무 많아.
또 계약서는 왜 이렇게 복잡한거지?
연기하시는 건가?
그런가봐요.
좋은 방법이 없을까? 뭔가 투명하고 합리적인 방법말이야.
…
그때 막 알려지기 시작한 블록체인이 떠오른 거야!
딱!
그래! 이거면 되겠어!
누가, 언제, 얼마나 음원을 들었는지 투명하게 블록체인에 기록될 거고!
스마트 컨트랙트를 이용하여 음원을 올린 사람에게 정확하게 보상을 해줄 수 있을 거야!
중간에서 아무도 떼어가는 일 없이 말이야!
와아!
그래! 이거면 음악가들의 삶이 좋아질 거야!
…

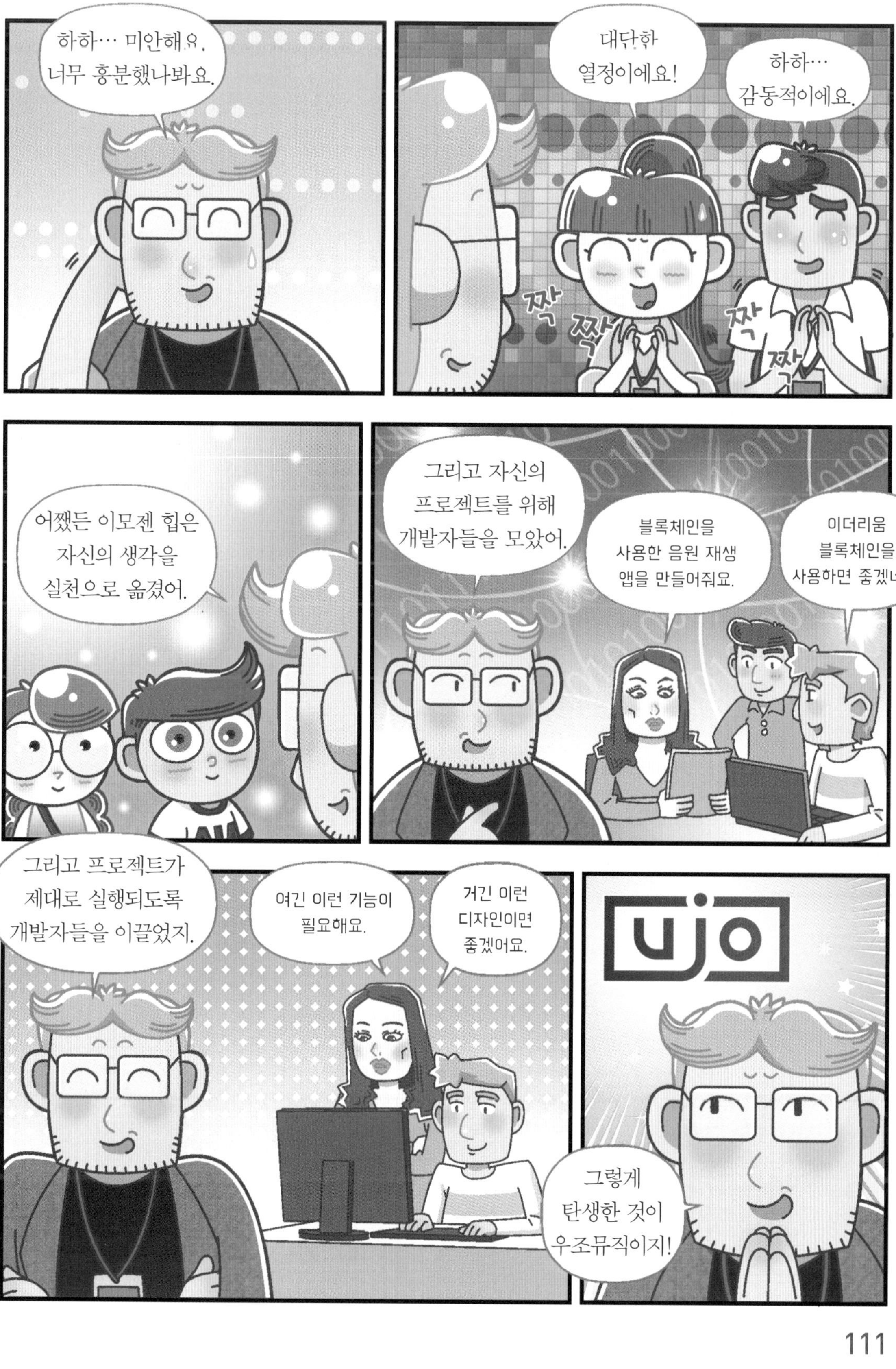
하하… 미안해요. 너무 흥분했나봐요.
대단한 열정이에요!
하하… 감동적이에요.
짝
짝
짝
짝
어쨌든 이모젠 힙은 자신의 생각을 실천으로 옮겼어.
그리고 자신의 프로젝트를 위해 개발자들을 모았어.
블록체인을 사용한 음원 재생 앱을 만들어줘요.
이더리움 블록체인을 사용하면 좋겠네요.
그리고 프로젝트가 제대로 실행되도록 개발자들을 이끌었지.
여긴 이런 기능이 필요해요.
거긴 이런 디자인이면 좋겠어요.
ujo
그렇게 탄생한 것이 우조뮤직이지!

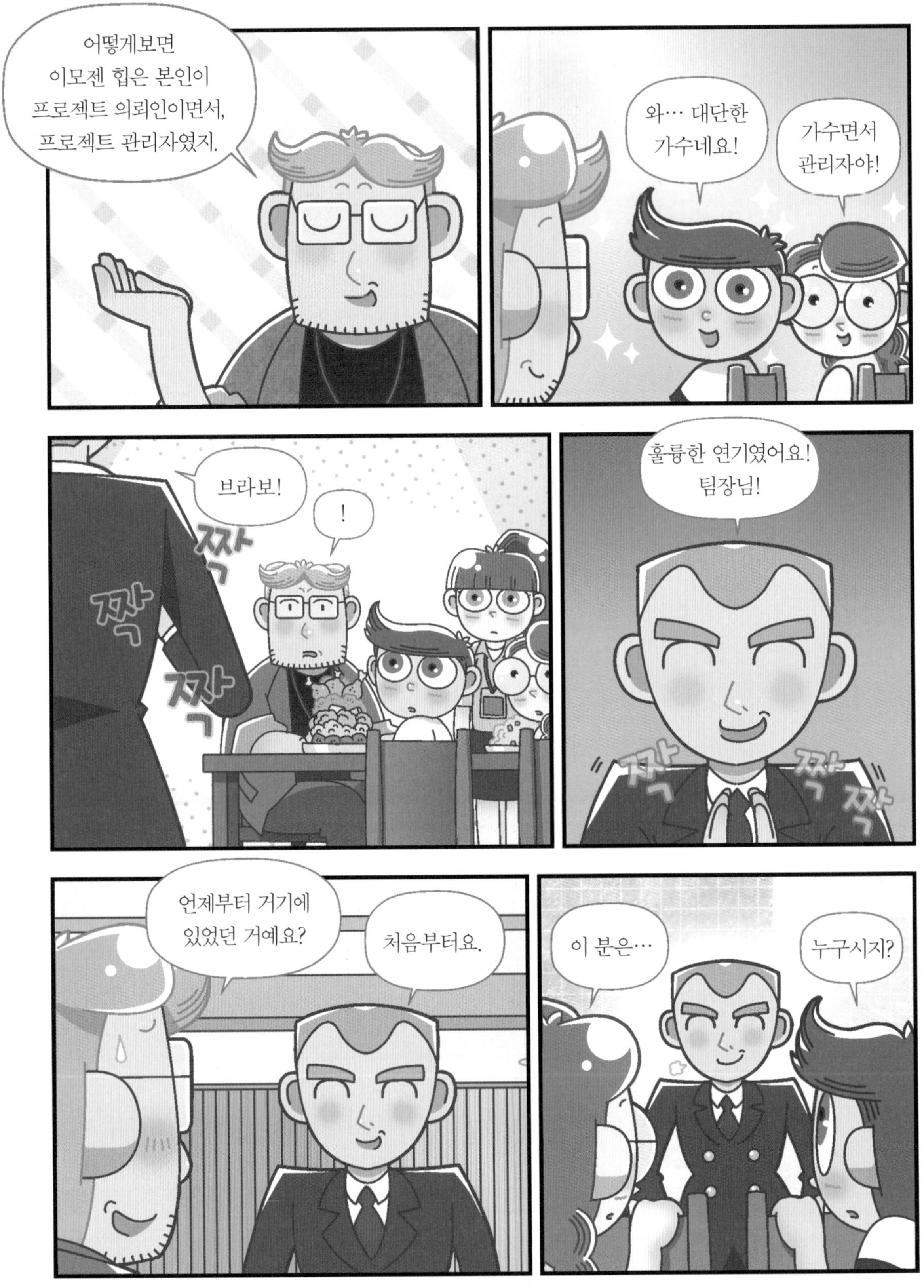
어떻게보면
이모젠 힙은 본인이
프로젝트 의뢰인이면서,
프로젝트 관리자였지.
와… 대단한
가수네요!
가수면서
관리자야!
브라보!
!
짝
짝
짝
훌륭한 연기였어요!
팀장님!
짝
짝
짝
언제부터 거기에
있었던 거예요?
처음부터요.
이 분은…
누구시지?

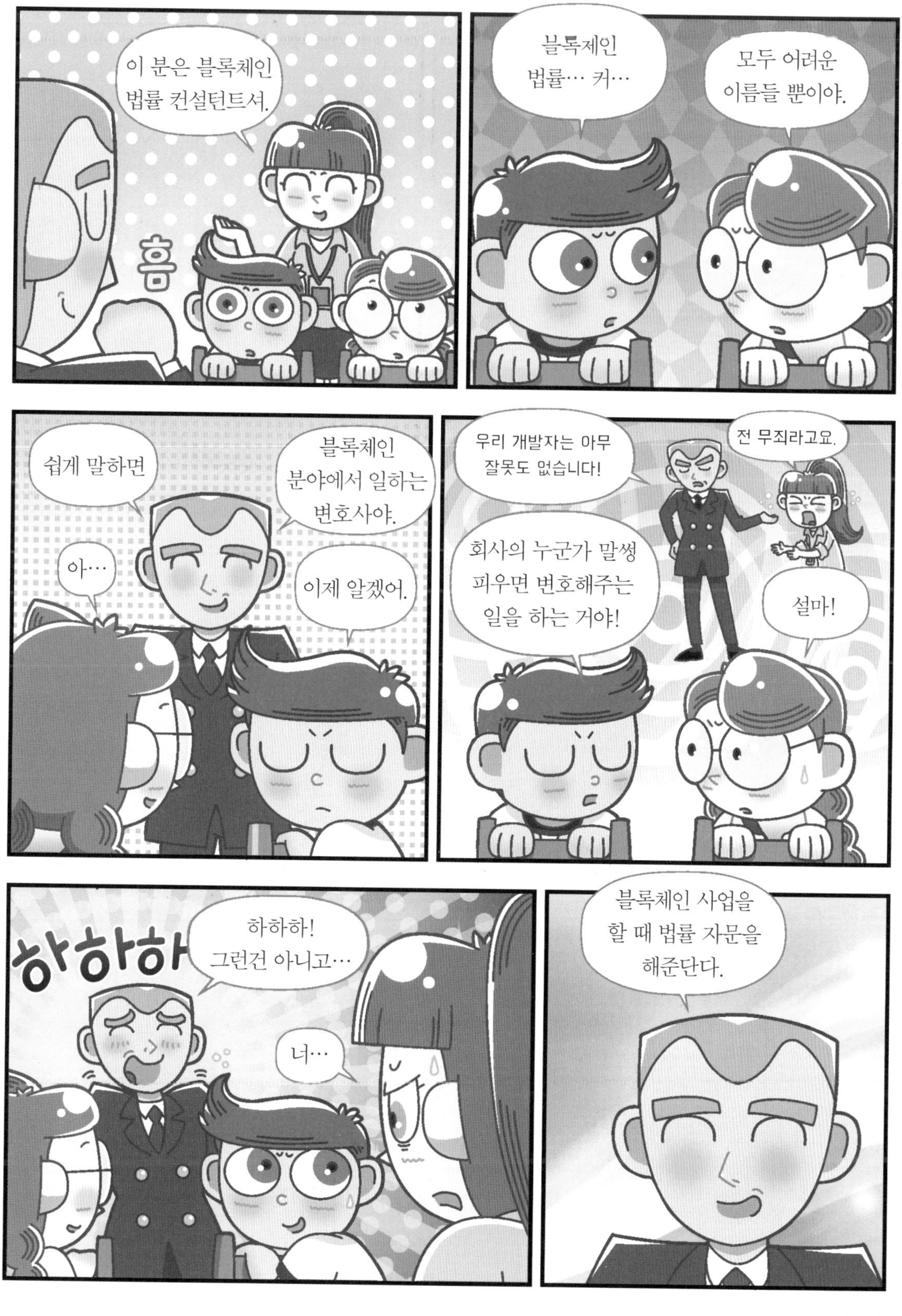
이 분은 블록체인 법률 컨설턴트셔.
흠
블록체인 법률… 커…
모두 어려운 이름들 뿐이야.
쉽게 말하면
블록체인 분야에서 일하는 변호사야.
아…
이제 알겠어.
우리 개발자는 아무 잘못도 없습니다!
전 무죄라고요.
회사의 누군가 말썽 피우면 변호해주는 일을 하는 거야!
설마!
하하하
하하하! 그런건 아니고…
너…
블록체인 사업을 할 때 법률 자문을 해준단다.

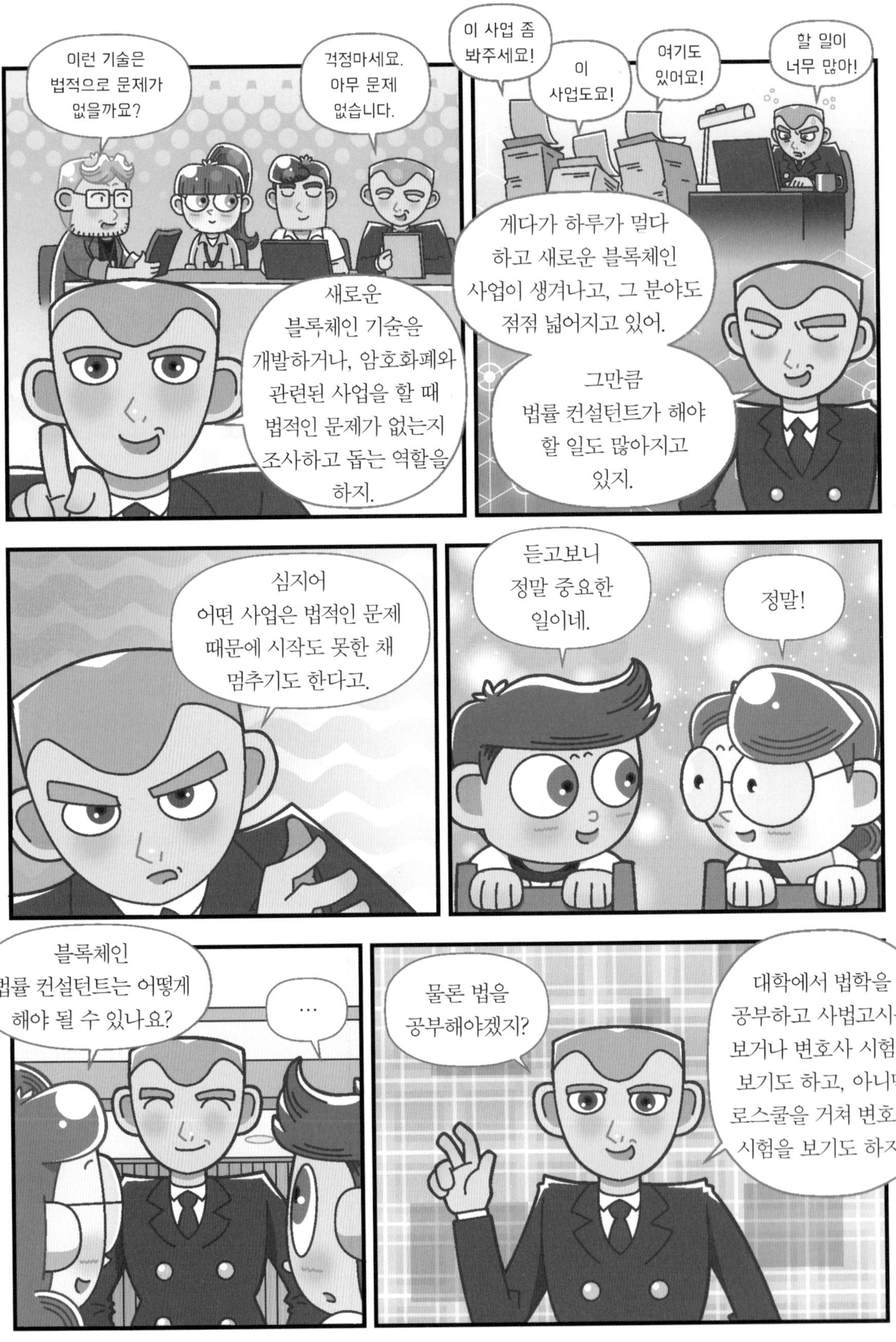
이런 기술은 법적으로 문제가 없을까요?
걱정마세요. 아무 문제 없습니다.
새로운 블록체인 기술을 개발하거나, 암호화폐와 관련된 사업을 할 때 법적인 문제가 없는지 조사하고 돕는 역할을 하지.
이 사업 좀 봐주세요!
이 사업도요!
여기도 있어요!
할 일이 너무 많아!
게다가 하루가 멀다 하고 새로운 블록체인 사업이 생겨나고, 그 분야도 점점 넓어지고 있어.
그만큼 법률 컨설턴트가 해야 할 일도 많아지고 있지.
심지어 어떤 사업은 법적인 문제 때문에 시작도 못한 채 멈추기도 한다고.
듣고보니 정말 중요한 일이네.
정말!
블록체인 법률 컨설턴트는 어떻게 해야 될 수 있나요?
…
물론 법을 공부해야겠지?
대학에서 법학을 공부하고 사법고시를 보거나 변호사 시험을 보기도 하고, 아니면 로스쿨을 거쳐 변호사 시험을 보기도 하지.

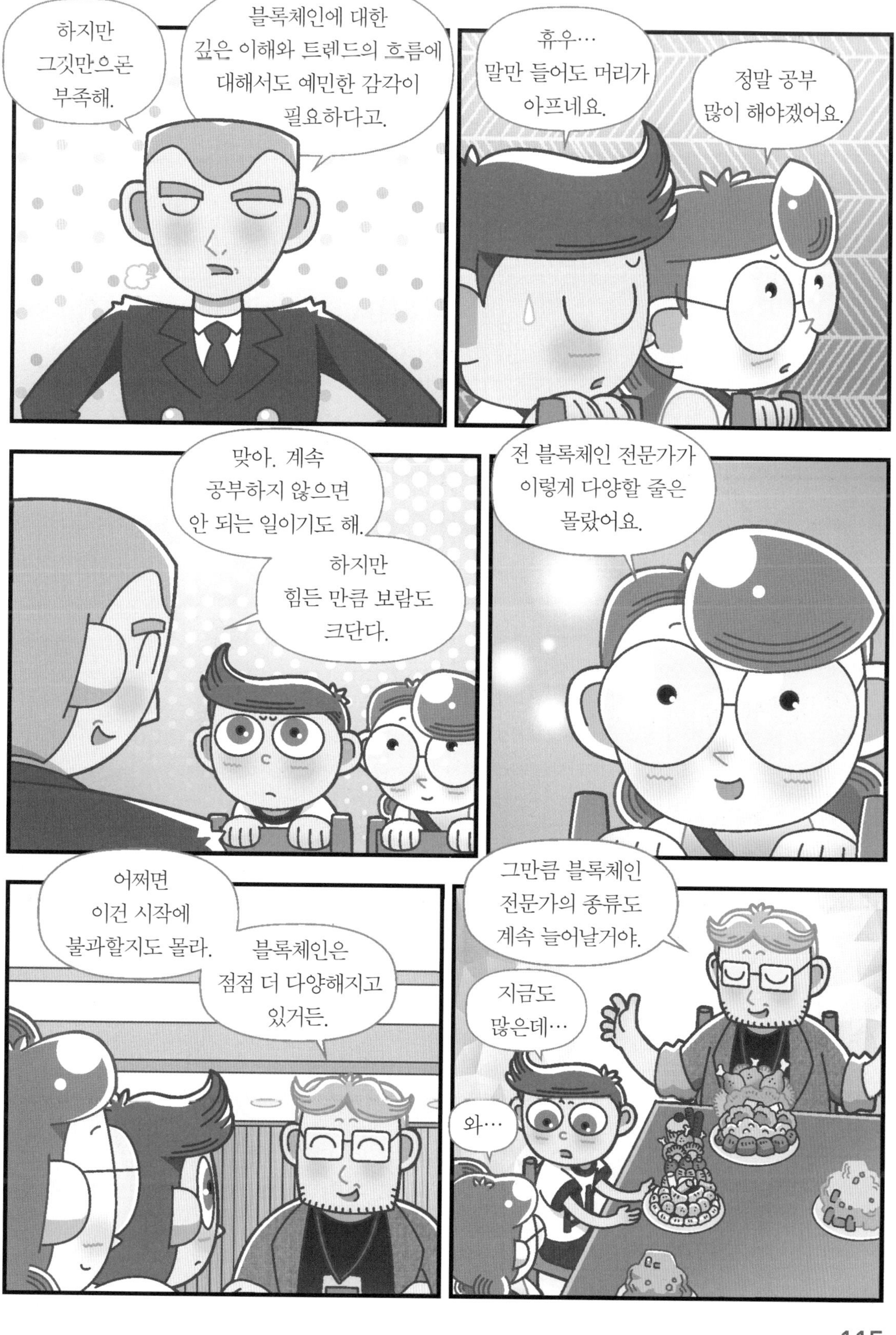
하지만 그것만으론 부족해.
블록체인에 대한 깊은 이해와 트렌드의 흐름에 대해서도 예민한 감각이 필요하다고.
휴우… 말만 들어도 머리가 아프네요.
정말 공부 많이 해야겠어요.
맞아. 계속 공부하지 않으면 안 되는 일이기도 해.
하지만 힘든 만큼 보람도 크단다.
전 블록체인 전문가가 이렇게 다양할 줄은 몰랐어요.
어쩌면 이건 시작에 불과할지도 몰라.
블록체인은 점점 더 다양해지고 있거든.
그만큼 블록체인 전문가의 종류도 계속 늘어날거야.
지금도 많은데…
와…

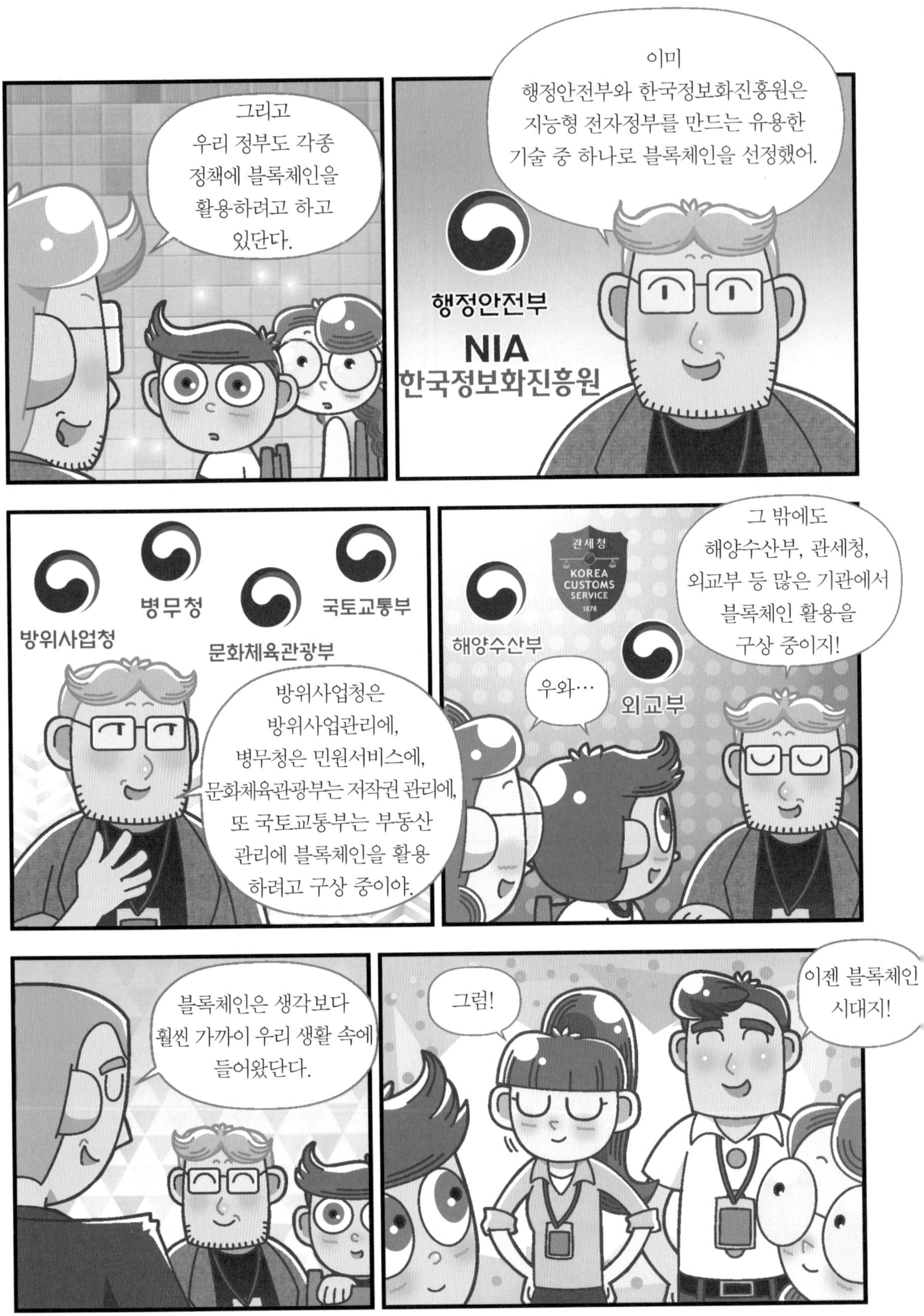
그리고
우리 정부도 각종
정책에 블록체인을
활용하려고 하고
있단다.
이미
행정안전부와 한국정보화진흥원은
지능형 전자정부를 만드는 유용한
기술 중 하나로 블록체인을 선정했어.
행정안전부
NIA
한국정보화진흥원
방위사업청
병무청
문화체육관광부
국토교통부
방위사업청은
방위사업관리에,
병무청은 민원서비스에,
문화체육관광부는 저작권 관리에,
또 국토교통부는 부동산
관리에 블록체인을 활용
하려고 구상 중이야.
관세청
KOREA
CUSTOMS
SERVICE
1878
해양수산부
외교부
그 밖에도
해양수산부, 관세청,
외교부 등 많은 기관에서
블록체인 활용을
구상 중이지!
우와…
블록체인은 생각보다
훨씬 가까이 우리 생활 속에
들어왔단다.
그럼!
이젠 블록체인
시대지!

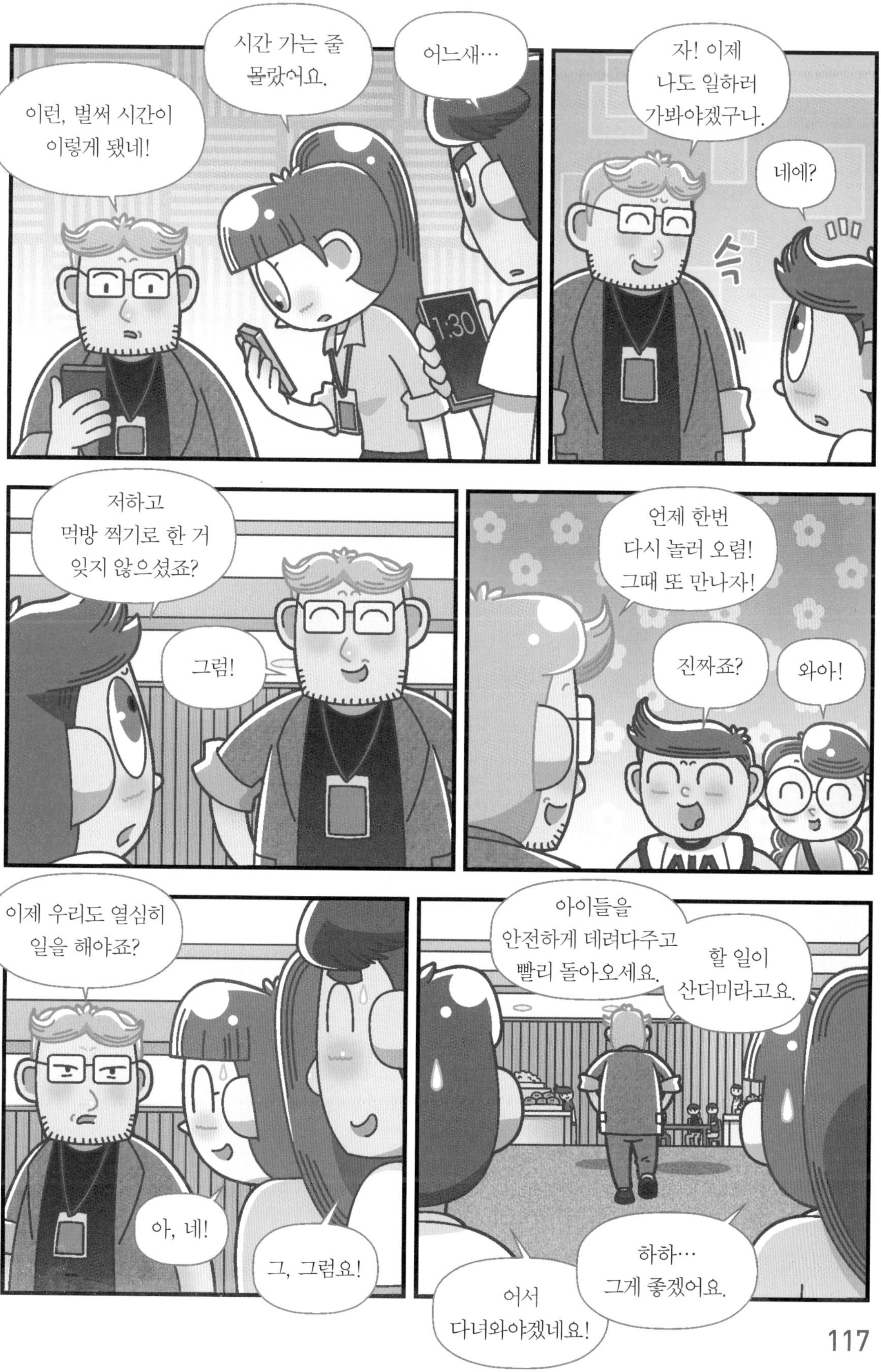

이런, 벌써 시간이 이렇게 됐네!
시간 가는 줄 몰랐어요.
어느새…
1:30
자! 이제 나도 일하러 가봐야겠구나.
네에?
슥
저하고 먹방 찍기로 한 거 잊지 않으셨죠?
그럼!
언제 한번 다시 놀러 오렴! 그때 또 만나자!
진짜죠?
와아!
이제 우리도 열심히 일을 해야죠?
아, 네!
그, 그럼요!
아이들을 안전하게 데려다주고 빨리 돌아오세요.
할 일이 산더미라고요.
하하… 그게 좋겠어요.
어서 다녀와야겠네요!

세계적으로 활용되는
블록체인 사업

블록체인 기술은 다양한 분야에서 활용 가치가 있어요. 금융거래의 편의성, 의료서비스의 정확성, 공공서비스의 효율성, 식품유통의 투명성, 무역거래의 간소화, 지적재산권 보호 등 블록체인 기술의 쓰임새는 무궁무진해요. 세계적으로 활용되는 사업도 점점 늘고 있어요. 그럼 오늘날 블록체인은 어떻게 활용되고 있고 어떤 성과를 거두었는지 살펴볼까요?

● 국제학술지 논문 관리에 활용

런던의 기술개발업체인 '디지털 사이언스(Digital Science)'의 특수 프로젝트 책임자 요리스 판 로섬(Joris van Rossum)은 "블록체인 시스템을 통해 논문 작성자의 신뢰도를 쌓아나가는 것은 물론, 보다 더 적절한 보상이 이루어질 수 있다"고 말했어요.

블록체인 생태계를 구축하려는 '사이언스 루트', '플루토' 등 개발업체들 역시 과학논문 소통에 블록체인을 활용할 수 있다는 점을 인정했어요. 발표된 논문을 효율적으로 관리하고, 각종 학술자료를 서로 열람할 수 있도록 하는 등 국제학술지 논문 관리에 블록체인의 활용은 필수적이 되어 가고 있어요.

● 공공기관에서 활용

블록체인 기술은 공공기관의 자금관리에도 큰 도움을 줄 수 있어요. 지난 2012년 반기문 전 UN 사무총장은 UN이 집행하는 개발 자금 가운데 약 30%가 부패로 인해 사라지고 있다고 개탄한 바 있어요. 이후 UN은 블록체인 기술을 기반으로 한 자금관리 시스템을 도입, 자금손실을 방지하는 데 성공했어요. 이에 따라 UN 세계식량계획(WFP)은 블록체인 프로젝트를 통해 시리아 난민을 위한 암호화폐를 지불했고, 큰 성공을 거두었어요.

● 교육분야에서 활용

최근 유럽위원회 공동연구센터(JRC)는 "기존 교육 시스템에 블록체인을 도입할 경우 교육계에서 사용하는 수많은 기록용 종이 인쇄물을 대체할 수 있다"고 보고했어요. 학교에서 작성하는 개인의 학습 및 성적에 대한 기록, 교사의 다양한 커리큘럼, 대학의 학사·석사·박사 학위증에 이르기까지 분실 위험 없이 안전하고 투명하게 관리할 수 있어요.

● 광고분야에서 활용

미국 인터넷광고협회(IAB)는 최근 〈비디오 광고를 위한 블록체인〉이라는 제목의 백서를 통해 "블록체인 기술이 비디오를 활용한 디지털 광고에 혁명을 가져오고 있다"고 보고했어요. 이전까지 디지털 광고는 호스트에서 여러 곳으로 광고를 확산시키는 중앙집권화된 전송 방식을 적용해왔어요.  그러나 블록체인이 등장하면서 P2P 네트워크(Peer-to-Peer Network)방식의 분산적 전송 방식이 가능해졌어요. 실제로 최근 광고업계는 블록체인을 활용해 실시간으로 더 많은 광고를 전송하기 위한 실험을 진행하고 있는데 비자카드 사에서 실시한 실험에서는 1초 동안 무려 2만 4,000여 건의 광고를 전송할 수 있었어요.

● 저작권 보호에 활용

미국의 음원산업 분야에서 블록체인을 적용하기 위한 움직임이 일고 있어요. 음원 유통업체를 거치지 않고 음원 생산자와 소비자가 직거래를 할 수 있도록 블록체인 기술을 적용하는 것이지요. 일반적으로 음원이 만들어지면 유통업체에 넘겨지고, 유통업체는 CD, 다운로드, 스트리밍 등의 형태로 소비자에게 판매해요. 그 수익금 중 일부를 저작권료로 음원 생산자에게 주는 구조인데, 이런 과정에서 유통과정 및 저작권료 지불 방법 계산에 대한 불투명성, 무분별한 복제 등은 뮤지션에게 상당한 불이익을 주고 있어요.

블록체인 기술을 접목한 음원 플랫폼을 이
용할 경우, 뮤지션이 블록체인 음원 플랫폼
에 자신의 음원을 업로드 하면 P2P 네트워
크에 연동되고, 유저가 플랫폼에서 음원 사
용료를 지불하면 판매액이 뮤지션에게 그대
로 전달되므로 음원 유통업자의 중개비용
을 절감할 수 있어요. 또 누가, 언제, 어디서 구매했는지 실시간으로 투명하게 확인할
수 있게 된답니다.

나아가 블록체인 기술은 음원산업 뿐 아니라 글, 이미지 등 콘텐츠 저작권 보호에도
긍정적인 영향을 미칠 것으로 기대하고 있어요.

블록체인과 함께 하는 미래

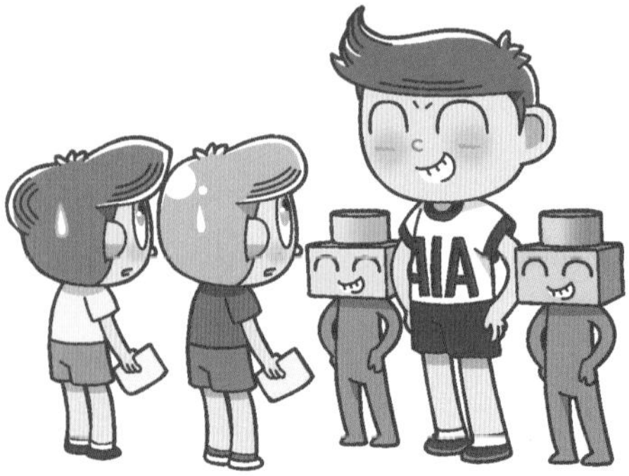
AIA

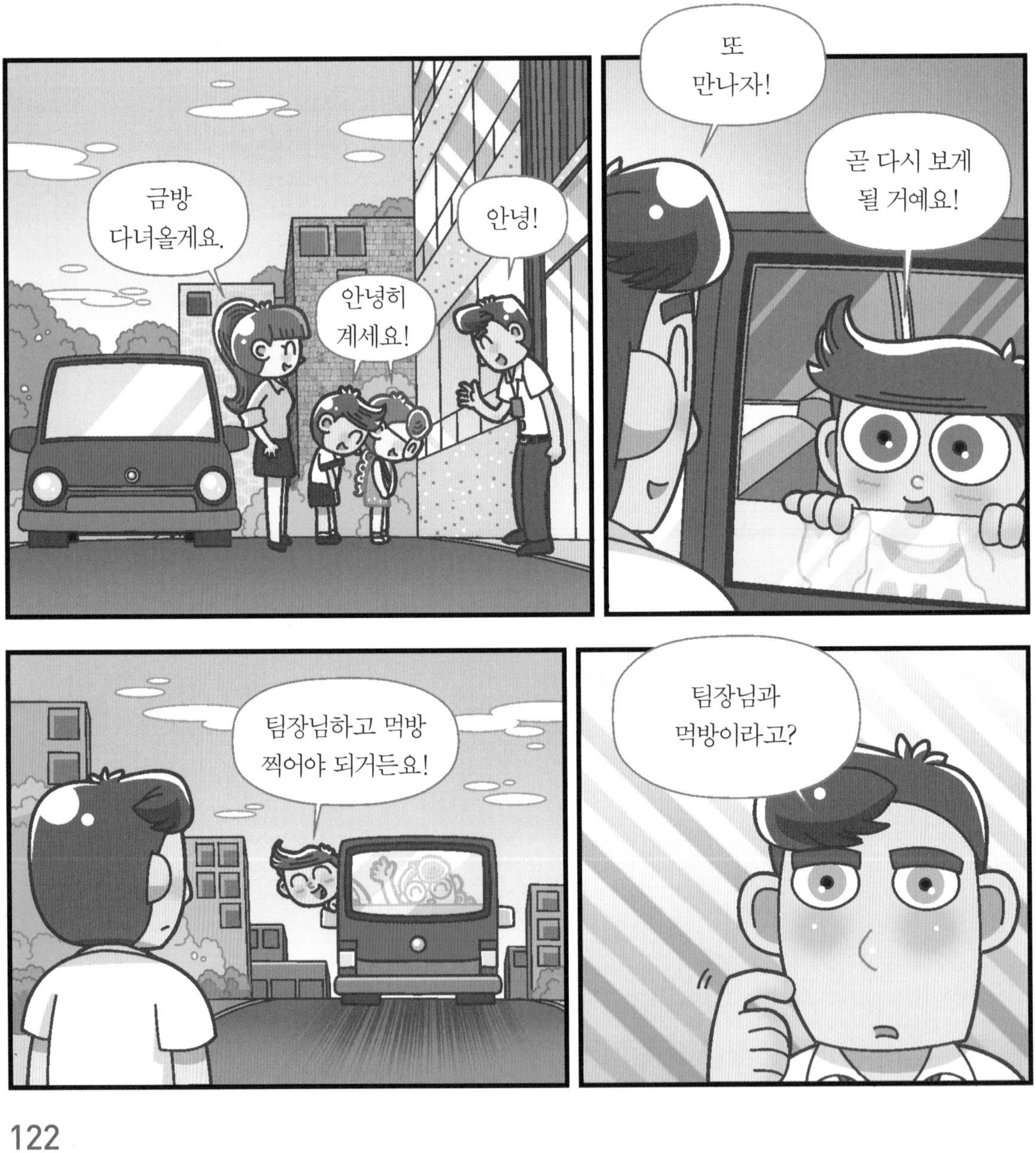
금방 다녀올게요.
안녕히 계세요!
안녕!
또 만나자!
곧 다시 보게 될 거예요!
팀장님하고 먹방 찍어야 되거든요!
팀장님과 먹방이라고?

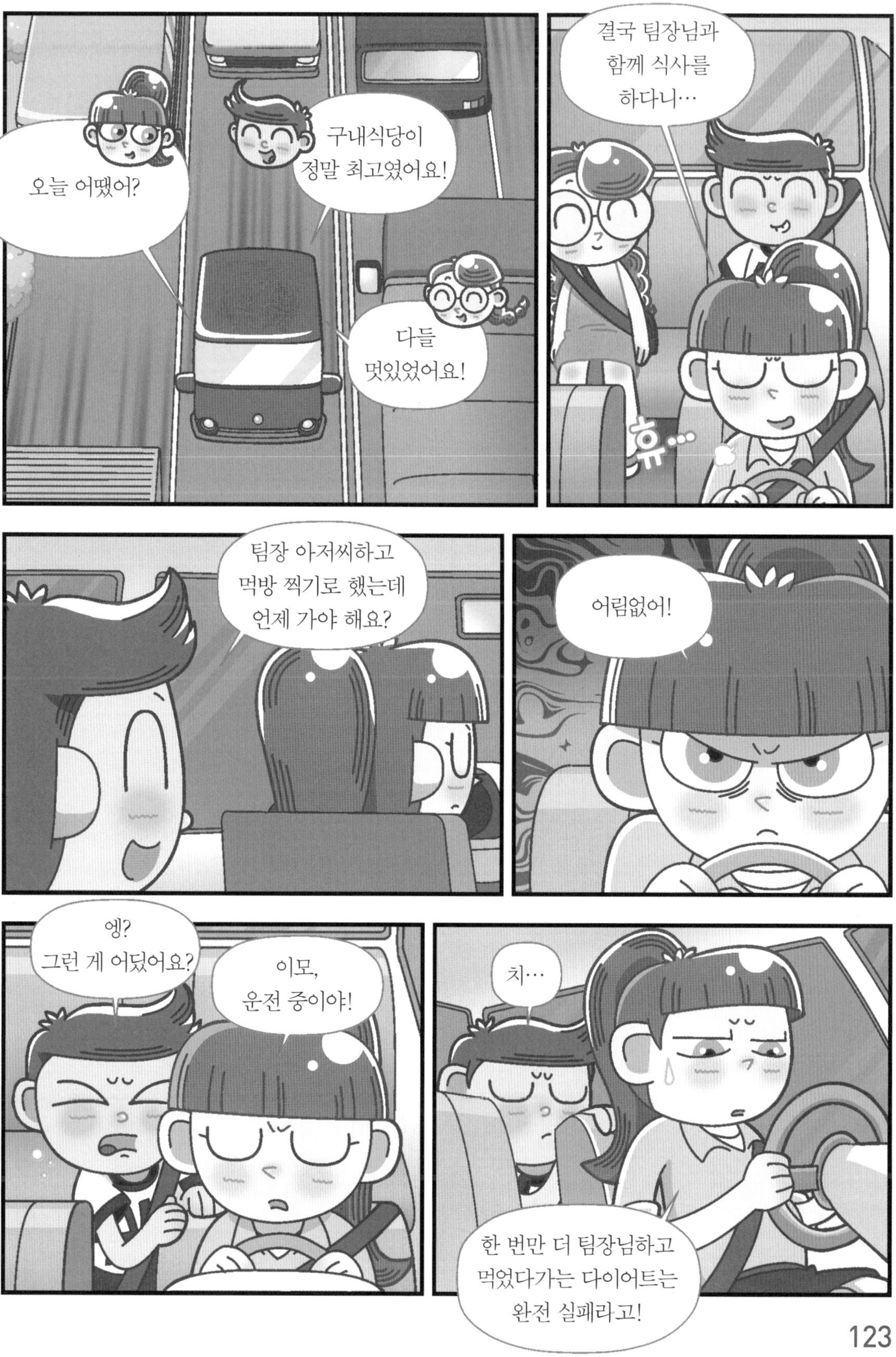

오늘 어땠어?
구내식당이 정말 최고였어요!
다들 멋있었어요!
결국 팀장님과 함께 식사를 하다니…
휴…
팀장 아저씨하고 먹방 찍기로 했는데 언제 가야 해요?
어림없어!
엥? 그런 게 어딨어요?
이모, 운전 중이야!
치…
한 번만 더 팀장님하고 먹었다가는 다이어트는 완전 실패라고!

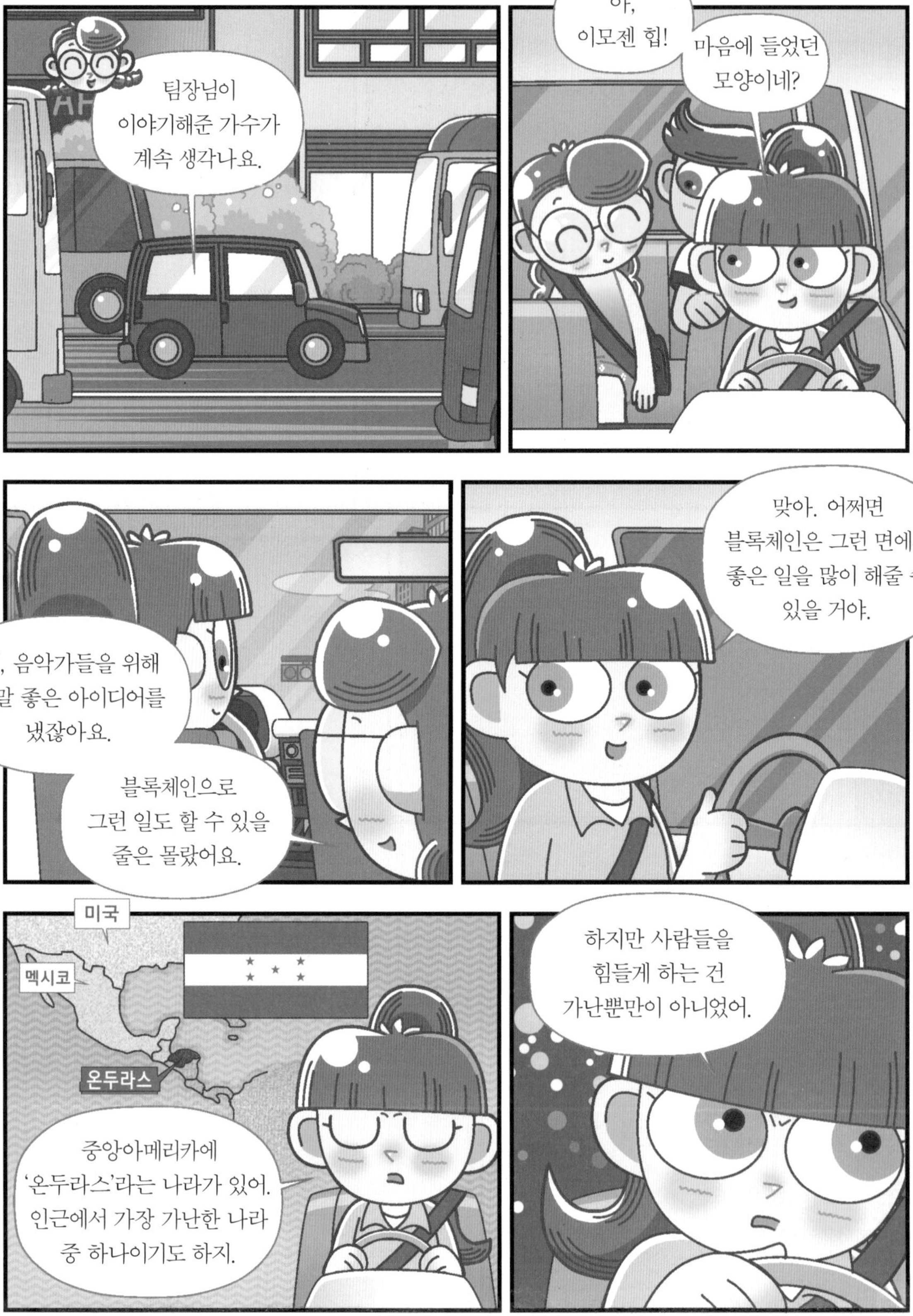
팀장님이 이야기해준 가수가 계속 생각나요.
아, 이모젠 힙!
마음에 들었던 모양이네?
네, 음악가들을 위해 정말 좋은 아이디어를 냈잖아요.
블록체인으로 그런 일도 할 수 있을 줄은 몰랐어요.
맞아. 어쩌면 블록체인은 그런 면에서 좋은 일을 많이 해줄 수 있을 거야.
미국
멕시코
온두라스
중앙아메리카에 '온두라스'라는 나라가 있어. 인근에서 가장 가난한 나라 중 하나이기도 하지.
하지만 사람들을 힘들게 하는 건 가난뿐만이 아니었어.

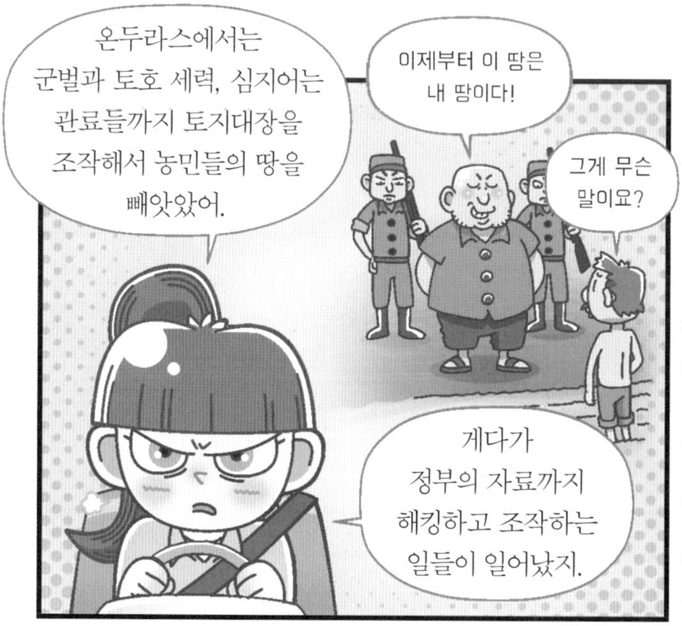
온두라스에서는
군벌과 토호 세력, 심지어는
관료들까지 토지대장을
조작해서 농민들의 땅을
빼앗았어.
이제부터 이 땅은
내 땅이다!
그게 무슨
말이요?
게다가
정부의 자료까지
해킹하고 조작하는
일들이 일어났지.

토호 세력이란?

토호(土豪)는 지역의 토착 지배 세력을 의미해요. 다른 말로는 유지(有志)라고도 해요. 과거에는 지역의 서원 등을 중심으로 큰 땅을 소유하고 지역 사람들을 사회, 경제적으로 통제하여 이익을 얻었어요.

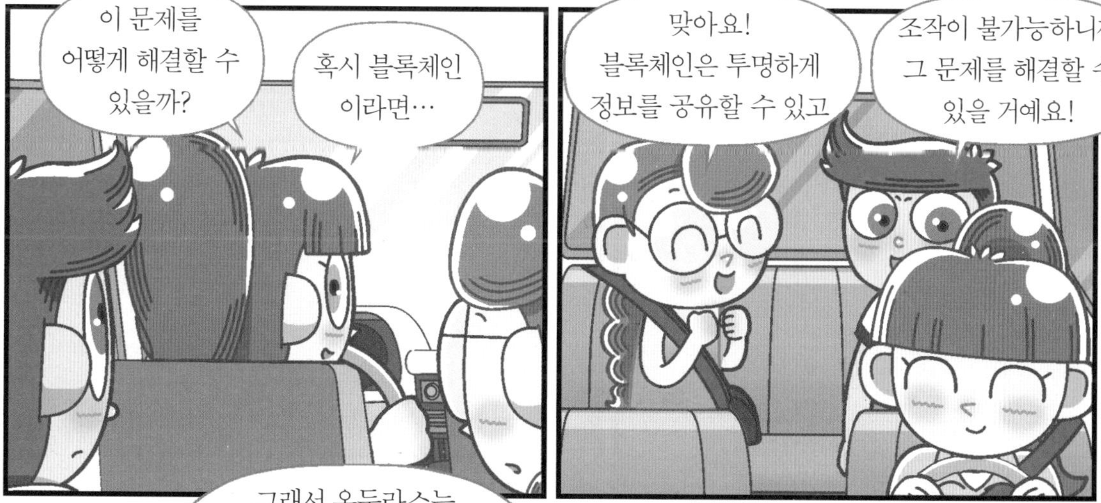
이 문제를
어떻게 해결할 수
있을까?
혹시 블록체인
이라면…
맞아요!
블록체인은 투명하게
정보를 공유할 수 있고
조작이 불가능하니까
그 문제를 해결할 수
있을 거예요!

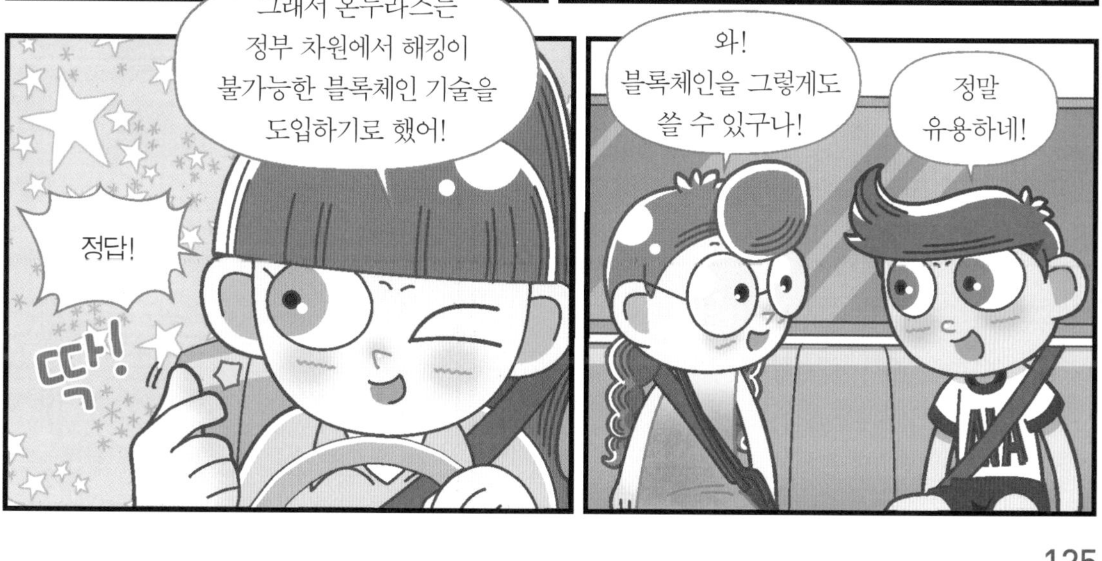
그래서 온두라스는
정부 차원에서 해킹이
불가능한 블록체인 기술을
도입하기로 했어!
정답!
딱!
와!
블록체인을 그렇게도
쓸 수 있구나!
정말
유용하네!

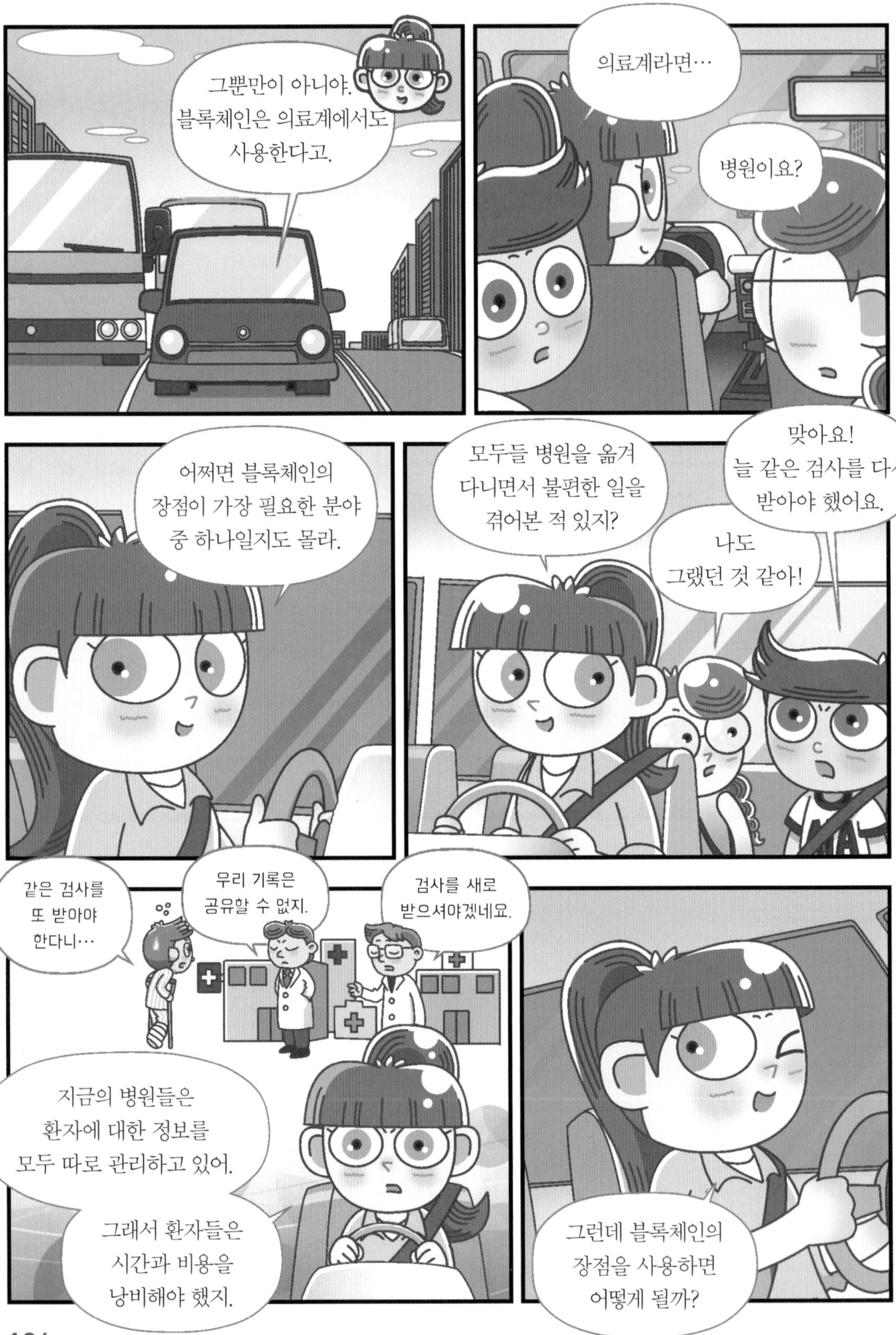

그뿐만이 아니야. 블록체인은 의료계에서도 사용한다고.
의료계라면…
병원이요?
어쩌면 블록체인의 장점이 가장 필요한 분야 중 하나일지도 몰라.
모두들 병원을 옮겨 다니면서 불편한 일을 겪어본 적 있지?
맞아요! 늘 같은 검사를 다시 받아야 했어요.
나도 그랬던 것 같아!
같은 검사를 또 받아야 한다니…
우리 기록은 공유할 수 없지.
검사를 새로 받으셔야겠네요.
지금의 병원들은 환자에 대한 정보를 모두 따로 관리하고 있어.
그래서 환자들은 시간과 비용을 낭비해야 했지.
그런데 블록체인의 장점을 사용하면 어떻게 될까?

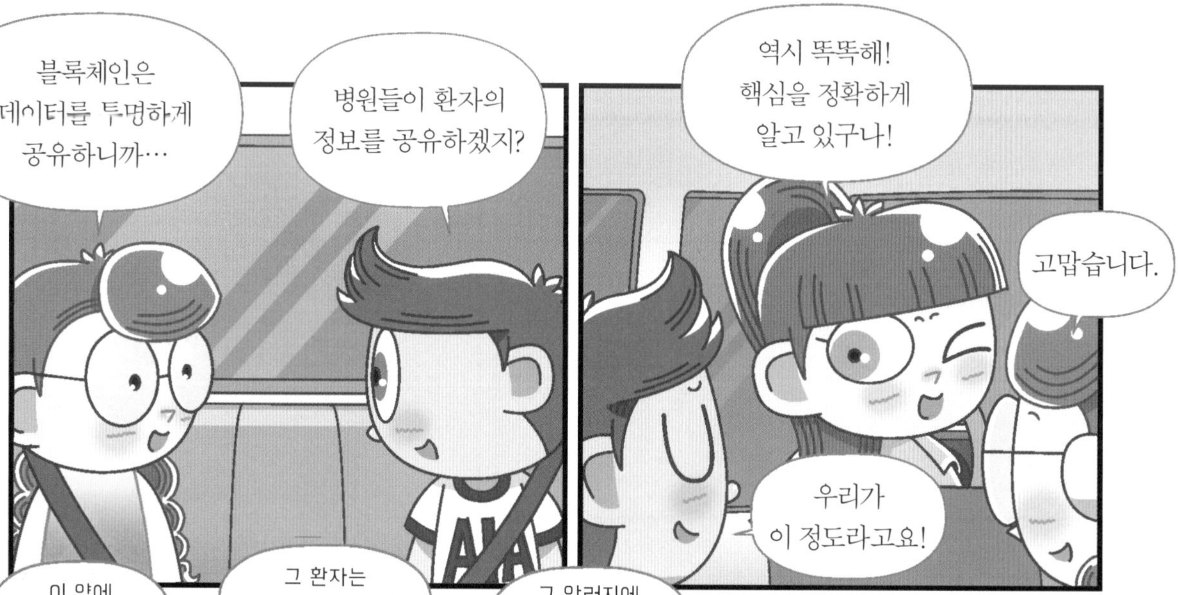
블록체인은
데이터를 투명하게
공유하니까…
병원들이 환자의
정보를 공유하겠지?
역시 똑똑해!
핵심을 정확하게
알고 있구나!
고맙습니다.
우리가
이 정도라고요!

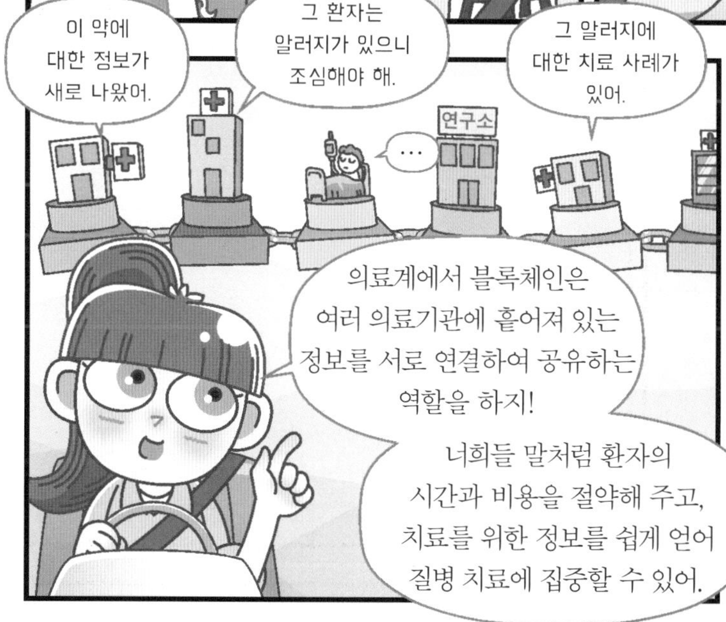
이 약에
대한 정보가
새로 나왔어.
그 환자는
알러지가 있으니
조심해야 해.
그 알러지에
대한 치료 사례가
있어.
연구소
…
의료계에서 블록체인은
여러 의료기관에 흩어져 있는
정보를 서로 연결하여 공유하는
역할을 하지!
너희들 말처럼 환자의
시간과 비용을 절약해 주고,
치료를 위한 정보를 쉽게 얻어
질병 치료에 집중할 수 있어.

의료계의 블록체인

미국 MIT 미디어 연구소와 베스 이스라엘 디커너스 메디컬 센터가 같이 연구하는 '메드렉' 이라는 블록체인 의료 기록 시스템이 있으며, 또 IBM 왓슨 헬스와 FDA(미국 식품 의약품국)에서도 공동으로 블록체인 환자 정보 공유 시스템을 연구 중이라고 해요.

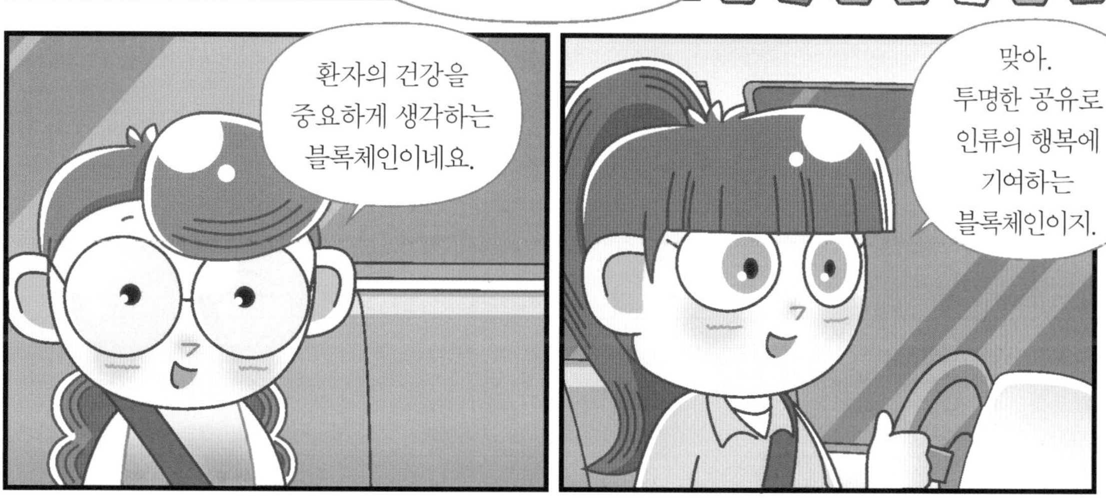
환자의 건강을
중요하게 생각하는
블록체인이네요.
맞아.
투명한 공유로
인류의 행복에
기여하는
블록체인이지.

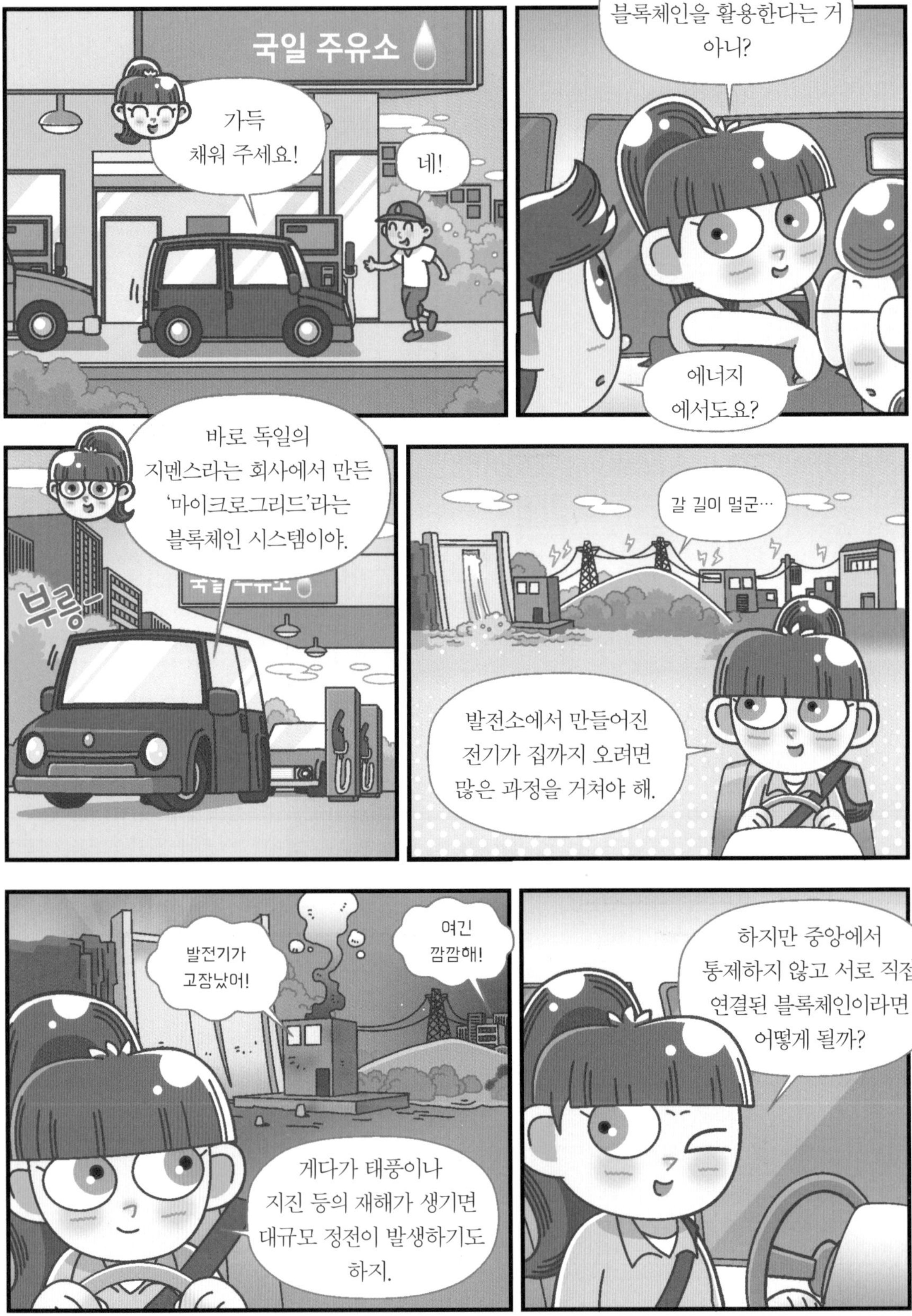
국일 주유소
가득 채워 주세요!
네!
또 에너지 분야에서도 블록체인을 활용한다는 거 아니?
에너지 에서도요?
바로 독일의 지멘스라는 회사에서 만든 '마이크로그리드'라는 블록체인 시스템이야.
부릉~
갈 길이 멀군…
발전소에서 만들어진 전기가 집까지 오려면 많은 과정을 거쳐야 해.
발전기가 고장났어!
여긴 깜깜해!
게다가 태풍이나 지진 등의 재해가 생기면 대규모 정전이 발생하기도 하지.
하지만 중앙에서 통제하지 않고 서로 직접 연결된 블록체인이라면 어떻게 될까?

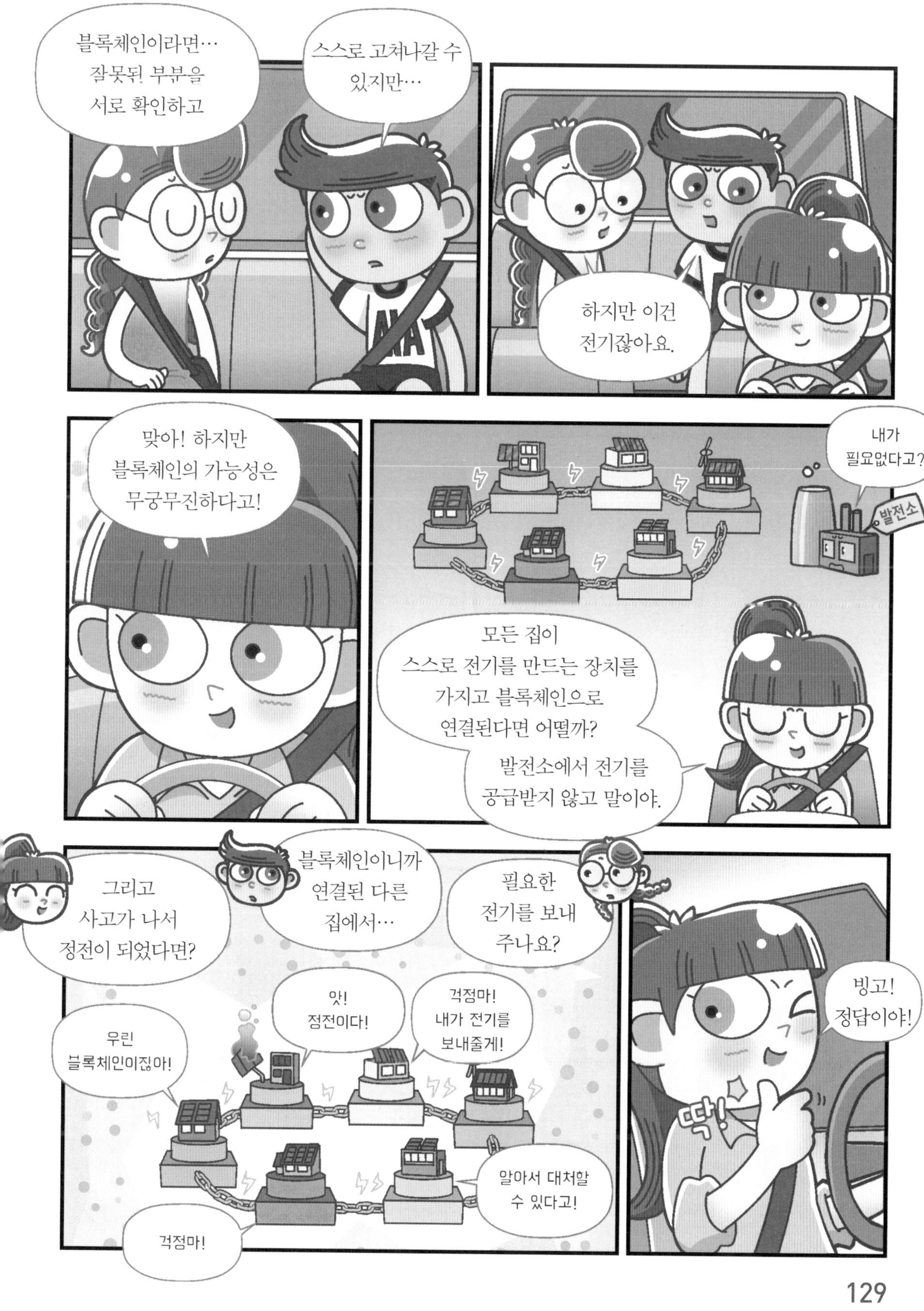

블록체인이라면…
잘못된 부분을
서로 확인하고
스스로 고쳐나갈 수
있지만…
하지만 이건
전기잖아요.
맞아! 하지만
블록체인의 가능성은
무궁무진하다고!
내가
필요없다고?
발전소
모든 집이
스스로 전기를 만드는 장치를
가지고 블록체인으로
연결된다면 어떨까?
발전소에서 전기를
공급받지 않고 말이야.
그리고
사고가 나서
정전이 되었다면?
블록체인이니까
연결된 다른
집에서…
필요한
전기를 보내
주나요?
우린
블록체인이잖아!
앗!
정전이다!
걱정마!
내가 전기를
보내줄게!
말아서 대처할
수 있다고!
걱정마!
빙고!
정답이야!
딱!

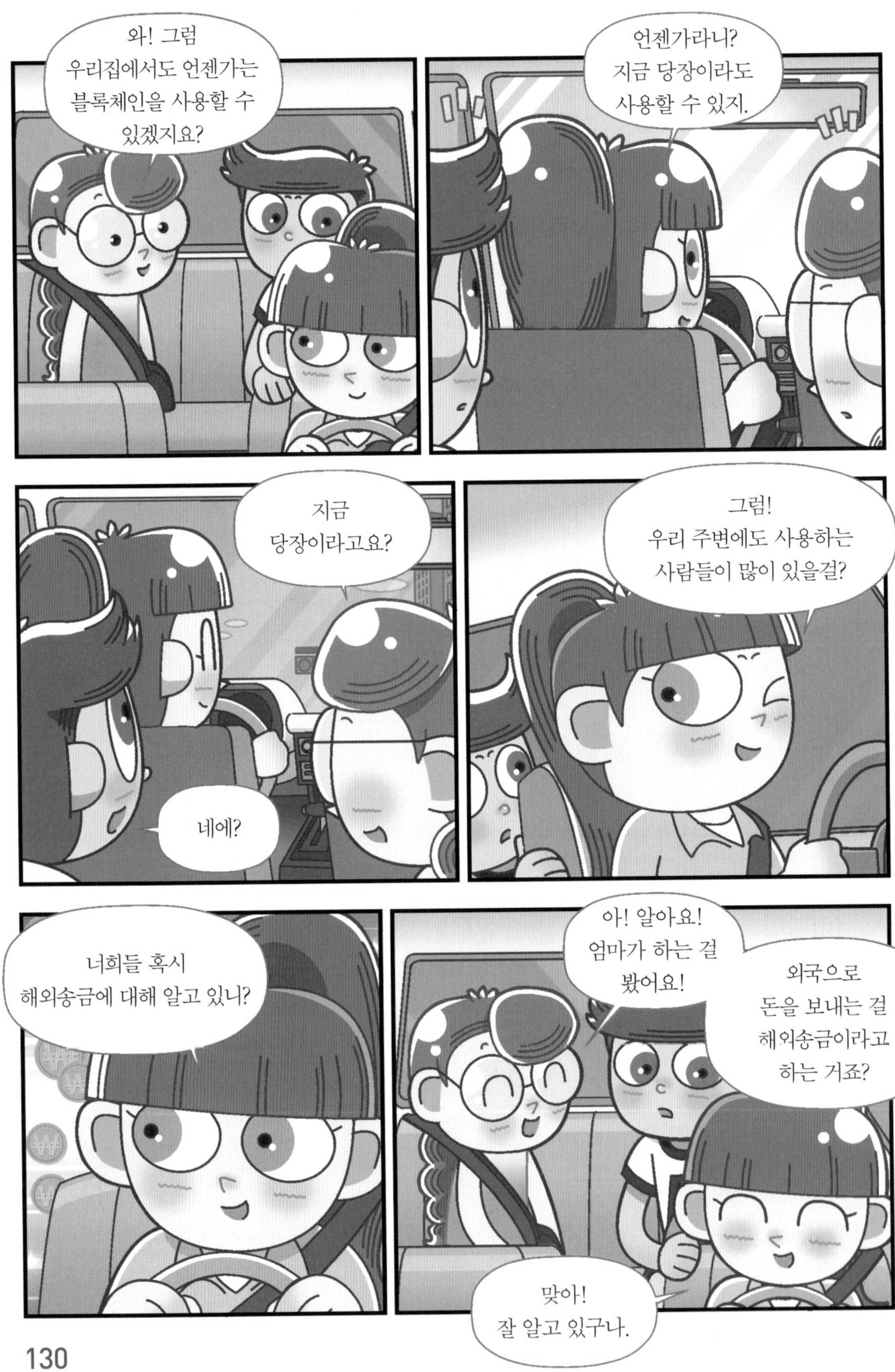

와! 그럼 우리집에서도 언젠가는 블록체인을 사용할 수 있겠지요?
언젠가라니? 지금 당장이라도 사용할 수 있지.
지금 당장이라고요?
네에?
그럼! 우리 주변에도 사용하는 사람들이 많이 있을걸?
너희들 혹시 해외송금에 대해 알고 있니?
아! 알아요! 엄마가 하는 걸 봤어요!
외국으로 돈을 보내는 걸 해외송금이라고 하는 거죠?
맞아! 잘 알고 있구나.

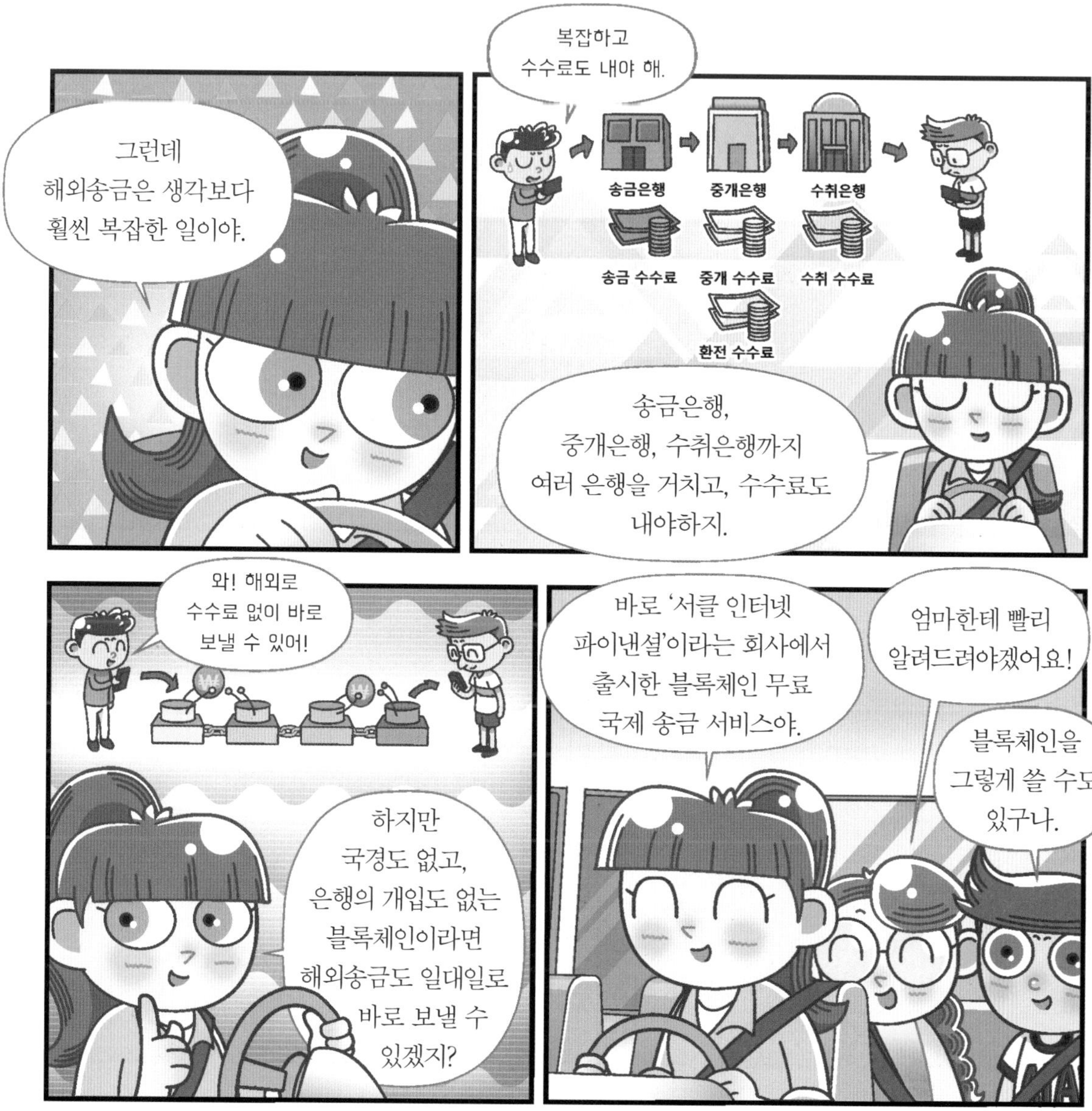
그런데
해외송금은 생각보다
훨씬 복잡한 일이야.
복잡하고
수수료도 내야 해.
송금은행
중개은행
수취은행
송금 수수료
중개 수수료
수취 수수료
환전 수수료
송금은행,
중개은행, 수취은행까지
여러 은행을 거치고, 수수료도
내야하지.
와! 해외로
수수료 없이 바로
보낼 수 있어!
하지만
국경도 없고,
은행의 개입도 없는
블록체인이라면
해외송금도 일대일로
바로 보낼 수
있겠지?
바로 '서클 인터넷
파이낸셜'이라는 회사에서
출시한 블록체인 무료
국제 송금 서비스야.
엄마한테 빨리
알려드려야겠어요!
블록체인을
그렇게 쓸 수도
있구나.

블록체인을 활용한 P2P 무료 국제 송금 서비스

2017년, 미국의 '서클 인터넷 파이낸셜'은 스마트폰의 앱을 통해 무료로 국제 송금이 가능한 P2P 서비스를 출시했어요. 블록체인의 한 종류인 이더리움으로 만들어진 이 서비스는 '왓츠앱'이나 '아이메시지'같은 SNS 서비스를 통해 송금도 할 수 있어요. 현재는 미국과 영국, 그리고 스페인에서 공식 서비스를 하고 있으며 미국의 달러화, 영국의 파운드화, 유럽의 유로화 등을 나라 간의 경계 없이 무료로 송금할 수 있어요.

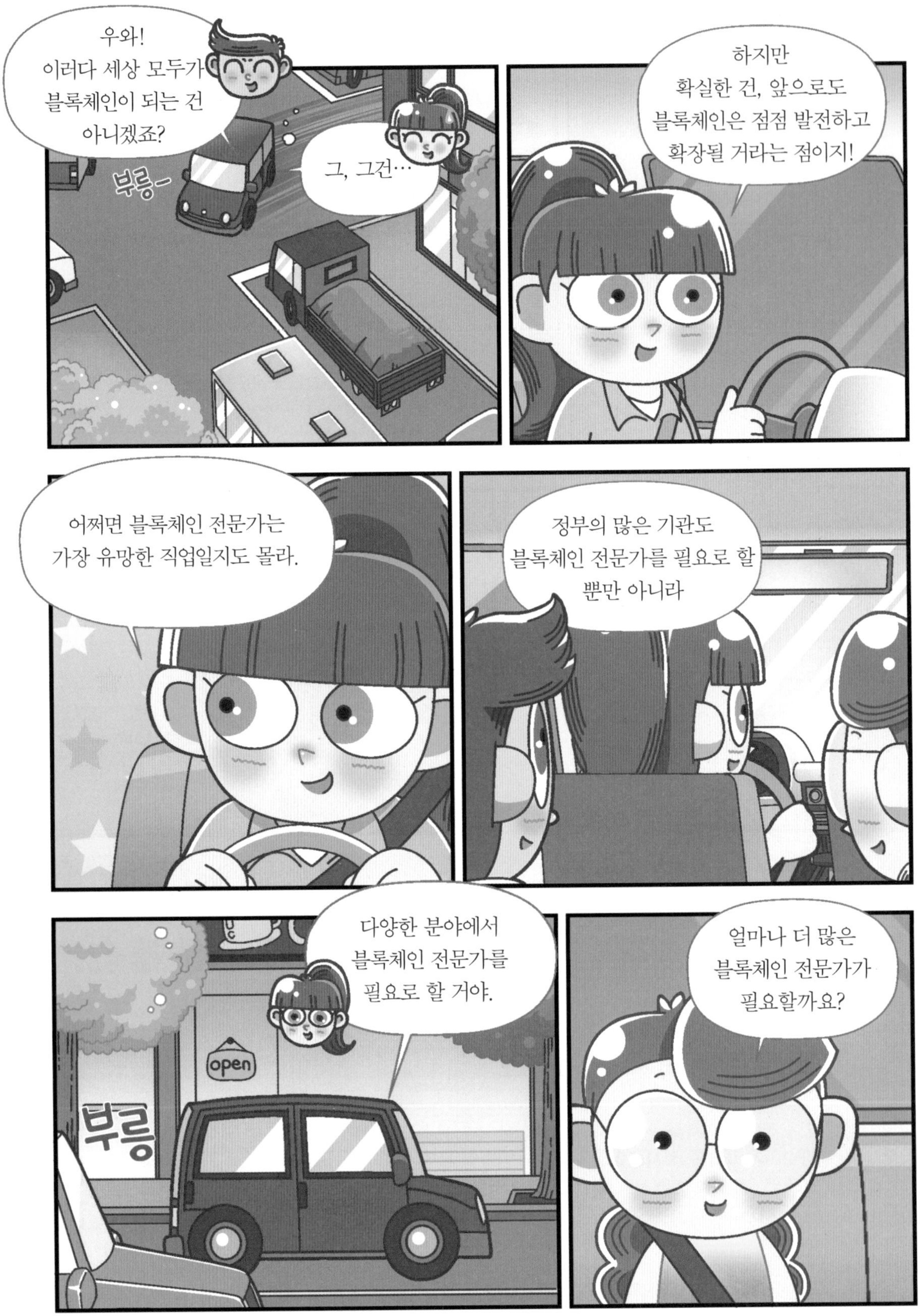

우와!
이러다 세상 모두가
블록체인이 되는 건
아니겠죠?
부릉~
그, 그건…
하지만
확실한 건, 앞으로도
블록체인은 점점 발전하고
확장될 거라는 점이지!
어쩌면 블록체인 전문가는
가장 유망한 직업일지도 몰라.
정부의 많은 기관도
블록체인 전문가를 필요로 할
뿐만 아니라
다양한 분야에서
블록체인 전문가를
필요로 할 거야.
open
부릉
얼마나 더 많은
블록체인 전문가가
필요할까요?

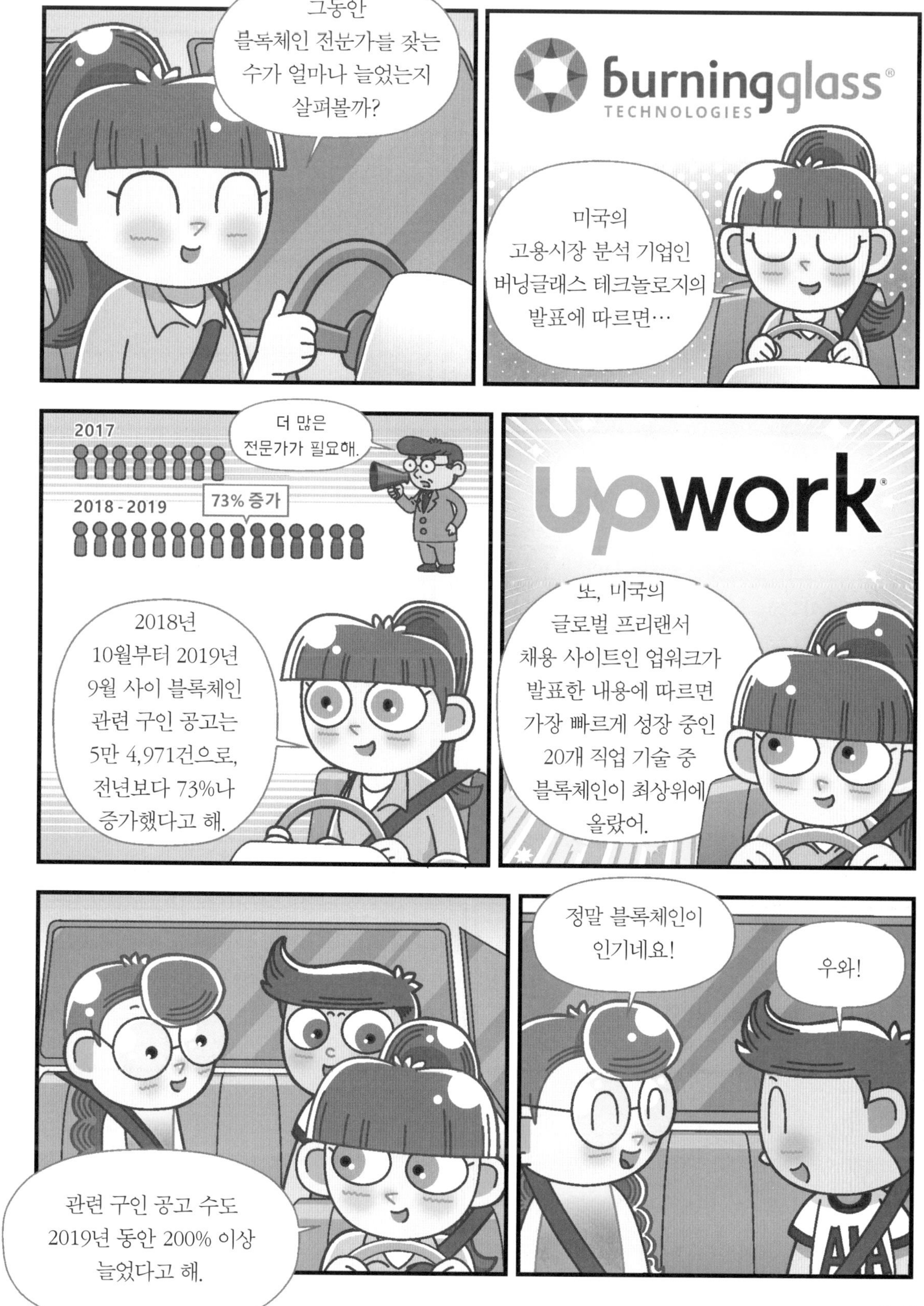
그동안 블록체인 전문가를 찾는 수가 얼마나 늘었는지 살펴볼까?
burningglass TECHNOLOGIES
미국의 고용시장 분석 기업인 버닝글래스 테크놀로지의 발표에 따르면…
2017
2018 - 2019
73% 증가
더 많은 전문가가 필요해.
2018년 10월부터 2019년 9월 사이 블록체인 관련 구인 공고는 5만 4,971건으로, 전년보다 73%나 증가했다고 해.
upwork
또, 미국의 글로벌 프리랜서 채용 사이트인 업워크가 발표한 내용에 따르면 가장 빠르게 성장 중인 20개 직업 기술 중 블록체인이 최상위에 올랐어.
관련 구인 공고 수도 2019년 동안 200% 이상 늘었다고 해.
정말 블록체인이 인기네요!
우와!

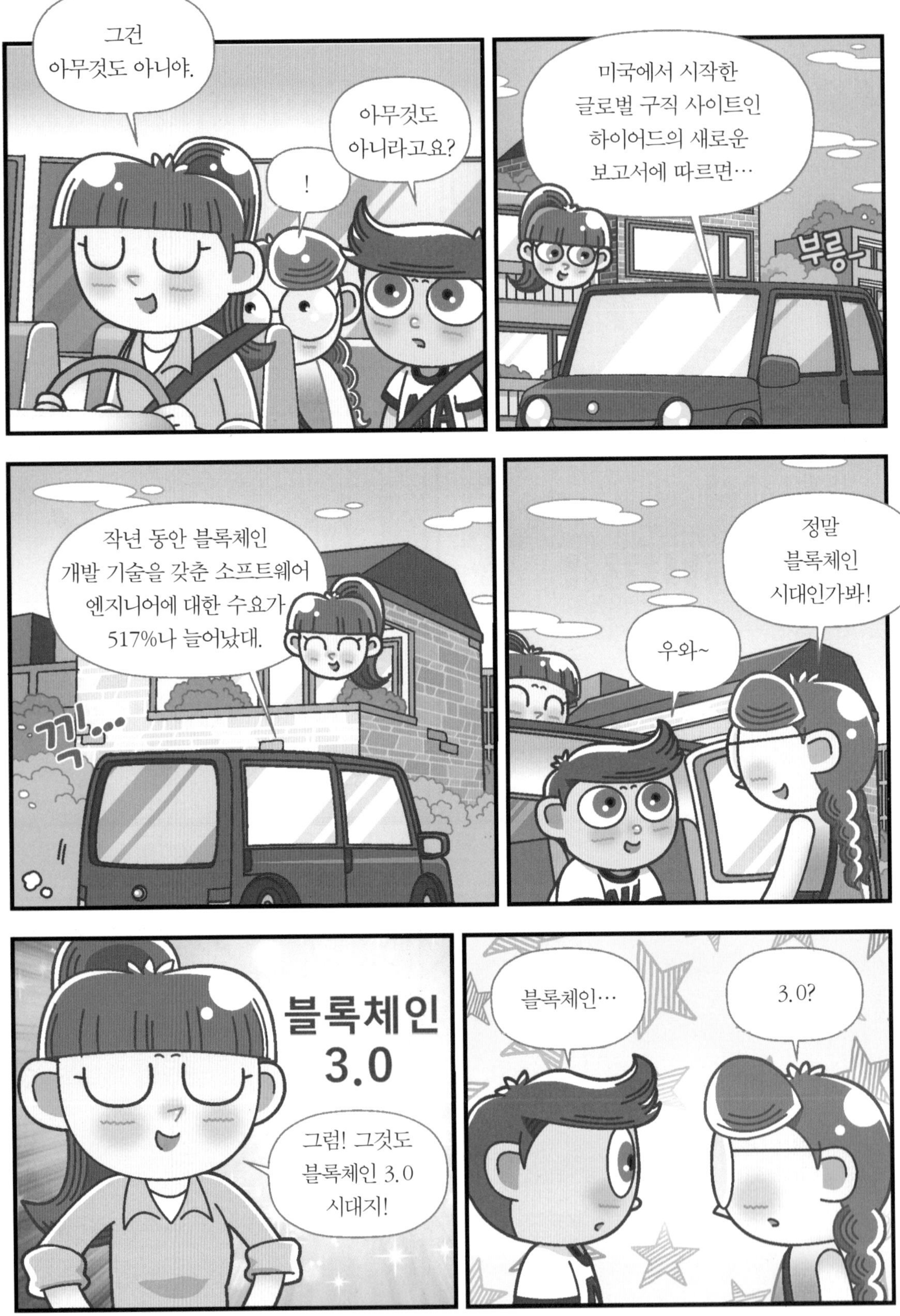

그건
아무것도 아니야.
!
아무것도
아니라고요?
미국에서 시작한
글로벌 구직 사이트인
하이어드의 새로운
보고서에 따르면…
부릉-
작년 동안 블록체인
개발 기술을 갖춘 소프트웨어
엔지니어에 대한 수요가
517%나 늘어났대.
끽…
정말
블록체인
시대인가봐!
우와~
블록체인
3.0
그럼! 그것도
블록체인 3.0
시대지!
블록체인…
3.0?

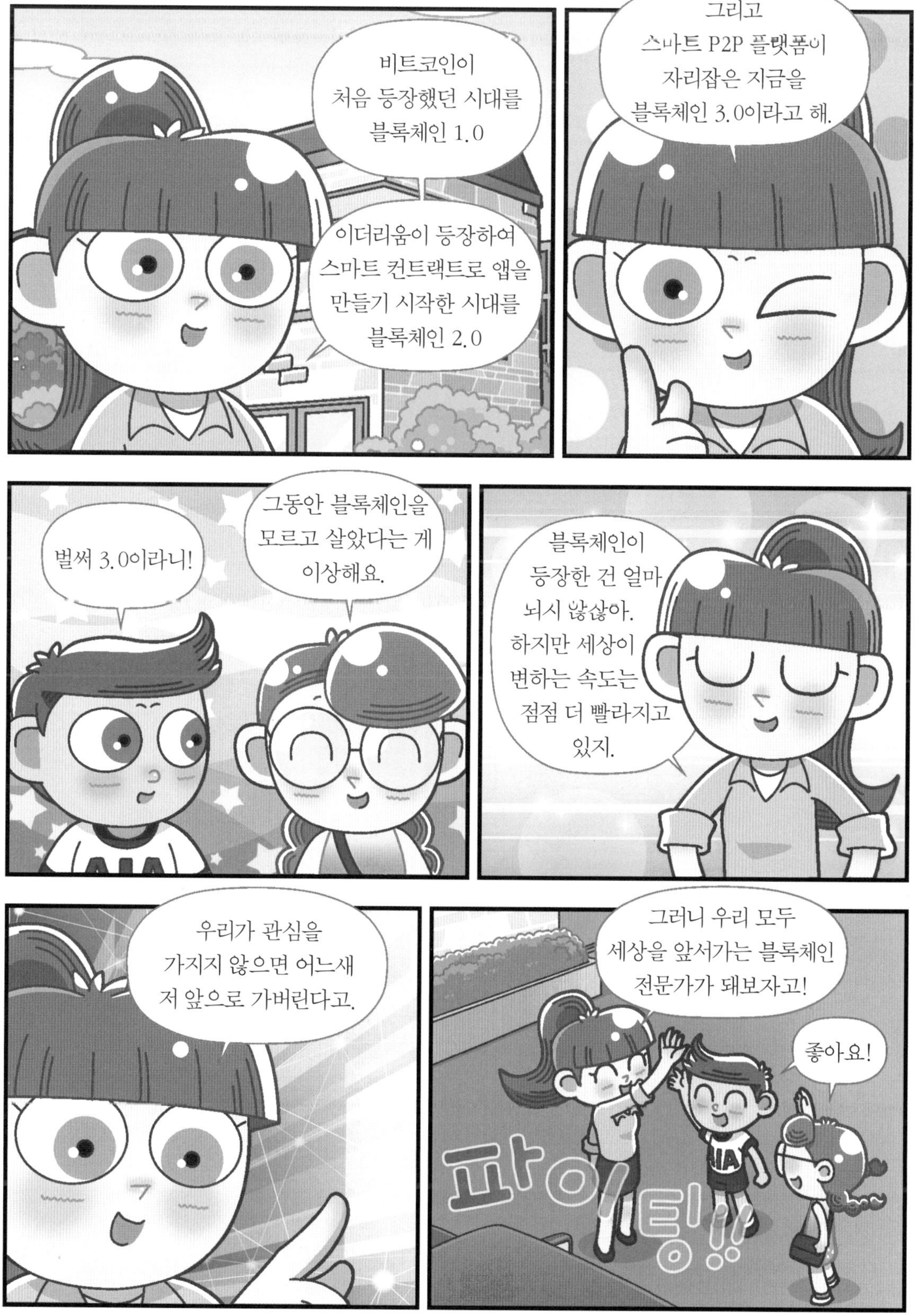
비트코인이 처음 등장했던 시대를 블록체인 1.0
이더리움이 등장하여 스마트 컨트랙트로 앱을 만들기 시작한 시대를 블록체인 2.0
그리고 스마트 P2P 플랫폼이 자리잡은 지금을 블록체인 3.0이라고 해.
벌써 3.0이라니!
그동안 블록체인을 모르고 살았다는 게 이상해요.
블록체인이 등장한 건 얼마 되지 않잖아. 하지만 세상이 변하는 속도는 점점 더 빨라지고 있지.
우리가 관심을 가지지 않으면 어느새 저 앞으로 가버린다고.
그러니 우리 모두 세상을 앞서가는 블록체인 전문가가 돼보자고!
좋아요!
파이팅!!

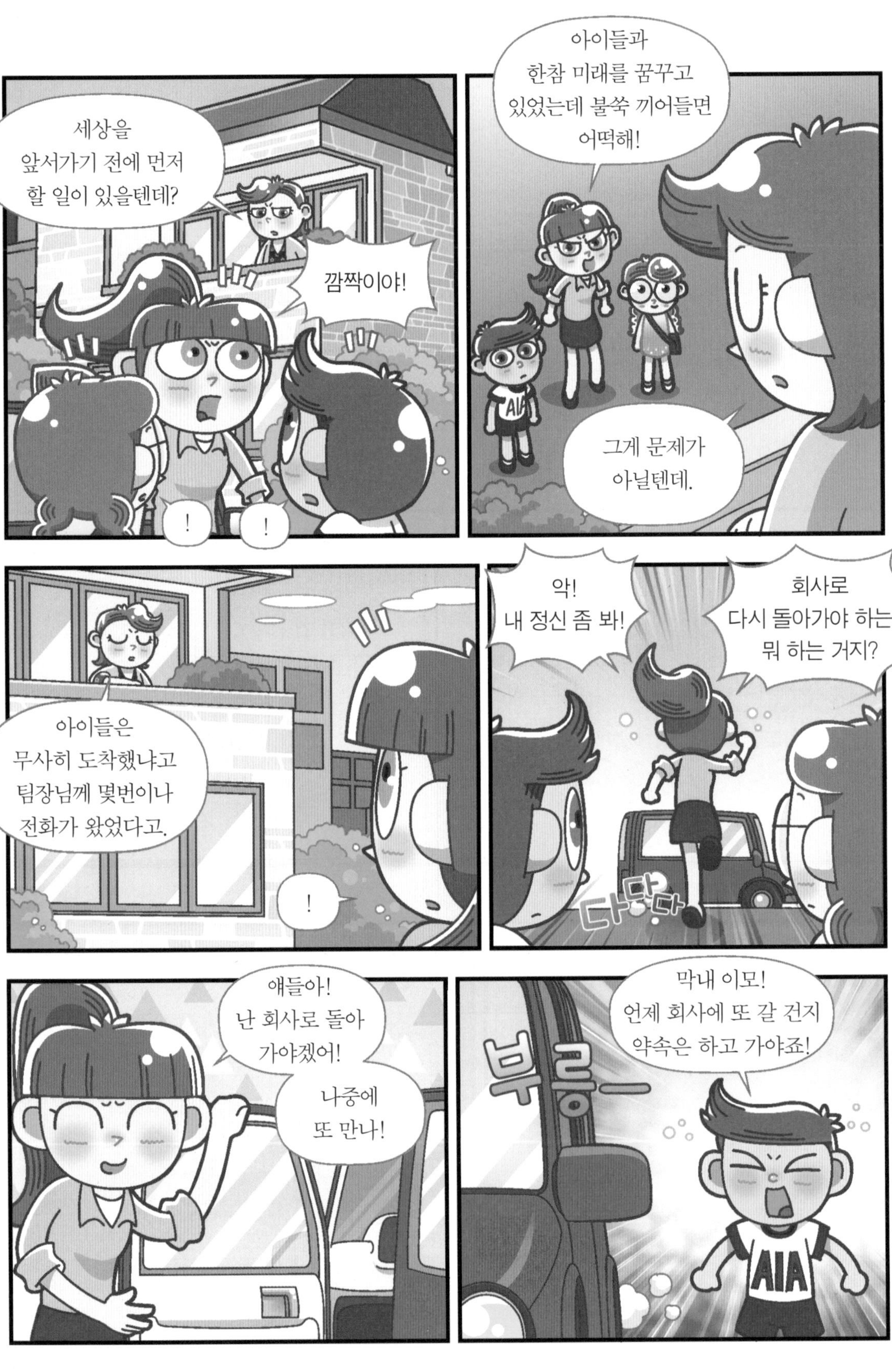
세상을
앞서가기 전에 먼저
할 일이 있을텐데?
깜짝이야!
!
!
아이들과
한참 미래를 꿈꾸고
있었는데 불쑥 끼어들면
어떡해!
그게 문제가
아닐텐데.
아이들은
무사히 도착했냐고
팀장님께 몇번이나
전화가 왔었다고.
!
악!
내 정신 좀 봐!
회사로
다시 돌아가야 하는데
뭐 하는 거지?
다다다
AIA
애들아!
난 회사로 돌아
가야겠어!
나중에
또 만나!
부릉—
막내 이모!
언제 회사에 또 갈 건지
약속은 하고 가야죠!
AIA

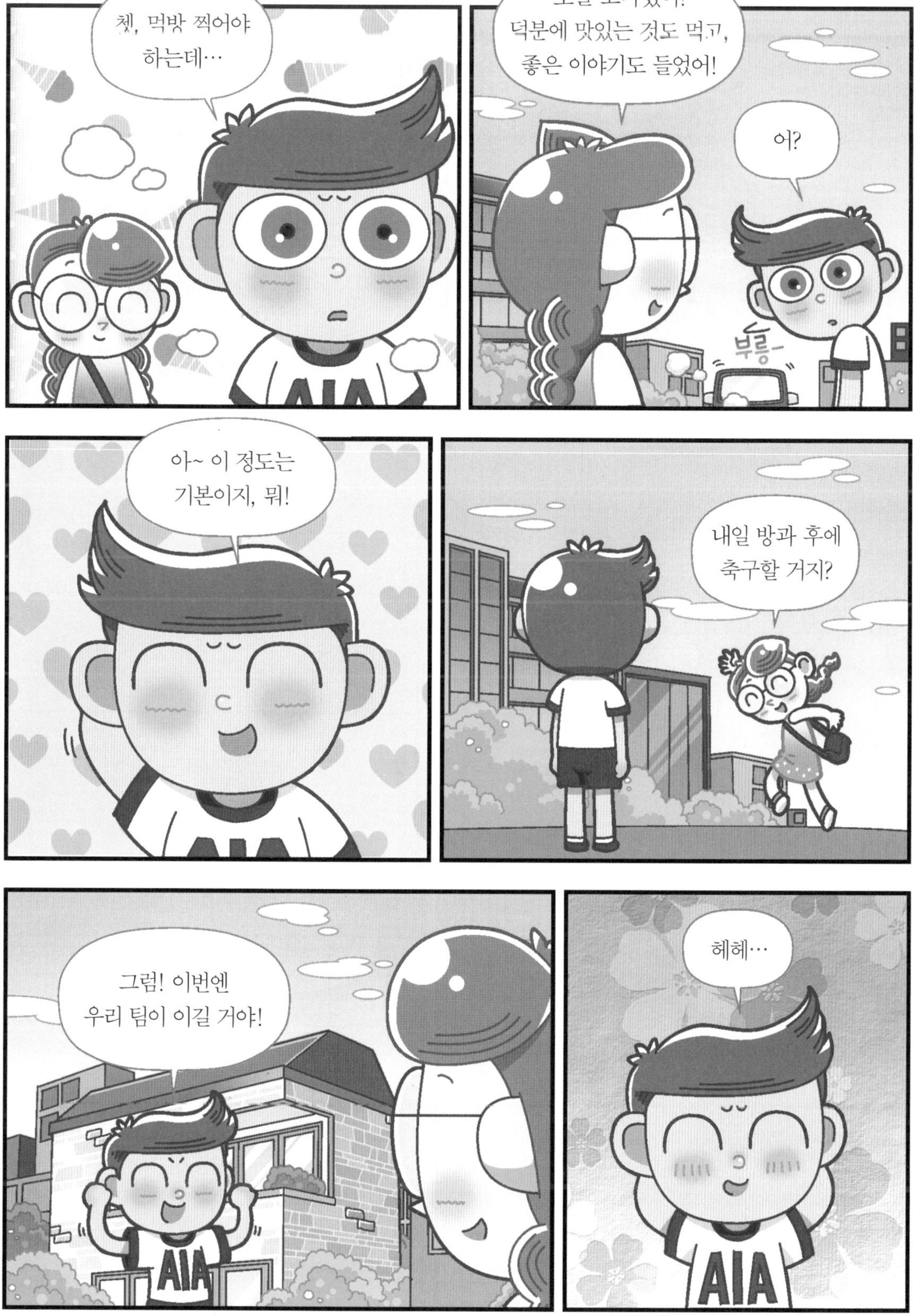
췟, 먹방 찍어야 하는데…
오늘 고마웠어! 덕분에 맛있는 것도 먹고, 좋은 이야기도 들었어!
어?
부릉~
아~ 이 정도는 기본이지, 뭐!
내일 방과 후에 축구할 거지?
그럼! 이번엔 우리 팀이 이길 거야!
헤헤…

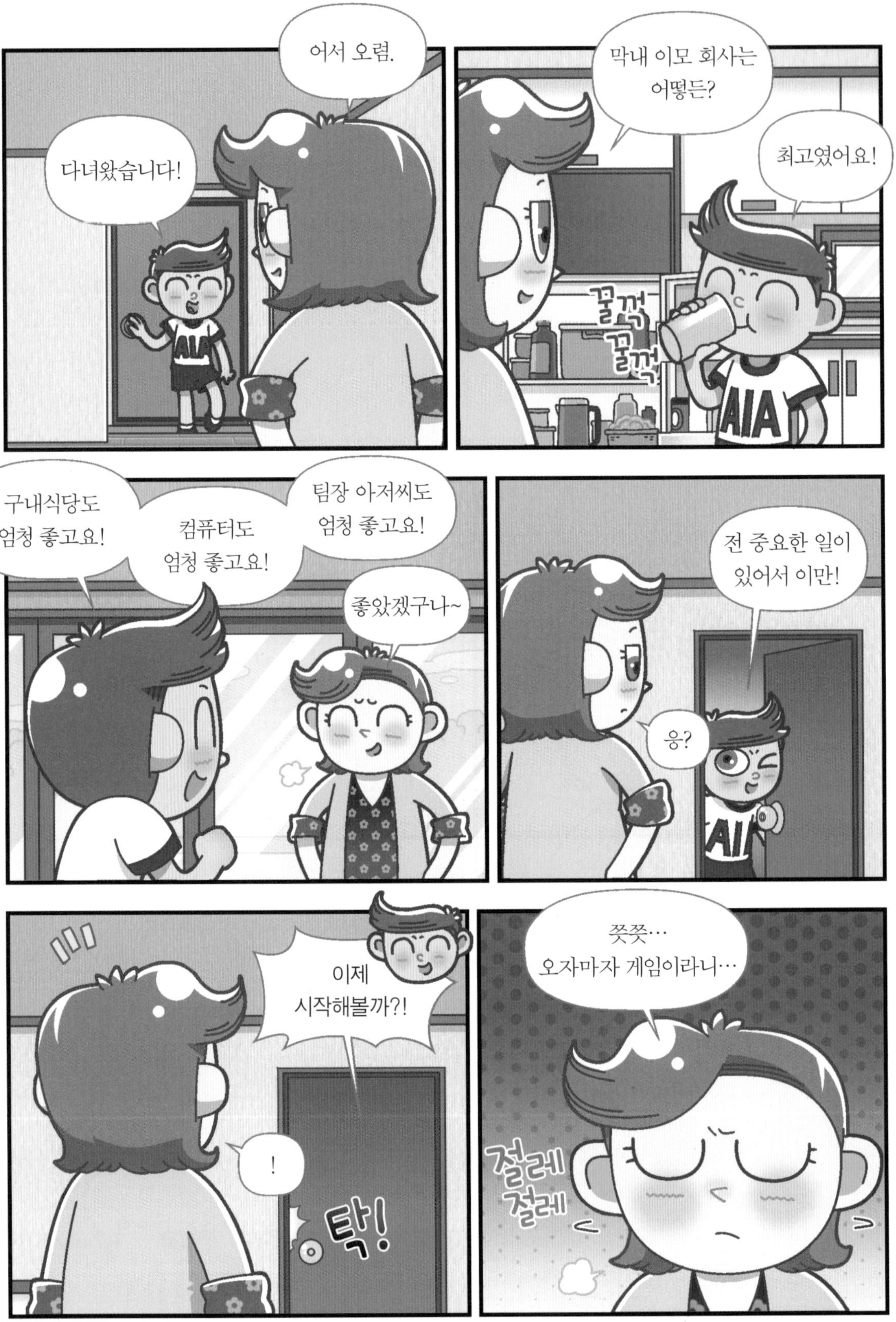
어서 오렴.
다녀왔습니다!
막내 이모 회사는 어떻든?
최고였어요!
꿀꺽 꿀꺽
구내식당도 엄청 좋고요!
컴퓨터도 엄청 좋고요!
팀장 아저씨도 엄청 좋고요!
좋았겠구나~
전 중요한 일이 있어서 이만!
응?
이제 시작해볼까?!
!
탁!
쯧쯧…
오자마자 게임이라니…
절레 절레

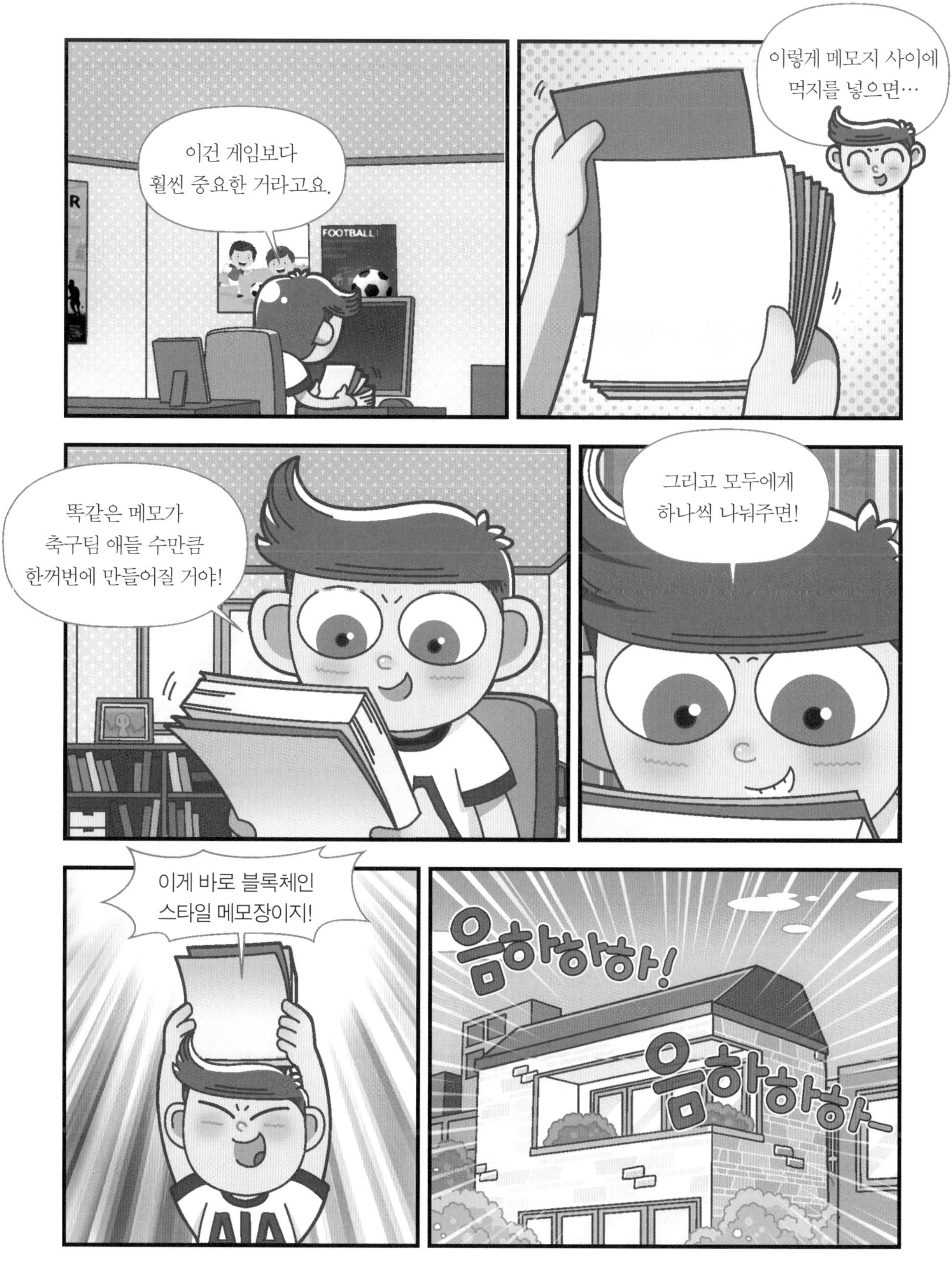
이건 게임보다
훨씬 중요한 거라고요.
FOOTBALL!
이렇게 메모지 사이에
먹지를 넣으면…
똑같은 메모가
축구팀 애들 수만큼
한꺼번에 만들어질 거야!
그리고 모두에게
하나씩 나눠주면!
이게 바로 블록체인
스타일 메모장이지!
음하하하!
음하하하~
AIA

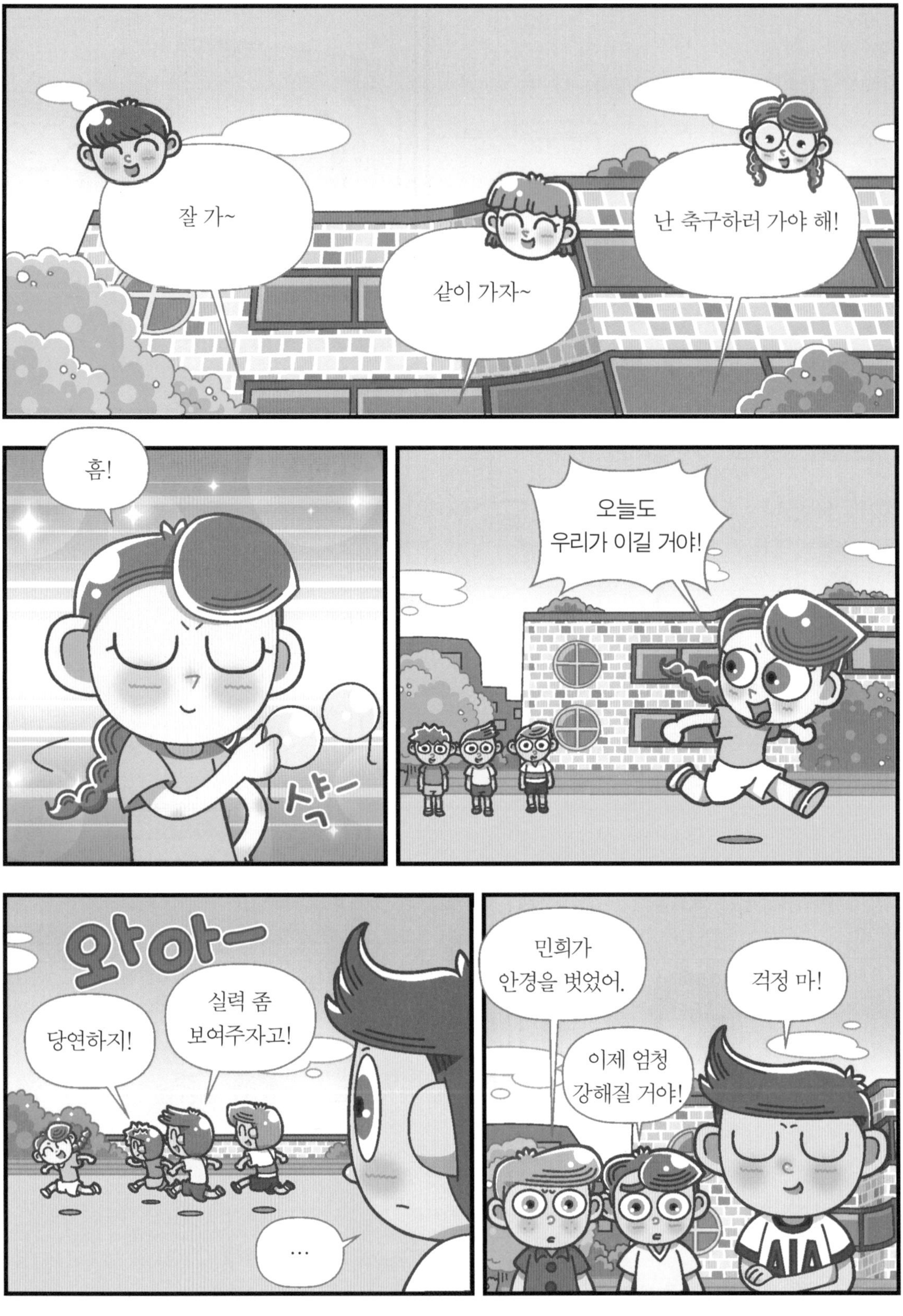
잘 가~
같이 가자~
난 축구하러 가야 해!
흠!
샥—
오늘도
우리가 이길 거야!
와아—
당연하지!
실력 좀
보여주자고!
…
민희가
안경을 벗었어.
걱정 마!
이제 엄청
강해질 거야!

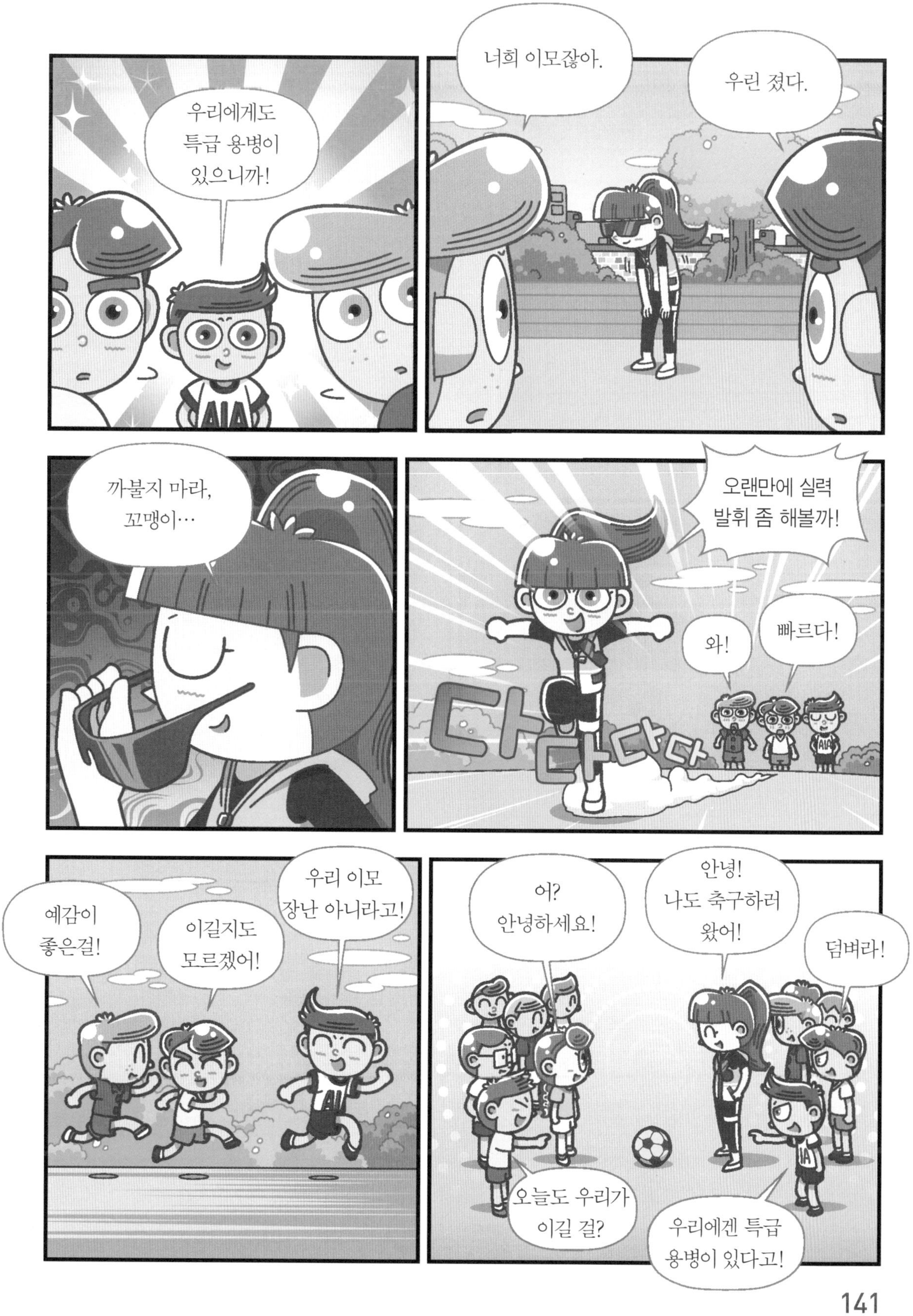
우리에게도
특급 용병이
있으니까!
너희 이모잖아.
우린 졌다.
까불지 마라,
꼬맹이…
오랜만에 실력
발휘 좀 해볼까!
다다다다
와!
빠르다!
예감이
좋은걸!
이길지도
모르겠어!
우리 이모
장난 아니라고!
어?
안녕하세요!
안녕!
나도 축구하러
왔어!
덤벼라!
오늘도 우리가
이길 걸?
우리에겐 특급
용병이 있다고!

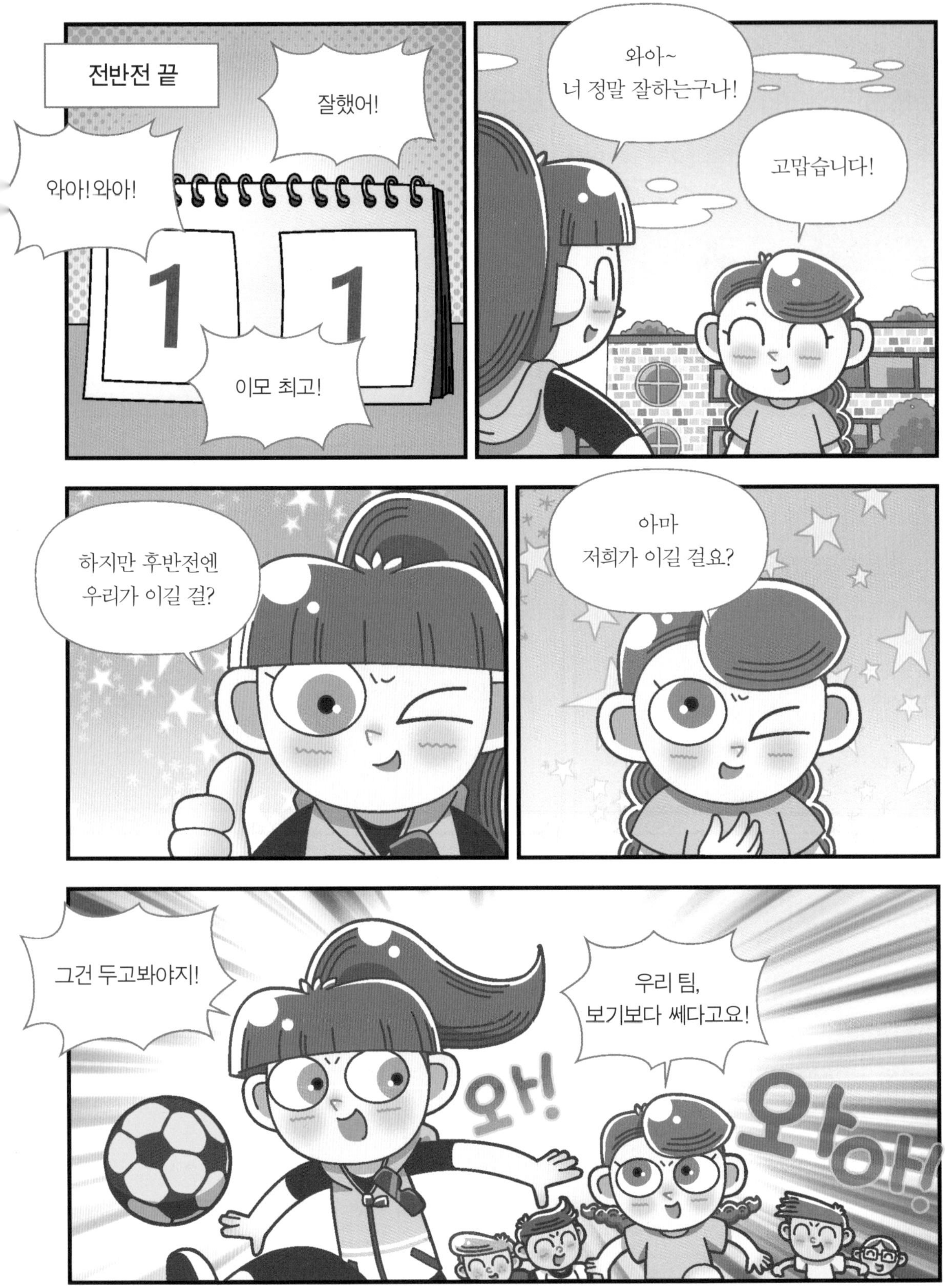
전반전 끝
잘했어!
와아! 와아!
1 1
이모 최고!
와아~ 너 정말 잘하는구나!
고맙습니다!
하지만 후반전엔 우리가 이길 걸?
아마 저희가 이길 걸요?
그건 두고봐야지!
우리 팀, 보기보다 쎄다고요!
와!
와아!

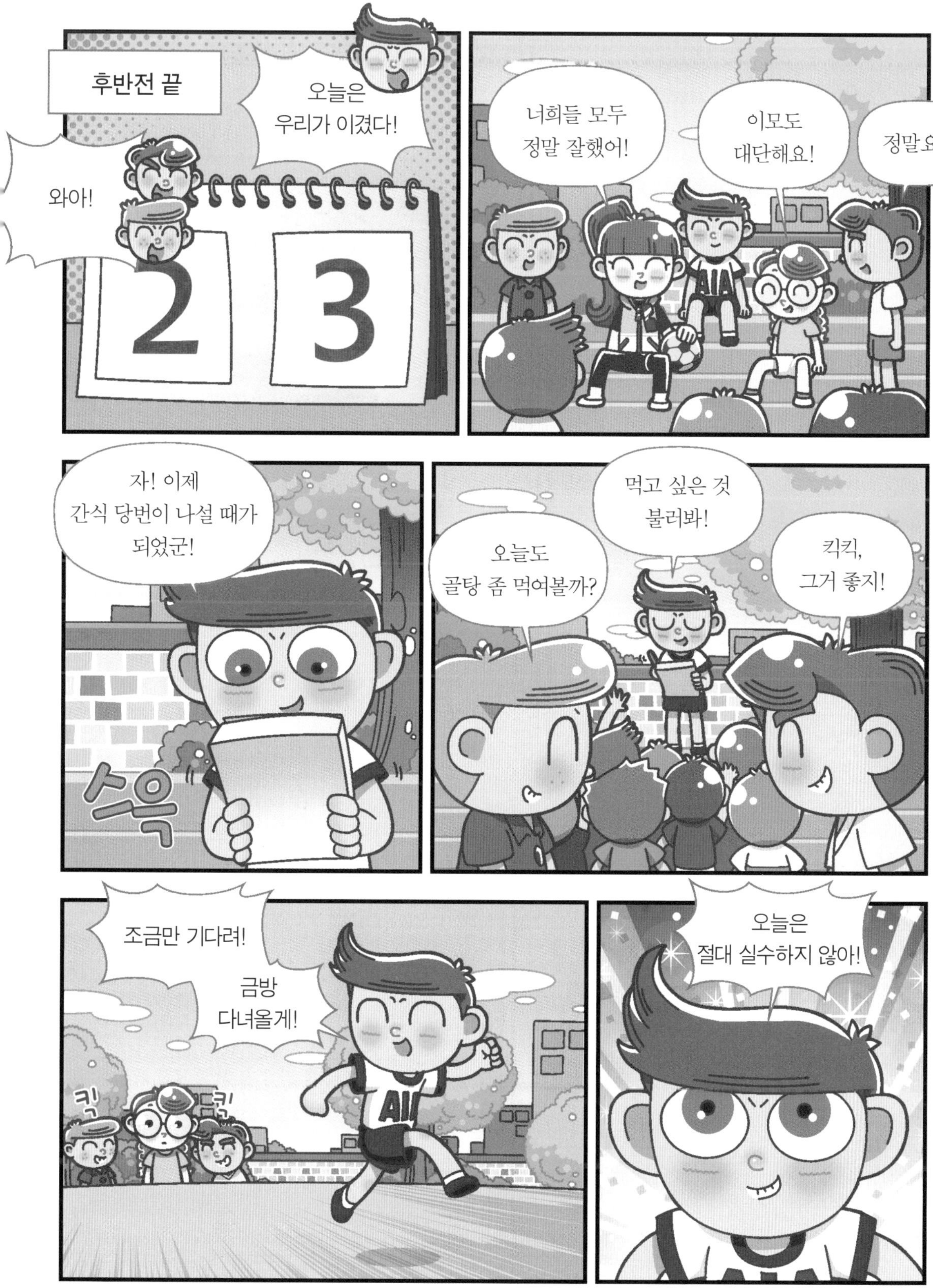

후반전 끝
오늘은 우리가 이겼다!
와아!
2 3
너희들 모두 정말 잘했어!
이모도 대단해요!
정말요!
자! 이제 간식 당번이 나설 때가 되었군!
스윽
먹고 싶은 것 불러봐!
오늘도 골탕 좀 먹여볼까?
킥킥, 그거 좋지!
조금만 기다려!
금방 다녀올게!
킥
킥
오늘은 절대 실수하지 않아!

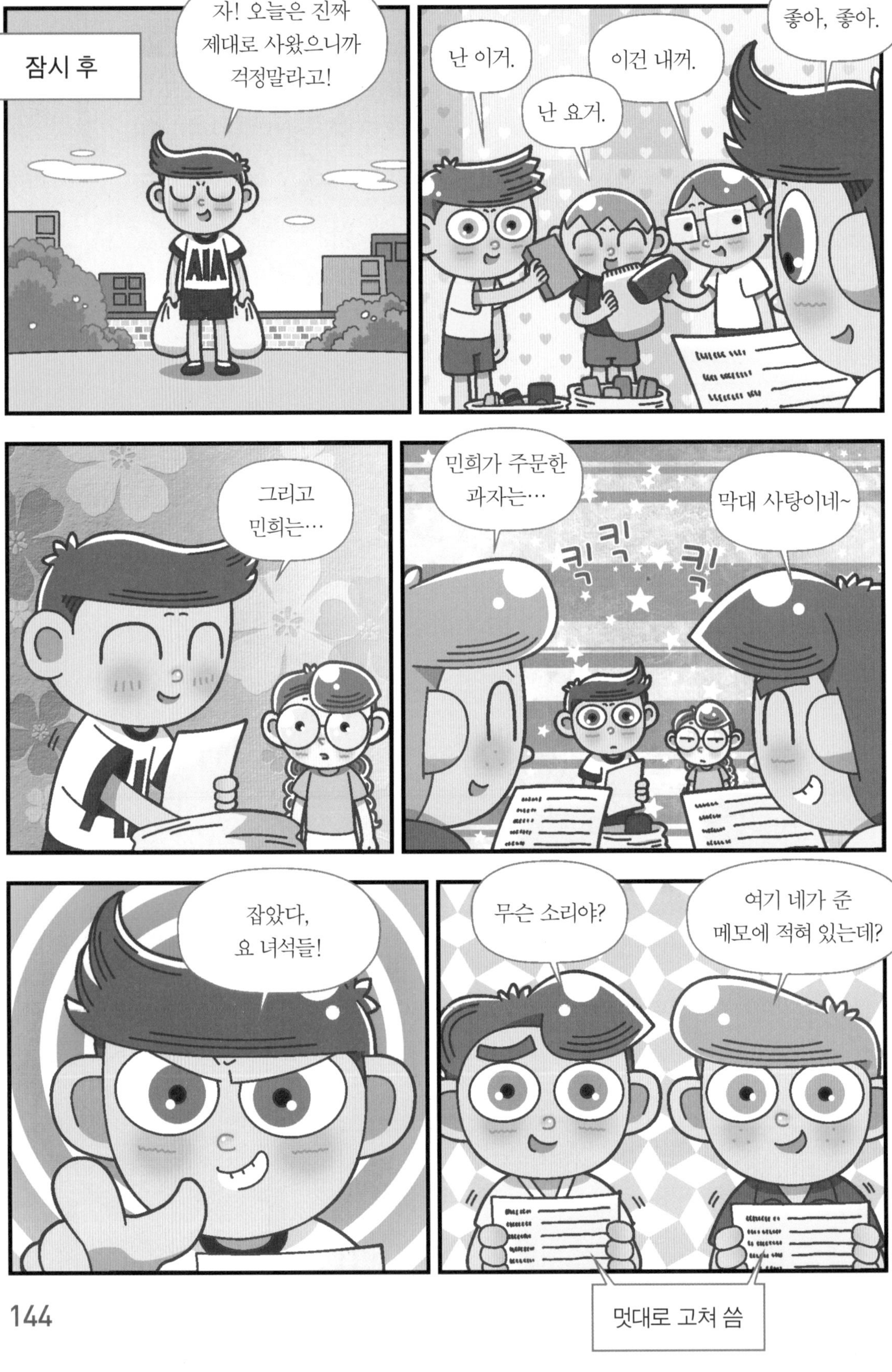
잠시 후
자! 오늘은 진짜 제대로 사왔으니까 걱정말라고!
난 이거.
난 요거.
이건 내꺼.
좋아, 좋아.
그리고 민희는…
민희가 주문한 과자는…
킥 킥 킥
막대 사탕이네~
잡았다, 요 녀석들!
무슨 소리야?
여기 네가 준 메모에 적혀 있는데?
멋대로 고쳐 씀

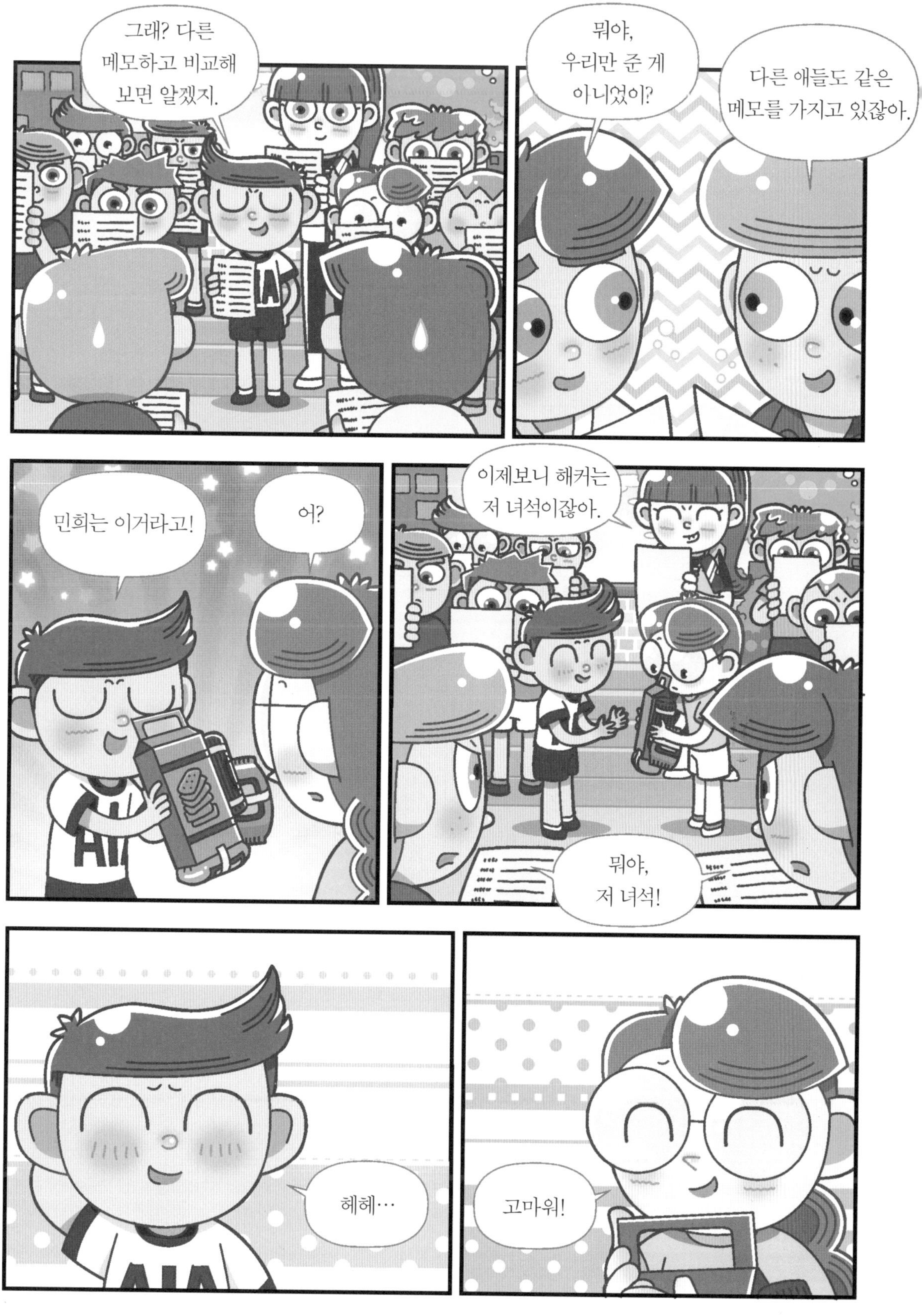

그래? 다른 메모하고 비교해 보면 알겠지.
뭐야, 우리만 준 게 아니었어?
다른 애들도 같은 메모를 가지고 있잖아.
민희는 이거라고!
어?
이제보니 해커는 저 녀석이잖아.
뭐야, 저 녀석!
헤헤…
고마워!

블록체인 기술이 활발하게 도입되고 있는 의료 사업

우리나라에는 '메디블록'이란 블록체인 기반의 의료정보 오픈 플랫폼이 있어요. 메디블록은 모든 의료정보를 안전하게 통합하여 관리할 수 있게 하는 플랫폼이에요. 메디블록을 통해서 의료 소비자는 본인의 의료정보를 안전하게 관리할 수 있고, 의료 공급자는 환자의 의료정보를 얻을 수 있어요.

서울시에서는 취약계층의 의료기록을 공유하는 블록체인 시스템을 개발한다고 해요. 데이터 위변조가 어려워 보안이 보장된 블록체인 기술을 적용하여 중복 진료를 방지하기 위해서죠. 그럼 블록체인 기술이 의료사업에 활용되면 어떤 효과가 있을지 알아볼까요?

● 의료정보 보안성 강화

개인의료정보를 안전하게 보호받을 수 있어요. 블록체인은 사용자의 데이터를 분산해서 기록하기 때문에 사용자의 데이터를 임의로 수정할 수 없어요. 이 덕분에 의료 데이터를 위조하거나 변조하는 것을 방지할 수 있어요. 또한 해커가 마음대로 기록을 바꿀수 없기 때문에 투명성과 보안성이 확보돼요.

● 모조품 약 방지

의약품 거래 시스템에 블록체인 기술을 활용
하면 모조품 약은 추가할 수 없게 돼요. 모
조품 약이라고 드러나면, 모든 거래처에 공
유되기 때문에 거래를 막을 수 있어요. 특히
엄격하게 규제되어야 하는 중요한 약품들의
오남용을 방지할 수 있어요.

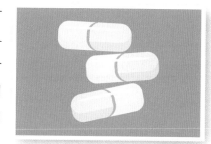

● 진료 기록의 편리성

여러 병원을 다니는 환자들이 진료받기 편해
져요. 환자 개인이 스마트기기를 통해 진료
기록을 직접 관리할 수 있기 때문에 다른 병
원에 가서도 어떤 진료를 받았는지 진료 내
역을 확인할 수 있어서 편리해요. 중복된 검
사를 받지 않고 치료받을 수 있어요.

● 보험처리 절차 간소화

복잡한 보험처리 절차가 한 번으로 간편해
질 수 있어요. 스마트 계약 기술을 적용하면
중개자 없이 실시간으로 보험을 청구하고,
심사하고 지급하기까지 한 번에 가능해지거
든요.

Job? 08

나는 블록체인 전문가가 될 거야!

초판 1쇄 발행 · 2020년 8월 28일
초판 2쇄 발행 · 2021년 9월 10일

지은이 · 주성윤
그린이 · 주성윤
펴낸이 · 이종문(李從聞)
펴낸곳 · 국일아이

등 록 · 제406-2008-000032호
주 소 · 경기도 파주시 광인사길 121 파주출판문화정보산업단지(문발동)
영업부 · Tel 031)955-6050 | Fax 031)955-6051
편집부 · Tel 031)955-6070 | Fax 031)955-6071

평생전화번호 · 0502-237-9101~3

홈페이지 · www.ekugil.com
블 로 그 · blog.naver.com/kugilmedia
페이스북 · www.facebook.com/kugilmedia
E-mail · kugil@ekugil.com

• 값은 표지 뒷면에 표기되어 있습니다.
• 잘못된 책은 구입하신 서점에서 바꿔드립니다.

ISBN 979-11-87007-71-5(14300)
979-11-87007-97-5(세트)

워크북

Job?
나는 블록체인 전문가가
될 거야!

국일아이

목차

국가직무능력표준(NCS)	3
등장인물의 특징 알아보기	4
궁금해요, 블록체인	5
블록체인 개발자는 무슨 일을 할까?	6
블록체인 개발자에게 필요한 능력은?	7
블록체인 프로젝트 관리자는 무슨 일을 할까?	8
블록체인 프로젝트 관리자에게 필요한 자질은?	9
블록체인 품질엔지니어에 대해 알아보자	10
누구일까?	11
블록체인 법률변호사에 대해 알아보자	12
블록체인 웹디자이너에 대해 알아보자	13
블록체인 관련 직업을 알아보자	14
블록체인의 종류	15
블록체인은 어떻게 활용될까?	16
글로벌 기업의 블록체인 활용	18
찬성 VS 반대	20
암호화폐란 무엇일까?	21
나도 블록체인 전문가가 될 수 있을까?	22
내가 블록체인 개발자라면?	23
해답	24

2

워크북 활용법

직업 탐험   각 기관의 대표 직업(네 가지)이 하는 일, 필요한 지식, 자질 등에 관한 정보뿐만 아니라 관련 직업에 관한 정보를 얻어요.

직업 놀이터   다른 그림 찾기, 숨은그림찾기, 미로 찾기, 색칠하기, ○✕ 퀴즈 등 재미있는 놀이 요소를 통해 직업 상식을 알아봐요.

직업 톡톡   직업 윤리나 직업과 관련한 이야기로 자신의 생각을 표현하며 직업을 간접 체험해요.

NCS
(국가직무능력표준)

국가직무능력표준(NCS, National Competency Standards)이란 국가가 현장에서 직무를 수행하는 데 필요한 지식, 기술, 태도 등을 산업별, 수준별로 표준화한 것을 말한다. 대분류 24개, 중분류 79개, 소분류 253개, 세분류 1,001개로 표준화되었으며 계속 계발 중이므로 더 추가될 예정이다.

국가직무능력표준(NCS)에 따른 24개 분야의 직업군

01 사업 관리	02 경영·회계 사무	03 금융·보험	04 교육·자연 사회 과학	05 법률·경찰 소방·교도·국방
06 보건·의료	07 사회 복지·종교	08 문화·예술 디자인·방송	09 운전·운송	10 영업·판매
11  경비·청소	12 이용·숙박·여행 오락·스포츠	13 음식 서비스	14 건설	15 기계
16 재료	17 화학	18 섬유·의류	19 전기·전자	20 정보 통신
21 식품 가공	22 인쇄·목재 가구·공예	23 환경·에너지·안전	24 농림·어업	

등장인물의 특징 알아보기

《job? 나는 블록체인 전문가가 될 거야!》에는 지호, 민희, 막내 이모, 정대리, 팀장님 등이 등장한다. 각 인물을 떠올리며 빈칸을 채워보자.

인물	특징
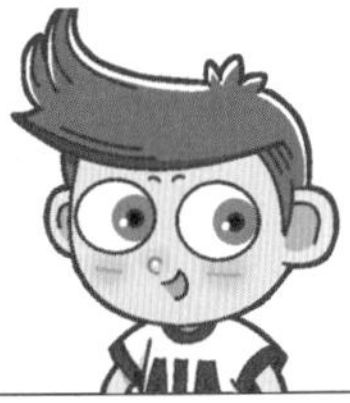 지호	축구와 게임을 좋아하는 밝고 명랑한 초등학교 5학년 남학생이다. 방과후 축구팀인데 새로 들어온 민희를 좋아하게 된다. 하지만 친구들의 장난에 실수만 반복한다. 실수를 이겨낼 아이디어를 생각하는데 그것이 바로 ______________방법이어서 막내 이모를 놀라게 한다.
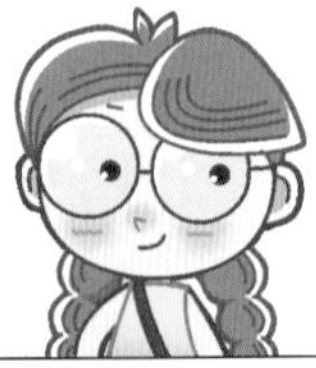 민희	지호와 같은 반 친구로 얌전하고 조용하며 큰 안경을 낀 여학생이다. 하지만 안경을 벗으면 누구보다도 활기차고 적극적인 모습으로 변한다. 지호의 막내 이모를 만난 후 막내 이모의 멋진 모습을 보고 블록체인에 관심을 갖게 된다.
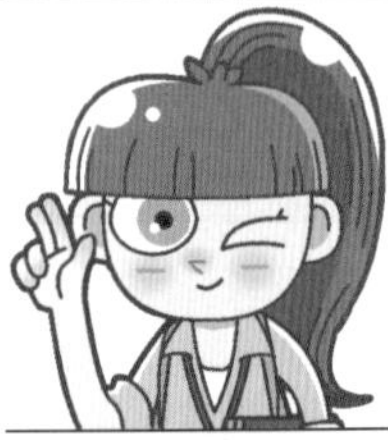 막내 이모	너무 똑같아서 언제나 헷갈리는 쌍둥이 이모 중 동생이다. ______________로 일하며 활기차고 적극적인 성격이다. 지호의 아이디어가 블록체인을 닮았음을 발견하고 지호와 민희에게 블록체인 전문가가 하는 일을 소개해 준다.
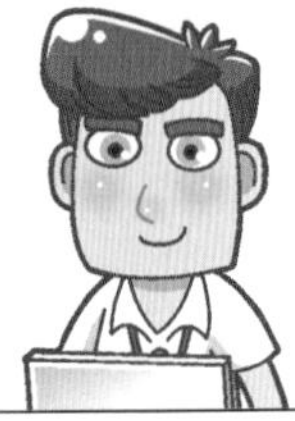 정대리	막내 이모와 같은 회사에서 일하는 동료로 ________________다. 침착하고 친절하며, 어쩌면 막내 이모를 좋아하고 있는지도 모른다. 지호와 민희를 회사에 초대해 블록체인의 세계를 더 자세히 알려주는 안내자가 되어준다.
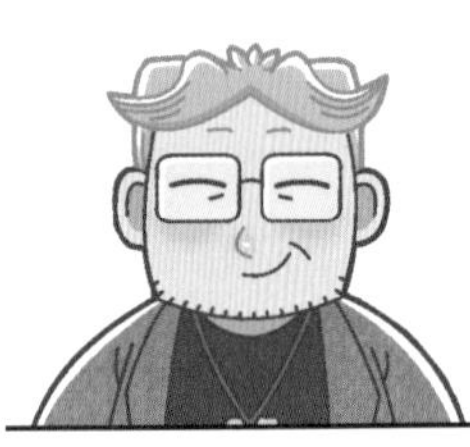 팀장님	막내 이모 회사의 팀장님으로 ______________다. 많은 경험과 경력으로 회사의 팀원들을 이끌어가며 많이 먹는 사람에게 친절하다. 회사 구내식당에서 엄청 많이 먹는 지호를 보고 블록체인에 대해 친절하게 설명해 준다.

블록체인은 누구나 열람할 수 있는 장부에 거래 내역을 투명하게 기록하고 관리하는 것으로 여러 대의 컴퓨터에 거래 내역을 복제해 저장하는 분산형 데이터 저장기술이다. 다음 중 블록체인에 대해 바르게 설명한 것을 찾아보자. (정답은 다섯 개)

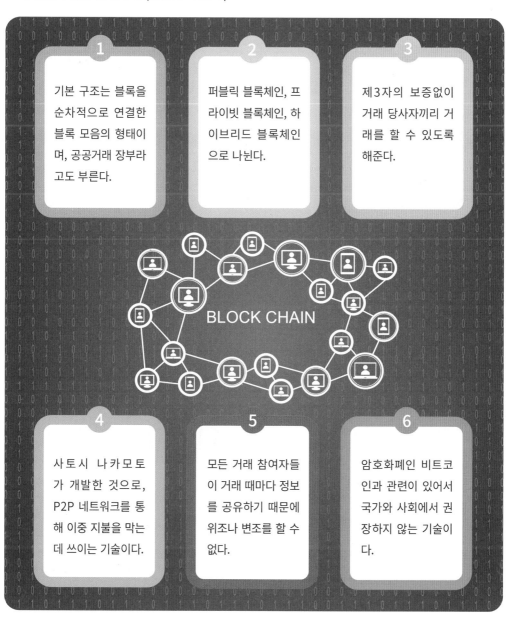

1
기본 구조는 블록을 순차적으로 연결한 블록 모음의 형태이며, 공공거래 장부라고도 부른다.

2
퍼블릭 블록체인, 프라이빗 블록체인, 하이브리드 블록체인으로 나뉜다.

3
제3자의 보증없이 거래 당사자끼리 거래를 할 수 있도록 해준다.

BLOCK CHAIN

4
사토시 나카모토가 개발한 것으로, P2P 네트워크를 통해 이중 지불을 막는데 쓰이는 기술이다.

5
모든 거래 참여자들이 거래 때마다 정보를 공유하기 때문에 위조나 변조를 할 수 없다.

6
암호화폐인 비트코인과 관련이 있어서 국가와 사회에서 권장하지 않는 기술이다.

블록체인 개발자는 무슨 일을 할까?

블록체인 개발자는 블록체인을 운용하는 프로그램을 개발한다. 다음 중 블록체인 개발자가 하는 일에 대해 잘못 설명한 친구를 찾아보자.

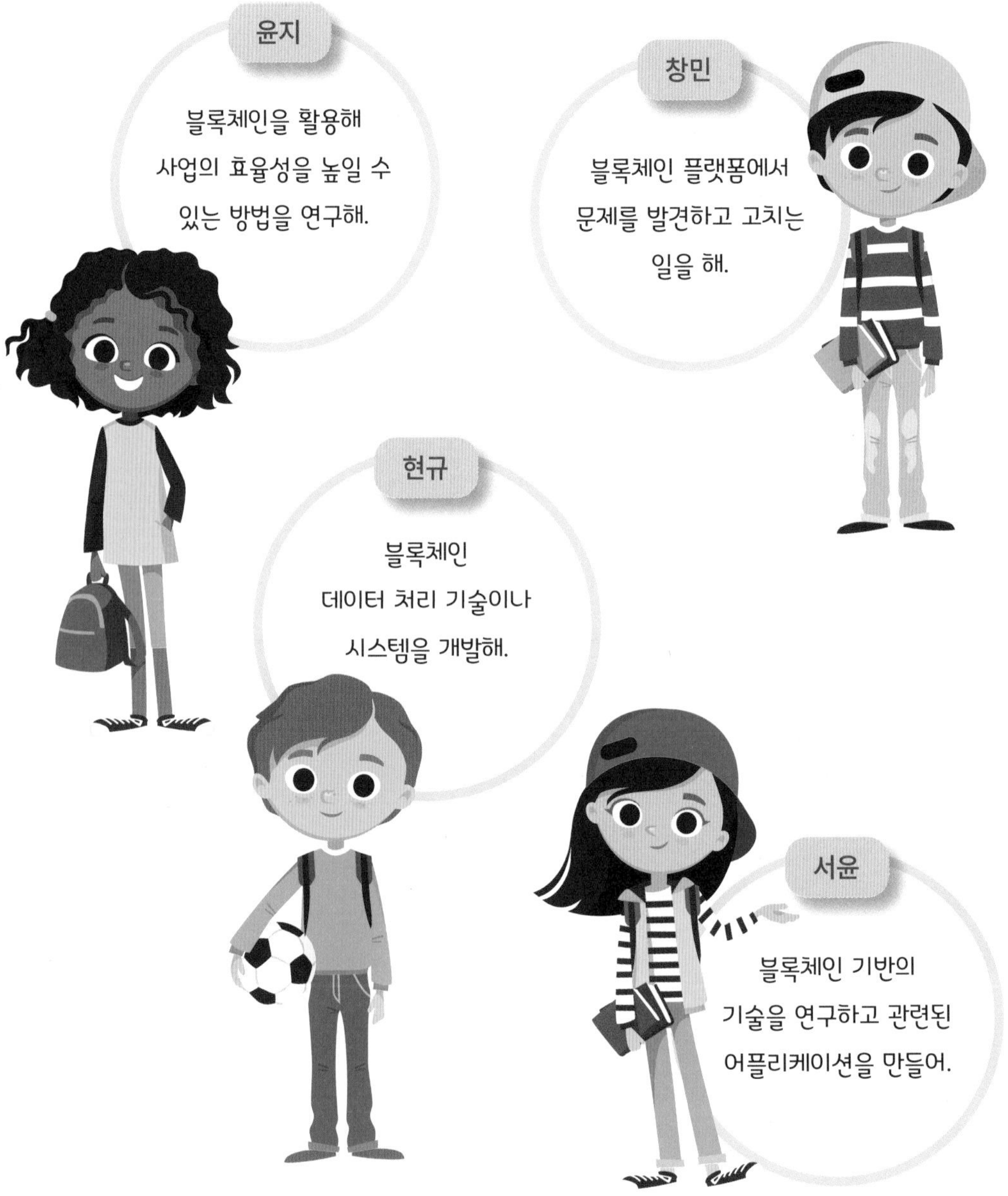
윤지
블록체인을 활용해 사업의 효율성을 높일 수 있는 방법을 연구해.
창민
블록체인 플랫폼에서 문제를 발견하고 고치는 일을 해.
현규
블록체인 데이터 처리 기술이나 시스템을 개발해.
서윤
블록체인 기반의 기술을 연구하고 관련된 어플리케이션을 만들어.

블록체인 개발자에게 필요한 능력은?

블록체인 개발자에게 필요한 능력을 갖추기 위해 소영이와 블록체인 개발자가 나눈 대화다. 잘못 설명한 번호를 찾아보자.

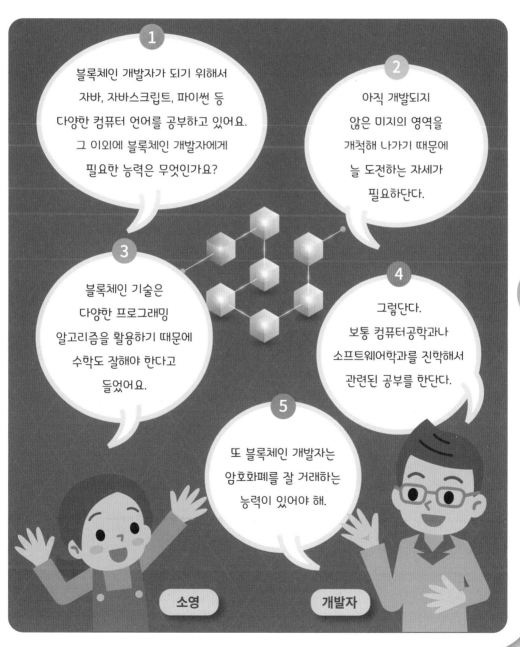

1 블록체인 개발자가 되기 위해서 자바, 자바스크립트, 파이썬 등 다양한 컴퓨터 언어를 공부하고 있어요. 그 이외에 블록체인 개발자에게 필요한 능력은 무엇인가요?

2 아직 개발되지 않은 미지의 영역을 개척해 나가기 때문에 늘 도전하는 자세가 필요하단다.

3 블록체인 기술은 다양한 프로그래밍 알고리즘을 활용하기 때문에 수학도 잘해야 한다고 들었어요.

4 그렇단다. 보통 컴퓨터공학과나 소프트웨어학과를 진학해서 관련된 공부를 한단다.

5 또 블록체인 개발자는 암호화폐를 잘 거래하는 능력이 있어야 해.

소영

개발자

블록체인 프로젝트 관리자는 무슨 일을 할까?

블록체인 프로젝트 관리자는 블록체인 프로젝트의 실행을 계획하고 감독하는 일을 한다. 다음 중 블록체인 프로젝트 관리자가 하는 일이 아닌 것을 찾아보자.

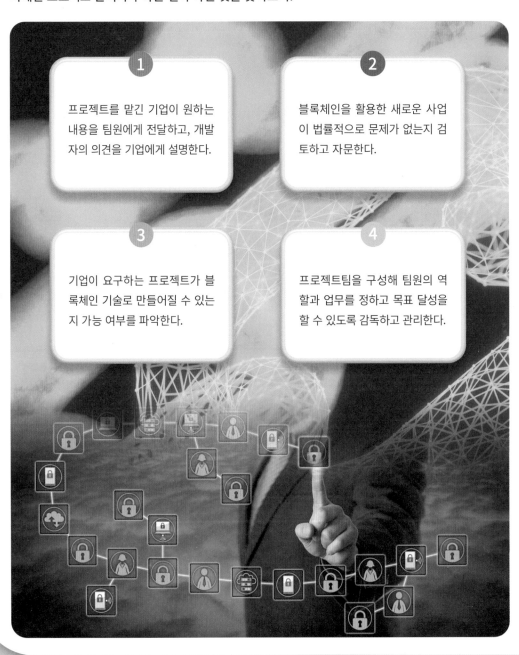

1 프로젝트를 맡긴 기업이 원하는 내용을 팀원에게 전달하고, 개발자의 의견을 기업에게 설명한다.

2 블록체인을 활용한 새로운 사업이 법률적으로 문제가 없는지 검토하고 자문한다.

3 기업이 요구하는 프로젝트가 블록체인 기술로 만들어질 수 있는지 가능 여부를 파악한다.

4 프로젝트팀을 구성해 팀원의 역할과 업무를 정하고 목표 달성을 할 수 있도록 감독하고 관리한다.

블록체인 프로젝트 관리자에게 필요한 자질은?

블록체인 프로젝트 관리자는 블록체인 프로젝트를 위해 전략을 세우고 일정을 관리하는 총책임자다. 다음 중 블록체인 프로젝트 관리자에게 필요한 자질을 바르게 설명한 블록체인을 찾아 색칠해 보자. (정답은 네 개)

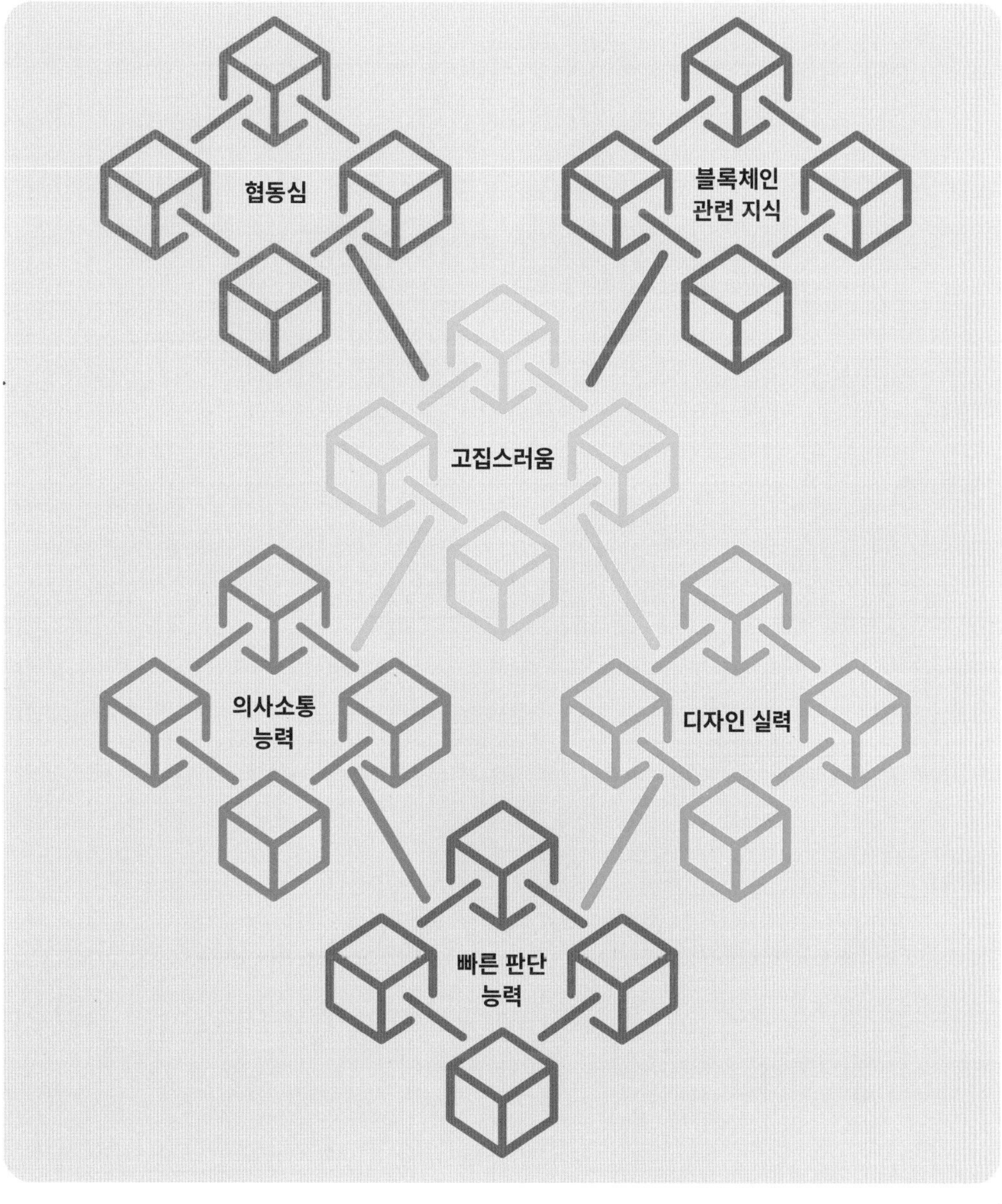

협동심
블록체인 관련 지식
고집스러움
의사소통 능력
디자인 실력
빠른 판단 능력

블록체인 품질엔지니어에 대해 알아보자

블록체인 개발에서 품질을 책임지는 블록체인 품질엔지니어가 하는 일에 대해 바르게 설명한 친구를 찾아보자. (정답은 세 명)

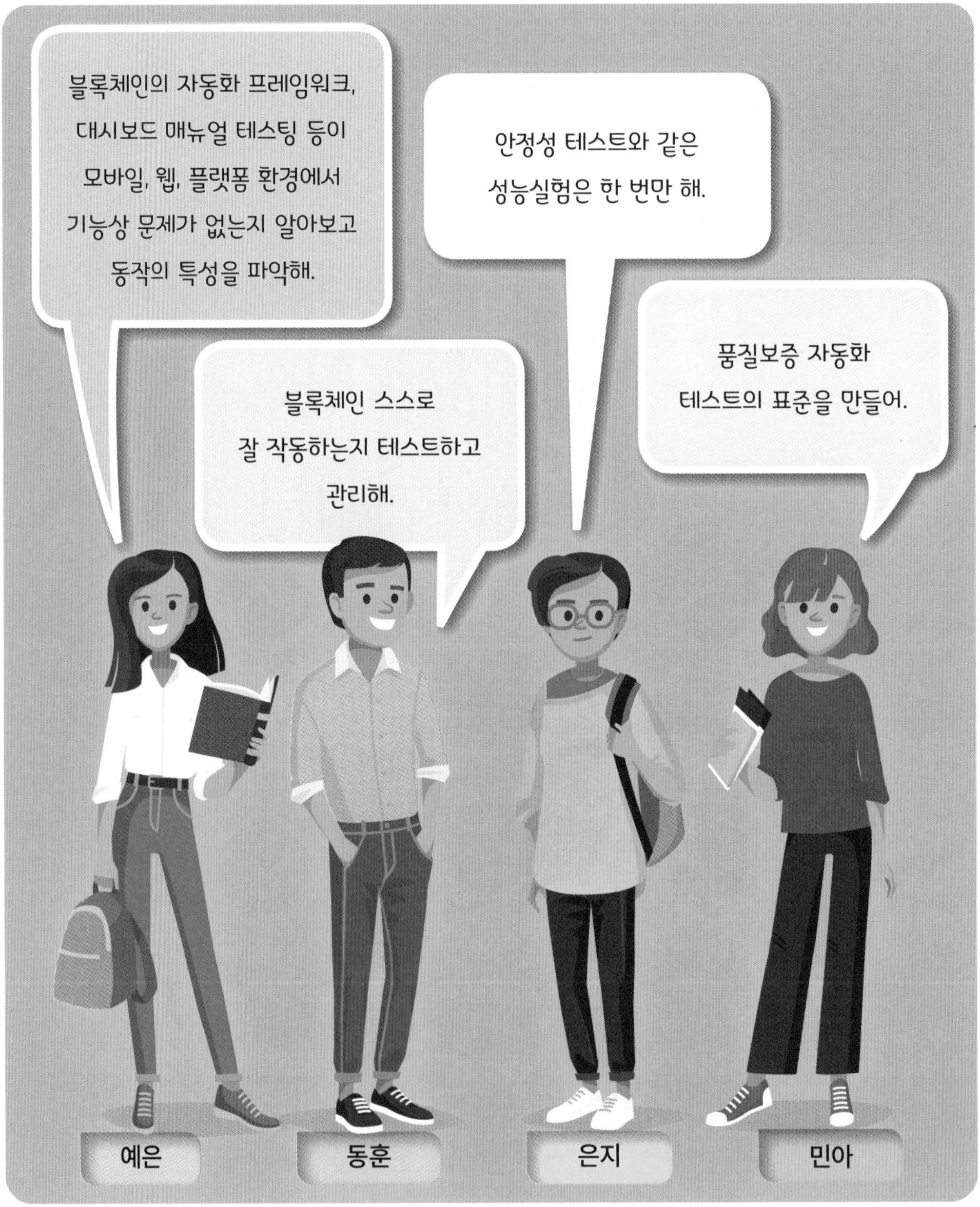
블록체인의 자동화 프레임워크, 대시보드 매뉴얼 테스팅 등이 모바일, 웹, 플랫폼 환경에서 기능상 문제가 없는지 알아보고 동작의 특성을 파악해.
안정성 테스트와 같은 성능실험은 한 번만 해.
품질보증 자동화 테스트의 표준을 만들어.
블록체인 스스로 잘 작동하는지 테스트하고 관리해.
예은
동훈
은지
민아

누구일까?

정아 삼촌은 블록체인 전문가다. 정아가 삼촌에게 무슨 일을 하는지 물으니 다음과 같이 설명해 주었다. 삼촌의 직업이 무엇인지 <보기> 에서 찾아보자.

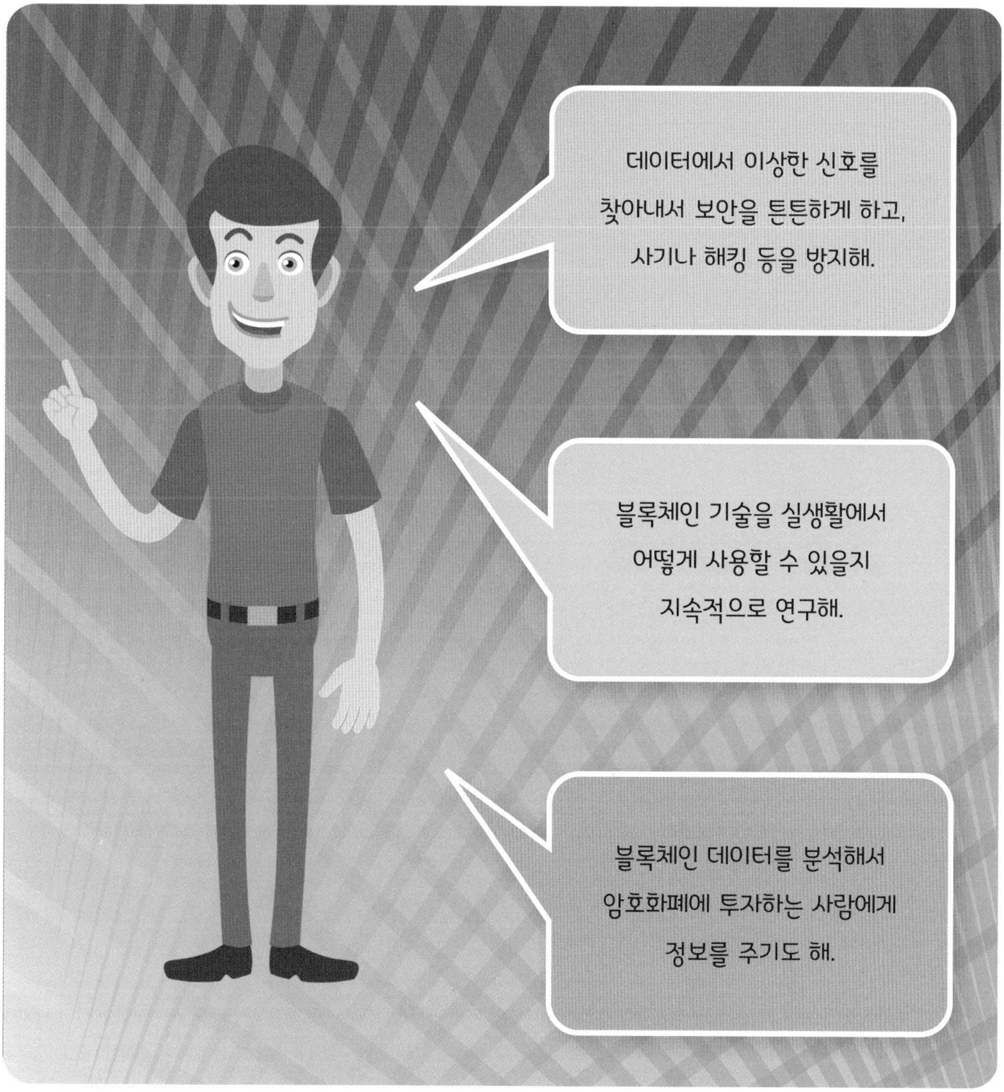
데이터에서 이상한 신호를 찾아내서 보안을 튼튼하게 하고, 사기나 해킹 등을 방지해.
블록체인 기술을 실생활에서 어떻게 사용할 수 있을지 지속적으로 연구해.
블록체인 데이터를 분석해서 암호화폐에 투자하는 사람에게 정보를 주기도 해.

보기

블록체인 개발자, 블록체인 분석가, 블록체인 웹디자이너, 블록체인 품질엔지니어

블록체인 법률변호사에 대해 알아보자

블록체인을 이용한 새로운 사업과 활용 영역이 넓어지면서 기업의 법률자문도 늘어나고 있다. 블록체인 법률변호사에 대해 바르게 설명한 변호사의 얼굴을 웃는 모습으로 그려보자. (정답은 세 개)

1

개발한 블록체인 기술을 구현하기 위한 법률 검토와 법적 측면의 상담을 진행한다.

2

블록체인 기반의 사업을 하려는 스타트업에게 암호화폐를 발행하여 필요한 자금을 조달하고 관리하는 방법을 조언해준다.

3

새로운 산업은 법률적으로 위험에 직면한다. 블록체인 법률변호사는 이를 대비하기 위한 선제적 역량을 갖추어야 한다.

4

블록체인 기술과 관련된 어플리케이션을 개발하고, 사업의 효율성을 높이는 방법을 연구한다.

블록체인 웹디자이너에 대해 알아보자

블록체인 웹디자이너는 블록체인 기술을 활용하는 기업이 어떤 블록체인 서비스를 제공하는지 웹사이트에서 고객이 쉽게 이해할 수 있도록 디자인하고 만드는 일을 한다. 블록체인 웹디자이너에 대한 설명이 맞으면 O, 틀리면 X 표시를 해 보자.

1 복잡한 내용을 쉽게 전달하는 능력이 필요하다.

2 제품에 대한 설명은 기업 비밀이므로 암호로 바꿔서 표시한다.

3 다른 사람이 어떤 부분에서 이해하기 어려워하는지를 파악하는 공감능력이 있어야 한다.

4 콘텐츠, 기술 운영, 마케팅 등 여러 팀과 함께 일하기 때문에 의사소통 능력이 중요하다.

5 UX (사용자 경험)에 대한 지식이 필요하다.

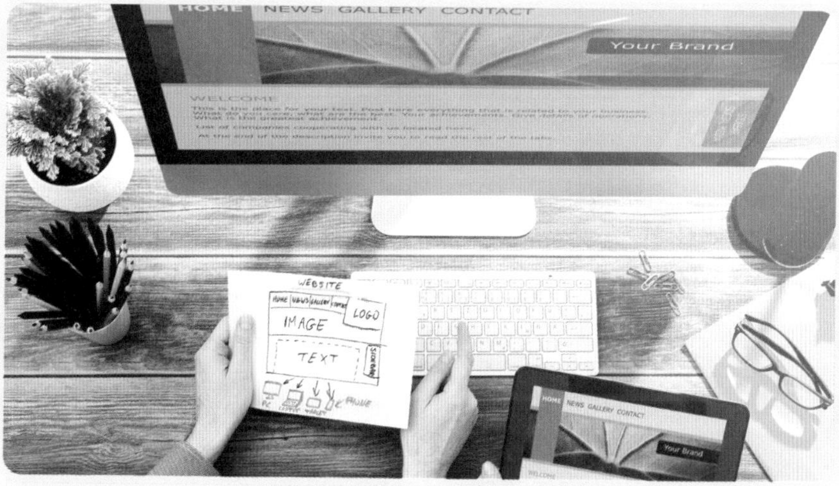

HOME NEWS GALLERY CONTACT
Your Brand
WELCOME
WEBSITE
IMAGE
LOGO
TEXT

블록체인 관련 직업을 알아보자

블록체인과 관련된 일자리가 빠르게 증가하고 있다. <보기> 중 블록체인과 관련된 직업만 있는 알파벳을 찾아 선을 따라가 보자.

보기

A : 블록체인 개발자, 블록체인 웹디자이너, 블록체인 품질엔지니어

B : 블록체인 법률변호사, 가상현실 전문가, 빅데이터 전문가

C : 블록체인 프로젝트 관리자, 사물인터넷 기획자, 게임 프로그래머

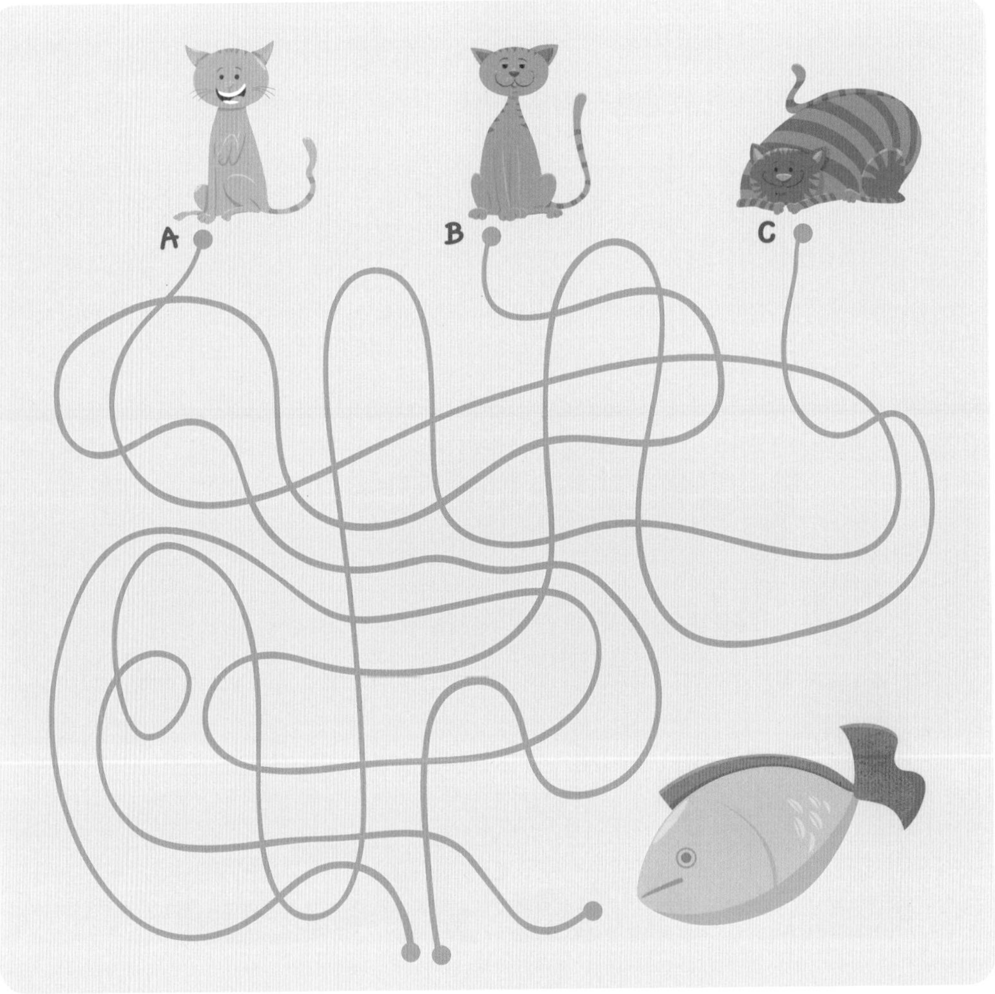

A
B
C

블록체인의 종류

다음은 블록체인의 종류와 특징을 설명한 것이다. 서로 알맞은 것을 찾아 선으로 연결해 보자.

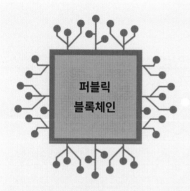

퍼블릭
블록체인

퍼블릭과 프라이빗 블록체인을 서로 연결하거나 섞은 혼합형이다. 더블체인과 인터체인이 있으며 대표적인 예로 아이콘이 있다.

프라이빗
블록체인

누구든지 참여할 수 있는 공공 블록체인 혹은 개방형 블록체인이다. 인터넷만 연결되면 자유롭게 참여하고 탈퇴할 수 있다. 대표적인 예로 비트코인, 이더리움, 앤드어스체인 등이 있다.

하이브리드
블록체인

제한된 인원만 참여할 수 있는 폐쇄형, 허가형 블록체인이다. 참여하기 위해서는 관계자 승인을 얻어야 한다. 대표적인 예로 나스닥의 링크와 미진이 있다.

블록체인은 어떻게 활용될까?

4차 산업 혁명을 선도해 나갈 블록체인은 모든 분야에서 활발하게 활용되고 있다. 어떤 분야에서 쓰이고 있는지 <보기>에서 찾아 빈칸에 적어보자.

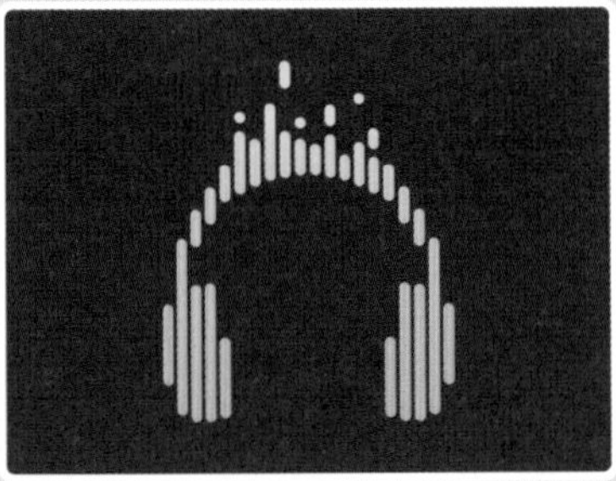

1

음악가가 블록체인 음원 플랫폼에 자신의 곡을 올리면 사용자가 지불한 사용료를 수수료 없이 그대로 전달받는다. 또 누가, 언제, 어디서 음원을 구매했는지 실시간으로 투명하게 확인할 수 있다.

2

환자의 진료 내용과 기간, 치료 비용 등이 투명하게 공개된다. 정보가 공유되므로 환자는 중복된 검사를 피하여 진료비를 줄일 수 있고, 의사는 더 정확한 진찰을 할 수 있다.

3

블록체인 방식의 국제송금망은 기존의 송금망보다 작업 단계가 줄었기 때문에 훨씬 간편하고 수수료도 저렴하다. 또한 더 빠르고 안전한 송금이 가능해졌다.

보기

광고, 은행, 음악, 공공분야, 부동산, 엔터테인먼트, 의료

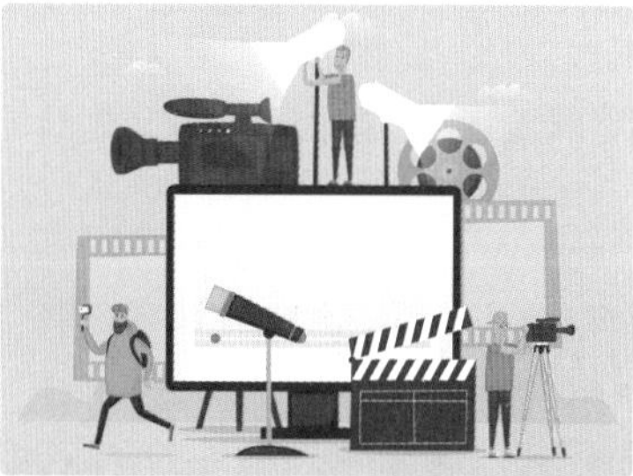

4

국내 한 엔터테인먼트사는 스타와 팬들의 소통을 위한 어플리케이션을 개발했다. 팬들은 어플리케이션에서 아티스트와 직접 소통하는 듯한 경험을 하고, 활동한 기여도에 따라 굿즈로 보상도 받을 수 있다.

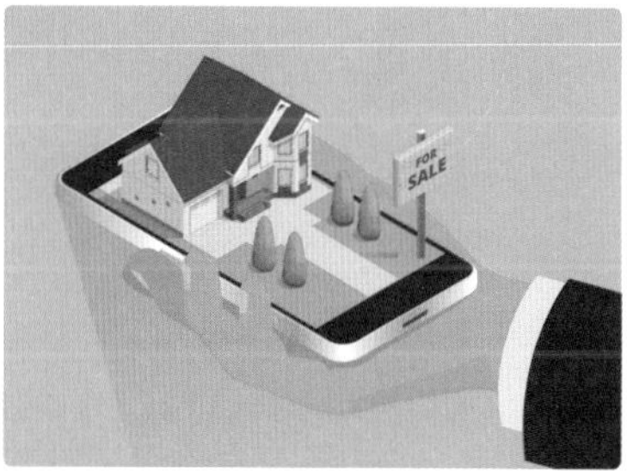
FOR SALE

5

블록체인 기술이 적용되어 종이 증명서 없이 편리하게 거래를 할 수 있다. 종이 증명서가 없기 때문에 위조나 변조를 걱정할 필요 없이 빠르고 안전하게 거래할 수 있다.

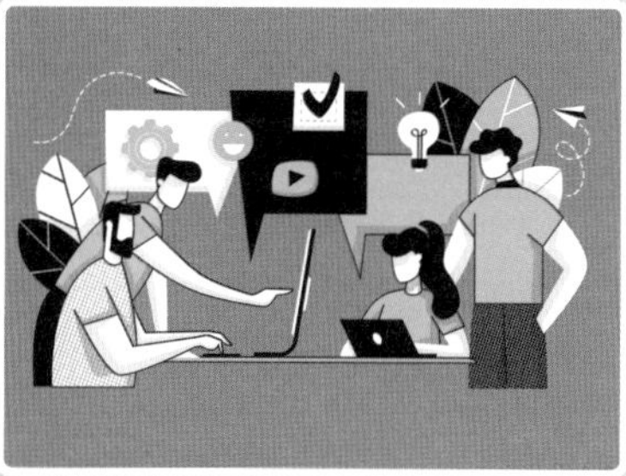

6

블록체인 기술을 이용해서 광고를 보는 사용자에게 광고업체가 직접 보상을 하는 시스템을 작동한다. 이렇게 하면 사용자가 더 많은 광고를 보도록 유도할 수 있고 더 큰 효과를 얻을 수 있다.

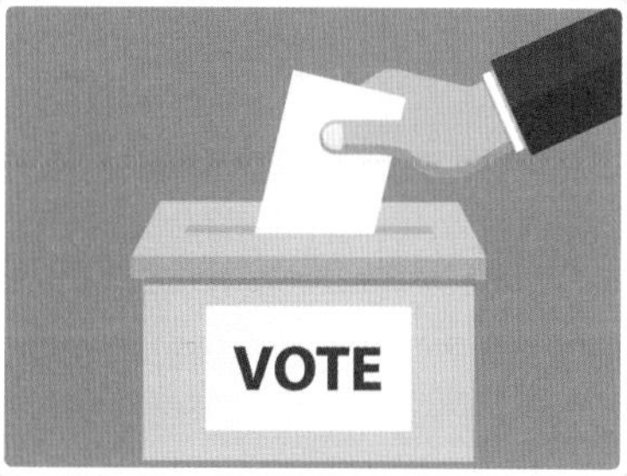
VOTE

7

기존의 전자투표 시스템은 중앙 서버가 해킹을 당하면 데이터가 위조될 수 있지만, 블록체인 전자투표 시스템을 활용하면 익명성이 보장되고 조작이 불가능해 신뢰성을 높일 수 있다.

글로벌 기업의 블록체인 활용

다음은 글로벌 기업이 블록체인을 활용하고 있는 사례다. 어떻게 블록체인을 운용하고 있는지 사나리를 타고 내려가 확인해 보자.

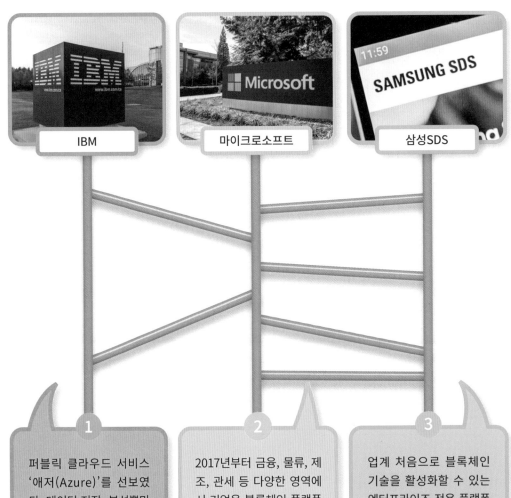

IBM
IBM
www.ibm.com/ca

IBM

Microsoft

마이크로소프트

11:59
SAMSUNG SDS

삼성SDS

1

퍼블릭 클라우드 서비스 '애저(Azure)'를 선보였다. 데이터 저장, 분석뿐만 아니라 인공지능 서비스도 제공한다. 탈중앙화 애플리케이션으로 중앙형 서버를 운영할 때 발생하는 부작용을 해결했다.

2

2017년부터 금융, 물류, 제조, 관세 등 다양한 영역에서 기업용 블록체인 플랫폼 '넥스레저(Nexledger)'를 제공하고 있다. 또한 글로벌 블록체인 주요 기업으로 뽑히기도 했다.

3

업계 처음으로 블록체인 기술을 활성화할 수 있는 엔터프라이즈 전용 플랫폼을 만들었다. 이 플랫폼을 활용하면 여러 기업이 함께 네트워크 개발, 관리, 보안 유지 등을 할 수 있다.

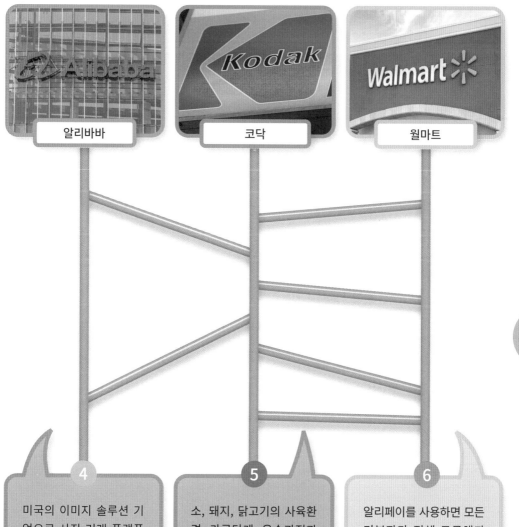

알리바바

코닥

월마트

4
미국의 이미지 솔루션 기업으로 사진 거래 플랫폼 '코닥원(KODAKOne)'을 공개했다. 사진작가와 구매자 간의 거래 장부를 나누어 소유하고, 사진 공유 수수료를 낮췄으며, 불법 이미지 사용을 차단했다.

5
소, 돼지, 닭고기의 사육환경, 가공단계, 운송과정과 유통경로를 블록체인화하여 관리하고, 농산물의 원산지와 운송 시 온도와 습도 등을 추적 및 관리하는 원산지 추적 시스템을 만들었다.

6
알리페이를 사용하면 모든 기부자가 전체 모금액과 자신의 기부액 등을 파악하는 것은 물론 자신이 기부한 금액이 누구에게, 언제, 얼만큼 전달됐는지 확인할 수 있다.

찬성 VS 반대

블록체인은 다양한 산업 분야에서 운용되는 방대한 정보에 대한 신뢰도를 향상시켜 개인, 기업, 국가 간의 관계를 개선하는 중요한 역할을 한다. 앞으로 크게 활용되고 발전할 것으로 기대하고 있지만 아직은 보완해야 할 점들도 있다. 다음 친구들의 의견을 읽고 나는 블록체인 기술 활용을 찬성하는지, 반대하는지 자신의 생각을 써 보자.

찬성

블록체인 기술을 활용해 실시간으로 정보 흐름을 파악하면, 해킹을 방지하고, 누구도 깨지 못할 신용사회를 만들 수 있기 때문에 나는 찬성해.

반대

익명성 때문에 마약이나 무기, 검은 돈 등 불법 거래를 쉽게 할 수 있어. 깨끗한 사회를 구현하기 위해서 나는 반대야.

나는 블록체인 기술 활용을 (찬성 / 반대)한다.

왜냐하면

때문이다.

암호화폐란 무엇일까?

암호화폐는 지폐·동전 등의 실물이 없고 온라인상에서 거래되는 블록체인 기반의 전자화폐 일종이다. 다음은 암호화폐에 관한 내용이다. 문제를 풀고 그 답을 따라 미로를 빠져나가 보자.

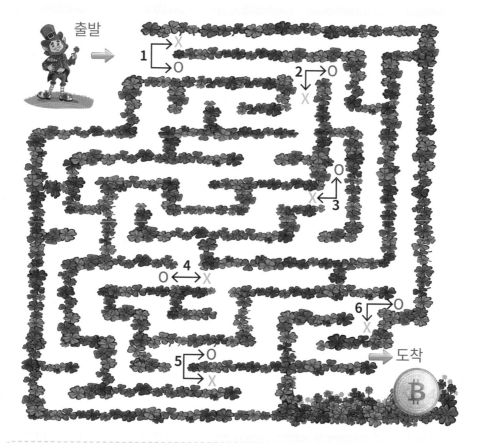

1. 블록체인 기술이 쓰인 유명한 사례는 암호화폐 비트코인이다. ○ ×
2. 정부나 중앙은행에서 거래 내역을 관리하지 않고 블록체인 기술을 기반으로 유통된다. ○ ×
3. 폭락에 따른 손해를 정부가 보장해준다. ○ ×
4. 주식처럼 시세가 실시간으로 오르내리는 변화가 있다. ○ ×
5. 컴퓨터나 하드디스크 등에 저장되기 때문에 도난이나 분실 우려가 없어 가치 저장으로서의 기능이 뛰어나다. ○ ×
6. 거래의 비밀성이 보장되고 과세에 문제가 없기 때문에 탈세 수단이 될 가능성은 없다. ○ ×

나도 블록체인 전문가가 될 수 있을까?

블록체인 전문가는 나의 소질과 적성에 맞을까? 아래의 질문에 답하며 나의 소질과 적성을 확인한 후 블록체인 전문가가 될 수 있을지 알아보자.

그렇다-5점, 보통이다-3점, 아니다-1점	
1. 블록체인에 대한 관심이 있다.	(　　)
2. 호기심이 많고 창의력이 뛰어나다.	(　　)
3. 논리적이고 합리적으로 생각한다.	(　　)
4. 컴퓨터 프로그래밍에 대한 관심이 있다.	(　　)
5. 새로운 것을 탐구하고 분석하고 싶다.	(　　)
6. IT에 대한 개념과 트렌드를 읽는 감각이 있다.	(　　)
7. 무에서 유를 창조하는 것을 좋아한다.	(　　)
8. 소프트웨어 공학, 컴퓨터 공학, 암호학 등이 흥미롭다.	(　　)
9. 새로운 일에 도전하는 것을 좋아한다.	(　　)
10. 최신 기술의 유행이나 흐름을 알고 싶다.	(　　)
합계:	(　　)

40점 이상	블록체인 전문가가 적성에 딱 맞아요!
30점 이상	블록체인 전문가가 되기 위한 자질이 있어요!
20점 이상	블록체인 전문가가 되고 싶다면 조금 더 노력해 보세요!
19점 이하	지금은 블록체인 전문가로 일할 소질이나 적성이 부족해요. 먼저 블록체인에 관심을 가져 보세요!

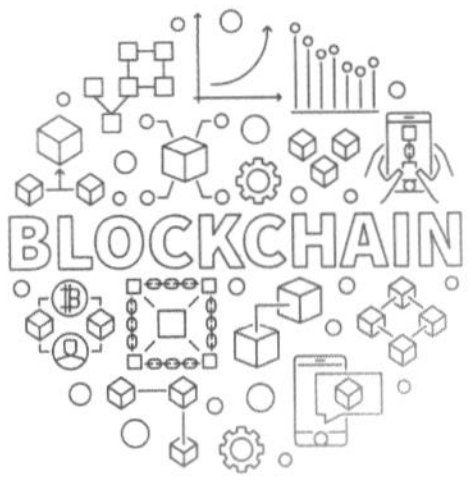
BLOCKCHAIN

내가 블록체인 개발자라면?

앞으로 블록체인은 우리가 상상할 수 없을 만큼 다양한 분야에서 활용될 것이다. 블록체인을 어떻게 활용할 수 있을지 상상해서 그림으로 그려보자.

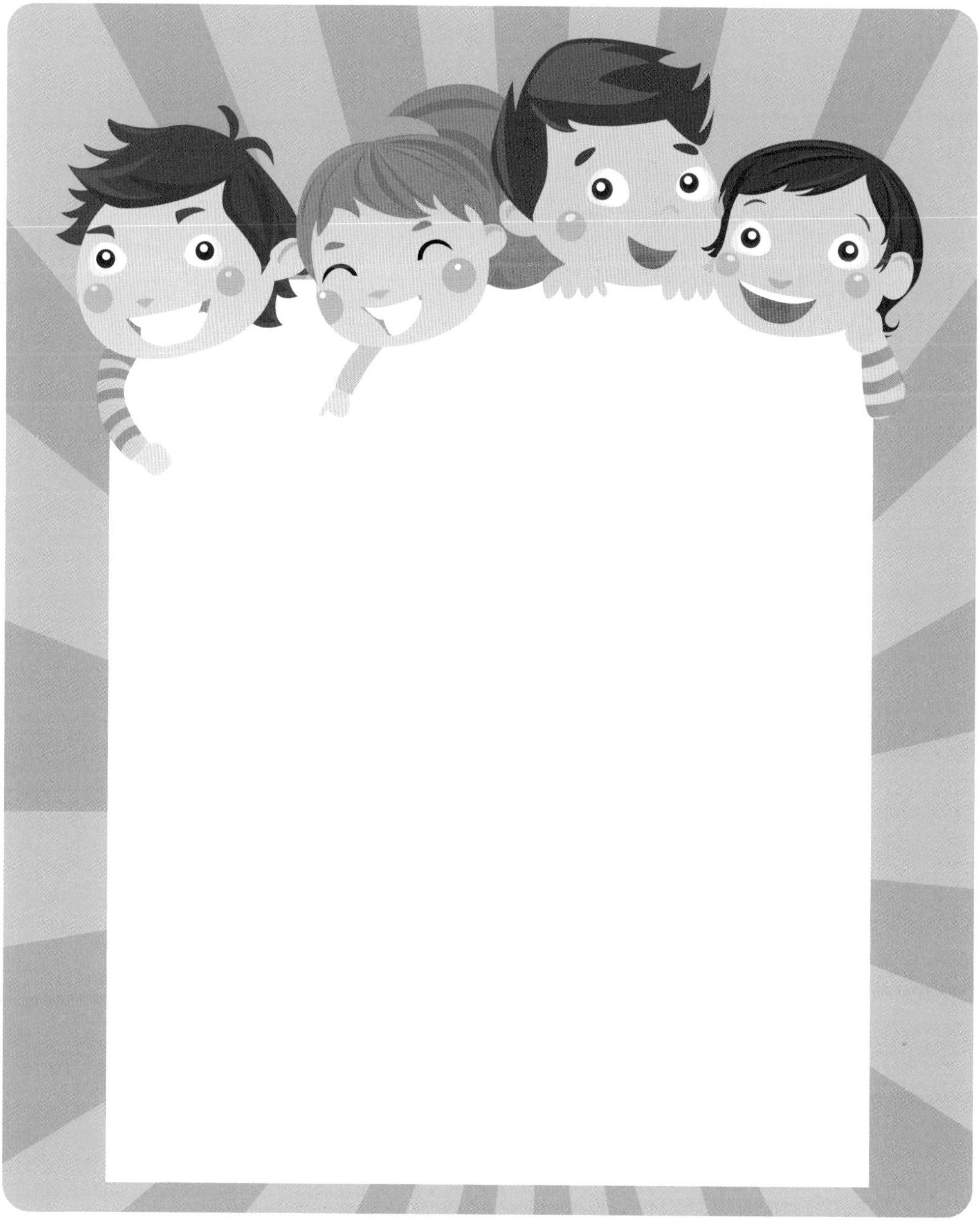

해답

4. 블록체인, 블록체인 개발자, 블록체인 품질엔지니어, 블록체인 프로젝트 관리자
5. ①, ②, ③, ④, ⑤
6. 창민
7. ⑤
8. ②
9. 협동심, 블록체인 관련 지식 , 의사소통 능력, 빠른 판단 능력
10. 예은, 동훈, 민아
11. 블록체인 분석가
12. ①, ②, ③
13. ○, ×, ○, ○, ○
14. A
15. 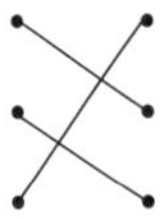

16~17. ① 음악, ② 의료, ③ 은행, ④ 엔터테인먼트, ⑤ 부동산, ⑥ 광고, ⑦ 공공분야

18~19. IBM-③, 마이크로소프트-①, 삼성SDS-②, 알리바바-⑥, 코닥-④, 월마트-⑤

21. ○, ○, ×, ○, ○, ×